汽车理论

主　编　余晨光　邓宝清

副主编　杨　波　汪怡平

中南大学出版社
www.csupress.com.cn

应用型本科院校汽车服务工程专业"十三五"规划教材

学术委员会

主　任
张国方

专　家
（按姓氏笔画排序）

前　言

随着汽车工业在我国的迅速发展，对汽车类专业人才的需求十分旺盛。笔者通过多年的教学实践，对汽车类专业本科生应掌握的汽车理论专业基础知识有了深入的理解。为满足人才培养的需要，根据汽车类专业本科生的培养目标，由武汉理工大学、吉林大学珠海学院等高校的有关教师共同编写了本书。

本书首先论述轮胎与地面的相互作用，即汽车的工作环境，再论述汽车的各项使用性能。每项性能的分析都从评价指标或评价体系开始，然后以受力分析为基础，得到分析方法和结论，找到结构和性能之间的关系，分析影响该项性能的主要因素。在编写过程中，笔者注重理论联系实际，突出基本理论、基本概念，重点介绍汽车的基本使用性能和使用性能的分析方法。本书与同类教材相比，具有如下特点：

①对一些过于复杂的动态分析介绍得相对简单，以利于初学者尤其是本科生阅读。

②将汽车各项性能的试验方法汇总进行说明。

③对改善各项性能的最新的电控系统进行了较为详细的说明，包括各种电控自动变速器、ABS、EBD、VDC 和主动、半主动悬架等。

④考虑到新能源汽车的发展，对电动汽车的动力特性计算以及纯电动汽车、混合动力汽车的换挡规律的制定进行了说明。

本书由武汉理工大学余晨光、吉林大学珠海学院邓宝清任主编，武汉理工大学杨波、武汉理工大学汪怡平任副主编。参加编写的有余晨光（第1章、第6章、第7章）、邓宝清（第3章、第4章、第5章）、杨波（第8章、第10章）、汪怡平（第2章、第9章），全书由余晨光统稿。

本书由武汉理工大学邓亚东教授审阅，他提出了许多宝贵意见，在此深表谢意。

由于编者水平有限，且时间仓促，书中一定存在一些错漏、不妥之处，欢迎使用该书的师生和广大读者批评指正，并希望通过电子邮件（fortune@ whut. edu. cn）与我们联系。

编　者

2016 年 8 月

目　录

第 1 章 绪 论

汽车理论是一门理论与实践密切结合的应用科学。汽车理论课程主要研究汽车(含汽车列车)及其机构的运动学与动力学,研究汽车的使用性能,为汽车设计、评价、试验、研究和运用提供理论基础。

汽车的使用性能是评价汽车的基础,汽车的使用性能大致可以分为使用环境条件适应性、技术经济性和安全性三类,此处只做简要概述。

1.1 汽车的使用性能

1.1.1 使用环境条件适应性

汽车对使用环境条件的适应性是保证汽车运输质量的重要性能,主要包括汽车的动力性、通过性、操纵性、机动性以及对道路结构的破坏程度等。

(1)汽车的动力性

汽车的动力性是指汽车在良好路面上直线行驶时由汽车受到的纵向外力决定的、所能达到的平均行驶速度。汽车的动力性采用最高车速、加速时间和最大爬坡度三个评价指标来评价。

(2)汽车的通过性

汽车的通过性是指汽车能以足够高的平均速度通过各种坏路和无路地带(松软地面、凸凹不平地面等)以及各种障碍(陡坡、侧坡、壕沟、台阶、灌木丛、水障等)的能力。

汽车的通过性分为支承通过性和几何通过性两个基本方面。汽车的支承通过性是指在潮湿和松软的地面上汽车能正常行驶,而不发生下陷、车轮严重打滑等现象。汽车在潮湿和松软的地面上行驶时,附着性能差、滚动阻力大。当汽车附着力小于其牵引载荷与滚动阻力之和时,汽车就无法行驶;当附着力小于滚动阻力时,空车也无法通过。汽车的支承通过性采用牵引系数、牵引效率以及燃油利用指数来评价。

汽车的几何通过性是指汽车因与地面间隙不足而被地面托住、无法通过的情况,也称为间隙失效。当汽车中间底部的零部件碰到地面而被顶住时,称为顶起失效;当汽车前端或尾部触及地面而不能通过时,则分别称为触头失效和托尾失效。与汽车的几何通过性有关的汽车整车几何尺寸称为汽车的通过性几何参数。这些参数包括最小离地间隙、纵向通过角、接近角、离去角和最小转弯直径等。

（3）汽车操纵性

汽车的操纵性是指汽车能否按驾驶员的意图沿给定方向行驶的性能。它可用直线行驶性和最小转向半径来衡量。

汽车的直线行驶性，可用不加操纵情况下直线行驶一定距离后，汽车偏离原定方向的偏移量来衡量。汽车的直线行驶性较差时，驾驶员须经常纠正行驶方向，容易产生过度疲劳；转向机构也易磨损。

最小转向半径是指转向盘转至极限位置时从转向中心到前外轮接地中心的距离，是汽车的操纵性、机动性和通过性的主要指标。它在很大程度上表征了汽车能够通过狭窄弯曲地带或绕开不可越过的障碍物的能力。

1.1.2　汽车的技术经济性

汽车的技术经济性主要用生产率和燃油经济性来评价。燃油经济性可用百公里油耗、折旧费和维修费等衡量。折旧费和维修费又与汽车的可靠性和耐久性有关。

（1）汽车的生产率

汽车的生产率用单位时间内完成的运输吨·千米数来表示，其大小与汽车的行驶速度、装载质量和道路条件等有关。

（2）油耗

油耗主要包括燃油消耗和机油消耗。燃油消耗用满载时每百公里耗油量来表示，机油消耗量常用占燃油消耗量的百分比来表示。

（3）汽车的可靠性与耐久性

汽车的可靠性用在一定行驶里程内发生的零部件损坏及故障的性质、严重程度、次数等来衡量。汽车的耐久性用主要零部件需要更换（或修理）时已使用的时间或行驶里程来衡量。

汽车的可靠性与耐久性好，不仅可以保证正常出车，提高生产率，而且可以减少维修费用，延长使用寿命，减少折旧费。

影响汽车的技术经济性的还有汽车的维护方便性。汽车的维护方便性好，用于技术维护、零部件拆装的工时就少。

1.1.3　汽车的安全性

汽车的安全性是指驾驶员工作的安全性和使所载乘客及货物不受损害的性能，主要包括汽车的舒适性、稳定性、制动性和驾驶室的牢固程度等。

（1）汽车的舒适性

汽车的舒适性是指为乘员提供舒适的乘坐环境和方便安全的操作条件的性能。提高汽车乘坐及工作环境的舒适性，可以提高驾驶员的工作效率、降低事故发生率。汽车的舒适性包括汽车的平顺性、汽车的噪声水平、汽车的空气调节性能、汽车的乘坐环境及驾驶操作性能等。

①汽车的平顺性是保持汽车在行驶过程中乘员所处的振动环境具有一定舒适度的性能。对于载货汽车还包括保持货物完好的性能。汽车行驶时，由于路面不平等因素激起汽车的振动，振动影响人的舒适、工作效率和身体健康，并影响所运货物的完好；振动还在汽车上产

生动载荷,加速零件磨损,导致疲劳失效。因此减少汽车振动是汽车的平顺性研究的主要问题。

②汽车噪声造成环境污染,影响乘员的舒适度。随着环保要求日趋严格,研究汽车噪声源特性、传递途径、降噪措施已成为汽车理论不可缺少的内容。噪声主要用分贝值来衡量。

③汽车的空气调节性能是指对车内空气的温度、湿度、粉尘浓度实现控制调节,使车内空气经常保持在乘员舒适状态的性能。

④汽车的乘坐环境及驾驶操作性能是指乘坐空间大小、座椅及操纵件的布置、车内装饰、仪表信号设备的易辨认性等。

与汽车的其他性能不同,汽车的平顺性评价直接与人体主观感觉相关。汽车的平顺性对乘坐舒适性的影响涉及人体工程和汽车振动两个因素,不但与车体传给人体的振动量级及频率有关,也与人体主观感觉反应有关。因此,汽车的平顺性有主观评价和客观评价两种评价方法。主观评价是依据评价者实际乘车的体感反应给出的主观评定。客观评价是以实测振动参数作为评定的客观依据。

(2)汽车的稳定性

汽车的稳定性是指汽车在行驶过程中,具有抵抗改变其行驶方向的各种外界干扰,并保持稳定行驶而不失去控制,甚至翻倾或滑移的能力。稳定性的好坏直接影响操纵性,因此通常统称为操纵稳定性。

汽车的稳定性的丧失,表现为汽车的翻倾或滑移。依据抵抗翻倾或滑移的方向不同,汽车的稳定性可分为纵向稳定性与横向稳定性。由于侧向力(重力的侧向分力、侧向风形成的侧向力、离心惯性力等)的作用会破坏横向稳定性的可能性较大,所以横向的稳定性被破坏更为危险。

(3)汽车的制动性

汽车的制动性是指在给定的坡道上能够停住以及在较短的距离内能制动至停车且维持行驶方向稳定的性能。如果制动性能好,汽车在较大坡度的道路上以及在平路上就可较安全地高速行驶。

(4)驾驶室的牢固程度

如果驾驶室的强度和刚度很好,则当汽车发生翻倾事故时,仍能保证驾乘人员的人身安全。因此,有些国家对驾驶室的强度和刚度都提出一定要求,需要对驾驶室进行撞击试验和翻车试验。

不同类型的汽车对使用性能的要求是不同的,如越野车对通过性要求较高,而轿车则对最高车速等动力性要求较高。上述各种使用性能是评价汽车的一般要求。在设计、使用和试验中,必须根据汽车的用途、工作环境等具体情况,分清主次,综合衡量。

研究汽车理论的最终目的是使设计制造出的汽车具有良好的使用性能。例如,为了提高汽车的燃油经济性,世界各大汽车制造商都在大力开发研究汽车节能的有关技术。美国通用公司采用减小外形尺寸来减轻整车质量。美国福特汽车公司则通过提高铝等轻合金以及塑料等氧化树脂材料的使用率,达到减轻汽车质量的目的。在整车布置上,采用发动机前置前轮驱动方式或发动机后置后轮驱动方式等,直接传动驱动轴,以提高传动效率,同时减小传动系统的质量;为了减小发动机的空间和质量,采用四缸发动机和 V 形六缸发动机。奔驰、奥迪开发的直列五缸发动机,宝马开发的直列三缸发动机等都是针对节能问题而开发的。由此降低比质量(单位输出功率的整车质量),有效地改善了汽车的燃油经济性。再如,随着社会经济的发展,汽车保有量急剧增加,交通事故的发生也在增加。为了提高汽车行驶安全性,各国汽车公司大量研究汽车的主动安全措施,包括防抱死制动系统(Anti-lock Braking System, ABS)、电子稳定性程序等,同时开发座椅安全带和安全气囊等被动安全装置。

人类在20世纪前期发明了汽车的基本结构,20世纪后期直到现在,汽车的发展主要是提高性能,以适应人类社会的要求。汽车理论学科随着汽车结构的改进和新要求的出现而有所发展。例如,随着汽车设计速度的提高以及对安全性、舒适性等问题的重视,人类对汽车振动、操纵的动态稳定性进行了研究;随着微电子技术的发展,自动变速、无级变速及制动防抱死理论与实践得到了发展,从而构成了最大限度地发挥汽车运动性能的复合控制系统。这就要求汽车专业技术人才利用现代科学技术,提出更加符合汽车实际使用状况的理论和方法,使汽车产品更加与人类社会的需求相适应。

1.2 汽车动力学基本专业术语

1.2.1 专业术语

汽车动力学(vehicle dynamics)系统是由驾驶员(driver)、车辆(vehicle)、载荷(load)以及环境(environment)组成的。汽车动力学主要影响主动安全性和驾驶舒适性的改善以及减少道路损坏。汽车动力学研究方法主要是应用计算机模拟、试验测试和道路测试。

驾驶员可通过各种操作来控制车辆行驶,如操纵转向盘(steering wheel)改变汽车横向动力学,通过加速踏板(accelerator pedal)、制动踏板(brake pedal)、离合器踏板(clutch pedal)、变速操纵杆(gear lever)控制汽车的纵向动力学。

汽车为驾驶员提供的信息包括纵向、横向和垂直方向的振动,也包括噪声(由发动机、空气动力学、轮胎等产生)、仪表显示的信息(速度和环境温度)等。同时,汽车的运行环境如空调、交通流密度、道路线形等也对驾驶员的驾驶行为产生作用。

驾驶员的反应是非常复杂的。为了实现驾驶员的驾驶意图,"理想的驾驶员"需要借助于计算机仿真手段。在试验测试中需要使用"试验驾驶员(机器人)"。如果现场试验是由"试验驾驶员"完成的,则将试验测试结果转换为普通驾驶员完成的结果是相当困难的。普通驾驶员完成的现场试验必须通过统计方法进行评价。在各种汽车现场试验中,驾驶员安全置于优先考虑的地位。驾驶模拟器提供了一种分析驾驶员操作行为的先进技术,即使在极限试验状态下也不会发生危险。人们长期尝试通过建立复杂的驾驶员模型,用驾驶模拟器来分析驾驶员和汽车之间的相互作用。

汽车只有通过数学描述才能有效地进行计算机模拟,但构建汽车系统运动学方程组和数值求解以及采集数据的成本很高。随着计算机技术的发展,计算成本已不成问题,在汽车开发前期,仅须采用原型车即可进行现场试验和实验室试验。试验测试结果可能因安全装置而与实际不符。

载货汽车用于装载货物,其行驶行为随载荷不同而发生变化。汽车载荷包括装载质量、惯性、质心、动载(液体)。在计算机模拟时,会遇到转动惯量的确定和液体载荷的建模等问题。试验汽车在加载和卸载时也存在惯性和载荷确定的问题。当对液罐车进行试验时，罐内液体必须用水替代，这使得测试结果不能完全等效于实际装载。

环境对汽车的主要影响因素包括道路(不平度和附着系数)和空气(空气阻力、横风)。环境也会通过气候和视距等影响驾驶员。根据汽车与道路之间存在互相作用的原理，若汽车超载会很快破坏道路。道路试验和实验室试验的最大问题在于环境因素的影响不能重现。计算机模拟的主要问题是难以描述随机道路不平度、轮胎和道路之间的相互作用以及空气动力学和力矩的计算。

1.2.2　车辆坐标系

汽车的主要运动形式可用图 1-1 所示的车辆坐标系来描述。图中 $OXYZ$ 坐标系是一个惯性坐标系，固定在车身上，原点 O 为汽车的质心，XOZ 处于汽车左右对称平面内，X 轴为车身纵向水平轴，方向向前。Z 轴通过质心指向上方，Y 轴水平向左。在车辆坐标系中描述的汽车运动包括汽车质心速度在 X 轴、Y 轴和 Z 轴上的分量(分别称为前进速度 u、侧向速度 v 和垂直速度 w)，以及车身角速度在 X 轴、Y 轴和 Z 轴上的分量(分别称为侧倾角速度 ω_p、俯仰角速度 ω_q 和横摆角速度 ω_r)。

在车辆坐标系中定义了纵向 OX、侧向 OY 和垂向 OZ。在国际上，汽车动力学通常分为汽车纵向动力学、汽车侧向动力学和汽车垂向动力学。其中，汽车纵向动力学主要包括汽车的动力性、汽车的制动性和汽车的通过性等使用性能，汽车侧向动力学主要是指汽车的操纵稳定性，汽车垂向动力学主要指汽车的行驶平顺性。

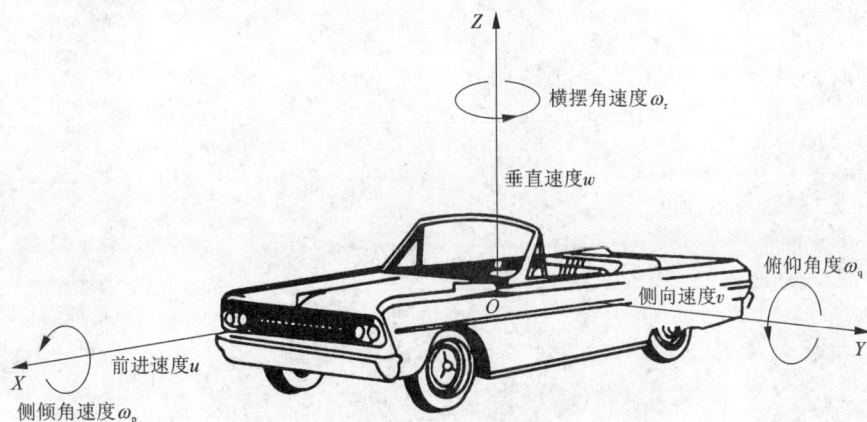

图 1-1　车辆坐标系与汽车的主要运动形式

本章小结

1. 汽车的使用性能：使用环境条件适应性、技术经济性和安全性。

2. 使用环境条件适应性：汽车的动力性、通过性、操纵性、机动性以及对道路结构的破坏程度。

3. 技术经济性：汽车的生产率、燃油经济性、汽车的可靠性与耐久性。

4．安全性：汽车的舒适性、稳定性、制动性和驾驶室的牢固程度。

5．车辆坐标系及运动分量：前进速度 u、侧向速度 v、垂直速度 w、侧倾角速度 ω_p、俯仰角速度 ω_q、横摆角速度 ω_r。

复习思考题

1．汽车理论主要研究汽车的哪些使用性能？

2．使用环境条件适应性、技术经济性和安全性各自包含哪些汽车基本性能？

3．什么是车辆坐标系？如何定义？

4．车辆坐标系定义哪些运动参量？

第 2 章　地面－轮胎力学

轮胎是连接汽车车身与道路的唯一部件，其基本职能是支承车辆质量、传递驱动力矩和制动力矩、减轻振动以及保证转向稳定性。

汽车运动依赖于轮胎所受的力。例如，纵向驱动或制动力、侧偏力和侧倾力、回正力矩及翻转力矩等。它们是滑转（动）率、侧偏角、侧倾角、垂直载荷、地面附着系数和汽车运动速度等参数的函数。

轮胎的结构、材料和力学特性对汽车的动力性、燃油经济性、制动性、操纵稳定性、平顺性以及通过性等都有较大影响。

轮胎力学主要研究轮胎受力、变形和运动响应之间的关系，主要任务是建立精确实用的数学模型，以描述轮胎的力学特性。

2.1　作用在轮胎上的力和力矩

2.1.1　轮胎坐标系

为了分析作用在轮胎上的各种力和力矩，需要建立一个如图 2-1 所示的在平直路面上行驶的汽车轮胎的坐标系。轮胎胎面与路面的接触区域称为接地印迹。垂直于车轮旋转轴线的轮胎中分平面称为车轮平面。坐标系原点 O 为车轮平面和地平面的交线与车轮旋转轴线在地平面上投影线的交点。车轮平面与地平面的交线取为 X 轴，规定向前为正。Y 轴在地平面上，为车轮旋转轴线在地平面上投影线，规定面向车轮前进方向时指向左方为正。Z 轴与地平面垂直，规定指向上方

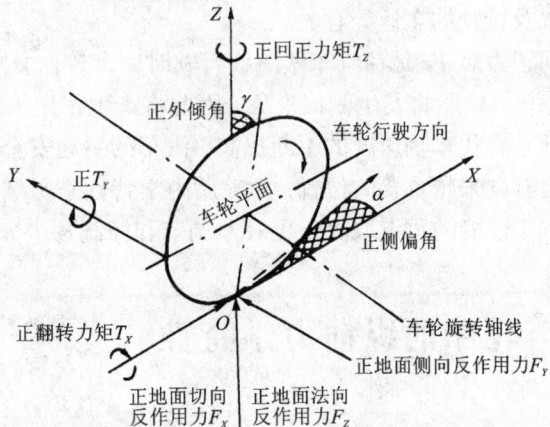

图 2-1　轮胎的坐标系与地面作用于轮胎的力和力矩

为正。

2.1.2　作用在轮胎上的力和力矩

地面通过接地印迹作用在轮胎上的应力既有垂直于路面的正应力，也有沿着地面的切向应力，切向应力又可分为沿 X 轴方向的纵向应力和沿 Y 轴方向的侧向应力。如果将印迹上各点的应力向印迹中心（轮胎坐标系原点）简化，可得到沿轮胎坐标系的作用在轮胎上的力和力矩。

在轮胎坐标系中，地面作用在轮胎上的主要力、力矩包括：地面切向反作用力沿 X 轴的分量——纵向力 F_X；地面切向反作用力沿 Y 轴的分量——侧向力 F_Y；地面法向反作用力 F_Z；地面反作用力绕 X 轴的力矩——翻转力矩 T_X；地面反作用力绕 Y 轴的力矩——滚动阻力矩 T_Y（即 2.2 节中介绍的滚动阻力矩 T_f）以及地面反作用力绕 Z 轴的力矩——回正力矩 T_Z。它们均按轮胎坐标系规定的方向确定正、负方向。

纵向力 F_X 按照作用方向或作用形式的不同可称为驱动力（实际应是向前的地面切向作用力）或制动力。驱动力来源于汽车发动机。发动机产生的有效转矩经过传动系统传到驱动轮上，因此地面作用有反作用力，即第 3 章定义的驱动力作用在车轮上。驱动力是维持汽车行驶的外力，它与汽车的行驶方向一致。而制动力为阻碍汽车行驶的作用在车轮上的纵向力，制动力的方向与汽车的行驶方向相反。

侧向力 F_Y 是地面作用在车轮上的作用力沿 Y 轴的分量。汽车做曲线行驶时会受到离心力的作用，为了维持汽车的曲线运动，路面作用在车轮上有与离心力相平衡的侧向力。

地面的法向反作用力 F_Z 反映了各个车轮所承受的轴荷大小。一般来说，作用在各个车轮上的地面法向反作用力的大小与汽车的纵向加速度、侧向加速度以及汽车的总体布置有关，同时地面的法向反作用力的大小也将影响汽车的纵向力和侧向力的大小。

翻转力矩 T_X 也称为侧倾力矩，它的大小说明了汽车将发生翻转趋势的大小。特别是汽车在做曲线行驶时，由于离心力的存在而形成的翻转力矩可能使汽车发生侧倾现象。

滚动阻力矩 T_Y 描述了阻碍轮胎滚动的力矩的大小。滚动阻力矩与路面的状态、轮胎的结构以及行驶的车速等有关。

回正力矩 T_Z 是在汽车做曲线行驶时使车轮恢复到直线行驶位置的力矩。汽车在曲线行驶状态下，轮胎将发生侧偏现象，因此将产生作用于轮胎上绕 Z 轴的力矩。

随着现代车辆速度的不断提高，汽车的主动安全性、行驶动力性和乘坐舒适性在汽车性能中占有越来越重要的位置，而轮胎力学特性是影响汽车动力学特性的重要特性之一，因此改善汽车性能的重点取决于更好地调节和控制各个分力的大小。

2.2　轮胎的纵向力学特性

轮胎的纵向力学特性主要从轮胎在纵向的受力情况进行轮胎特性分析，研究滚动阻力、穿水阻力、前束阻力等与轮胎参数的关系，另外驱动力和制动力将在后面的章节中介绍。

2.2.1　滚动阻力

汽车行驶时，轮胎与路面在接触区域的径向、切向和侧向均产生相互作用力，轮胎与支承路面亦存在相应的变形。无论是轮胎还是路面，其变形过程必然伴随着一定的能量损失。这些能量损失是使车轮转动时产生滚动阻力的根本原因。

（1）弹性迟滞损失与滚动阻力偶矩

轮胎和支承面的相对刚度决定了变形的特点。当弹性轮胎在硬路面（沥青路、混凝土路）上滚动时，轮胎的变形是主要的。此时由于轮胎有内部摩擦而产生弹性迟滞损失，使轮胎变形时对它做的功不能全部回收。

图 2－2 为轮胎在硬支承路面上滚动受径向载荷时的轮胎模型及对应的变形曲线。由图 2－2(b)可知，加载变形曲线 OCA 与卸载变形曲线 ADE 并不重合，说明加载与卸载不是可逆过程，存在着能量损失。面积 OCABO 为加载过程中对轮胎所做的功；面积 ADEBA 为卸载过程中，轮胎恢复变形时释放的功。两面积之差 OCADEO 即为加载与卸载过程的能量损失。这一部分能量消耗在轮胎各组成部分相互间的摩擦以及橡胶、帘线等物质分子间的摩擦，最后转化为热能而消失在大气中。这种损失称为弹性物质的迟滞损失。

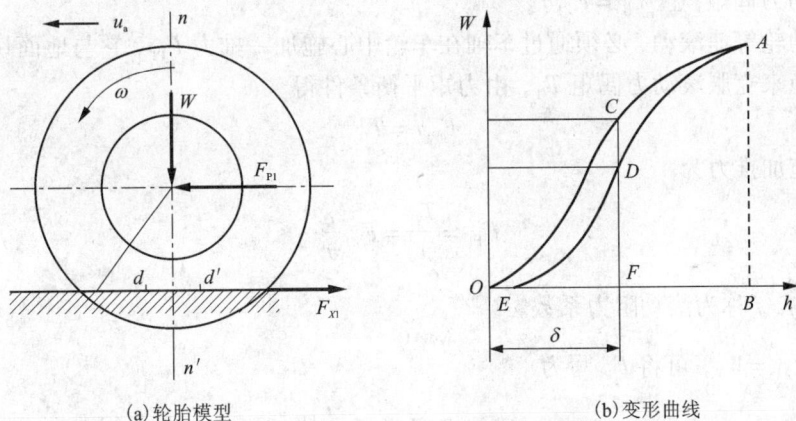

(a)轮胎模型　　　　　　　　　　(b)变形曲线

图 2－2　弹性车轮在硬路面上的滚动

进一步分析可知这种迟滞损失表现为阻碍车轮滚动的一种阻力偶。当车轮不滚动时，地面对车轮的法向反作用力的分布是前后对称的；当车轮滚动时[图 2－2(a)]，在法线 nn' 前后相对应点 d 和 d' 变形虽然相同，但由于迟滞损失现象的存在，处于压缩过程的前部 d 点的地面法向反作用力就会大于处于恢复过程的后部 d' 点的地面法向反作用力，这可从图 2－2(b)中看出。在同样变形量 δ 的情况下，处于加载过程的载荷较大，即图中 $W_{FC} > W_{FD}$。这说明当车轮在径向载荷作用下滚动时，由于弹性迟滞现象，使地面对车轮的法向反作用力为不对称分布，其法向反作用力合力作用线相对于车轮中心线前移了一段距离，因而形成了阻碍车轮滚动的力偶矩。

（2）等速滚动从动轮受力分析及滚动阻力系数

图 2－3(a)所示为在水平路面等速直线滚动的汽车从动轮的受力分析，其法向反作用力的合力 F_{Z1} 相对车轮垂直中心线前移了一段距离 a，a 值随弹性迟滞损失的增大而增大。法向反作用力 F_{Z1} 与车轮所承受的径向载荷 W_1 大小相等，方向相反。

如果将法向反作用力 F_{Z1} 平移至与通过车轮中心的垂线重合，则从动轮在硬路面上等速

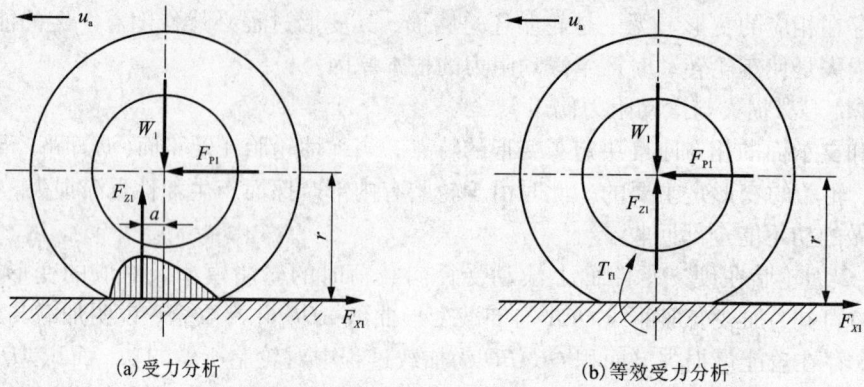

（a）受力分析　　　　　　　　　　　（b）等效受力分析

图 2 - 3　从动轮在硬路面上等速滚动时的受力情况

直线滚动的受力情况可等效成图 2　3（b）所示的形式。图中力矩 T_{fl} 为作用于车轮上阻碍车轮滚动的滚动力偶矩，且 $T_{fl} = F_{Z1}a$。

要使从动轮等速滚动，必须通过车轴在车轮中心施加一推力 F_{P1}，它与地面切向反力 F_{X1} 构成一力偶矩来克服滚动力偶矩 T_{fl}，由力矩平衡条件得

$$F_{P1}r = T_{fl} \qquad\qquad (2-1)$$

故所应施加推力为

$$F_{P1} = \frac{T_{fl}}{r} = F_{Z1}\frac{a}{r} \qquad\qquad (2-2)$$

式中：令 $\dfrac{a}{r} = f$，f 称为滚动阻力系数。

考虑到 $F_{Z1} = W_1$，可将 F_{P1} 写为

$$F_{P1} = W_1 f \text{ 或 } f = \frac{F_{P1}}{W_1} \qquad\qquad (2-3)$$

可见滚动阻力系数是车轮在一定条件下（等速平路行驶）滚动时所需的推力与车轮负荷之比，即单位汽车重力所需的推力。换言之，滚动阻力 F_f 等于滚动阻力系数与车轮负荷的乘积，即

$$F_f = Wf \text{ 且 } F_f = \frac{T_f}{r} \qquad\qquad (2-4)$$

故从动轮滚动阻力

F_{fl} 为 $F_{fl} = \dfrac{T_{fl}}{r} = W_1 f$ $\qquad\qquad (2-5)$

这样，在分析汽车的行驶阻力时，可不必具体计算阻碍车轮滚动的力偶矩，而只计算滚动阻力就可以了（实际作用在车轮上的是滚动阻力偶矩而不是滚动阻力，滚动阻力只是一个数值）。

（3）等速滚动驱动轮受力分析

图 2 - 4 是驱动轮在硬路面上等速滚动时的受力图。图中 F_{X2} 为驱动力矩 T_t 所引起的道路对驱动轮的切向反作用力，F_{P2} 为驱动轮轴作用于车轮的水平力，法向反作用力 F_{Z2} 也由于轮胎弹性迟滞现象使其作用点前移一段距离 a，即在驱动轮上同样作用有滚动力偶矩 T_{f2}。由

力矩平衡条件得

$$F_{X2}r = T_t - T_{f2} \tag{2-6}$$

$$F_{X2} = \frac{T_t}{r} - \frac{T_{f2}}{r} = F_t - F_{f2} \tag{2-7}$$

由式(2 – 7)可见,真正作用在驱动轮上驱动汽车行驶的力为地面对车轮的切向反作用力 F_{X2},其数值等于驱动力 F_t 减去驱动轮滚动阻力 F_{f2}。

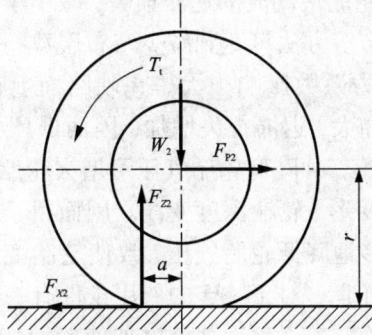

图 2 – 4　驱动轮在硬路面上等速滚动时的受力图

(4)滚动阻力系数的影响因素

滚动阻力系数与路面种类及其状态、行驶车速以及轮胎的结构、材料、气压等有关,其数值通过试验确定。

1)路面种类及其状态对滚动阻力系数的影响

表 2 – 1 列出了汽车在各种路面上以中、低速行驶时滚动阻力系数的大致数值。良好的沥青或混凝土路面滚动阻力系数很小,高低不平的硬路面或松软路面滚动阻力系数较大。同一种路面不同状态时滚动阻力系数也不同。

表 2 – 1　滚动阻力系数 f 的数值

路面类型	滚动阻力系数	路面类型	滚动阻力系数
良好的沥青或混凝土路面	0.010 ~ 0.018	压紧土路(雨后的)	0.050 ~ 0.150
一般的沥青或混凝土路面	0.018 ~ 0.020	泥泞土路(雨季或解冻期)	0.100 ~ 0.250
碎石路面	0.020 ~ 0.025	干砂	0.100 ~ 0.300
良好卵石路面	0.025 ~ 0.030	湿砂	0.060 ~ 0.150
坑洼的卵石路面	0.035 ~ 0.050	结冰路面	0.015 ~ 0.030
压紧土路(干燥的)	0.025 ~ 0.035	压紧的雪道	0.030 ~ 0.050

2)汽车行驶速度对滚动阻力系数的影响

当车速在 100 km/h 以下时,滚动阻力系数逐渐增加但变化不大;但在高速行驶时,由于轮胎质量的惯性影响,迟滞损失随变形速度的提高而加大,滚动阻力系数迅速增长。当车速达到某一临界车速(如 200 km/h 时),轮胎会发生驻波现象,轮胎来不及恢复原形而使轮胎周缘不再是圆形而呈明显的波浪形。不但滚动阻力系数显著增加,轮胎的温度也很快增加到

100℃ 以上,胎面与轮胎帘布层脱落,几分钟内就会出现爆胎现象,这是非常危险的。

3)轮胎的结构、材料和气压对滚动阻力系数的影响

子午线轮胎与普通斜交轮胎相比,具有较低的滚动阻力系数。在软路面上行驶的汽车,采用大直径宽轮缘的轮胎,其与路面的接触面积增加,减小路面变形,因而可得到较小的滚动阻力系数。

在保证轮胎具有足够的强度和使用寿命的条件下,采用较少的帘布层、较薄的胎体以及采用较好的轮胎材料均可减少轮胎滚动时的迟滞损失,减小滚动阻力系数。采用高强力黏胶帘布、合成纤维帘布或钢丝帘布等方法可达到减少帘布层数的目的。

轮胎的充气压力对滚动阻力系数影响很大。在硬路面上行驶的现代汽车,轮胎气压降低,轮胎在滚动过程中的变形加大,迟滞损失增加,因而低压轮胎较高压轮胎有较高的滚动阻力系数。在软路面上行驶的汽车,降低轮胎气压可增大轮胎与地面的接触面积,降低轮胎对地面的单位压力,减小土壤变形,轮辙深度变浅,因而由于土壤变形而引起的滚动阻力减小,滚动阻力系数较小。但过多地降低轮胎气压,致使轮胎变形过大,亦可导致滚动阻力系数增加。故在软路面上行驶的轮胎,对于一定的使用条件有一最佳轮胎气压值。

滚动阻力系数与径向载荷有一定关系,载荷增加使轮胎变形增加,加大迟滞损失,因而滚动阻力系数也增加,但影响很小。在转弯行驶时,轮胎发生侧偏现象,滚动阻力大幅度增加。试验表明,这种由于转弯行驶增加的滚动阻力,已接近直线行驶时的 50% ~ 100%。但在一般的动力性分析中,常不考虑由转弯增加的滚动阻力。

4)滚动阻力系数的估算

在进行动力性分析时,若无试验得到的准确滚动阻力系数值,可利用经验公式大致估算。

有人推荐用式(2-8)计算良好道路上货车轮胎的滚动阻力系数

$$f = 0.0076 + 0.000056u_a \qquad (2-8)$$

式中:u_a 为汽车行驶车速,km/h。

图 2-5 给出了根据此式计算得到的滚动阻力系数,图上还有依据其他经验公式计算得到的滚动阻力系数值。

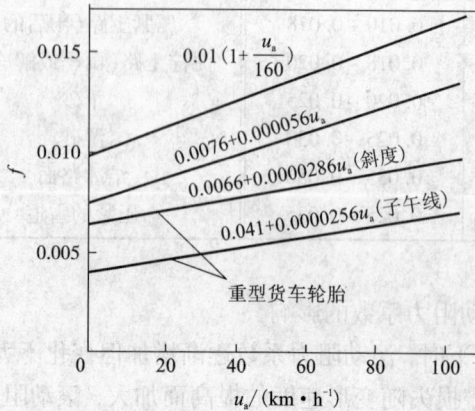

图 2-5　货车轮胎滚动阻力系数的估算公式

也有人推荐用式(2 – 9)估算轿车轮胎的滚动阻力系数

$$f = f_0(1 + u_a^2/19400) \qquad (2 - 9)$$

式中：系数 f_0 的值根据不同情况而定，良好的沥青或混凝土路面取 0.014，碎石路面取 0.020，卵石路面取 0.025。

2.2.2　穿水阻力

在湿路面上，即路面有一定的积水层的情况，当汽车在有积水层的路面上行驶时，必须排挤水层，因此滚动阻力将增加，存在附加的穿水阻力 F_{sch}。同时由于路面的积水，汽车行驶时会出现比较危险的滑水现象。穿水阻力是汽车的行驶阻力的一个有效的补充，一般认为存在如下的关系

$$F_{sch} = Cbu^n \qquad (2 - 10)$$

式中：C 为比例常数；b 为轮胎的宽度，m；u 为汽车的前进速度，m/s；n 为幂指数，当水层厚度大于 0.5 mm 时，幂指数近似等于 1.6。

不同水层厚度下，单位轮胎宽度的穿水阻力与车辆行驶速度的关系如图 2 – 6 所示。随着水层厚度的增加，所需克服的穿水阻力也越大。

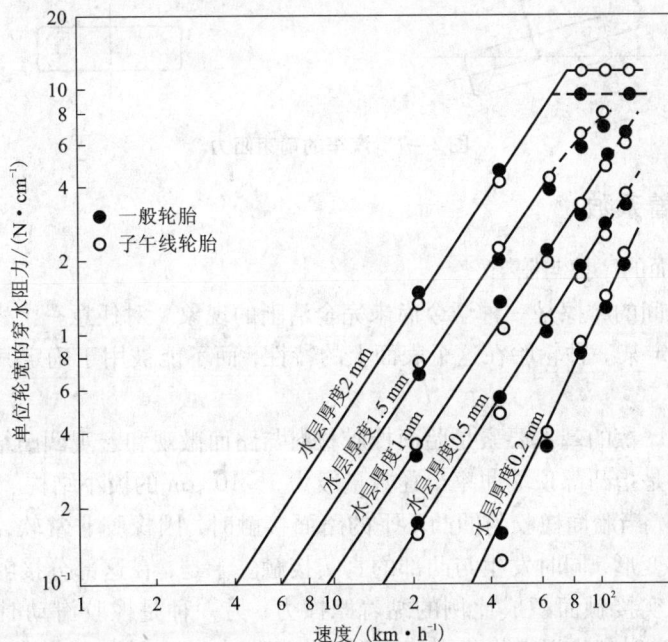

图 2 – 6　单位轮胎上的穿水阻力与车辆行驶速度的关系

2.2.3　前束阻力

为了消除由前轮外倾而造成前轮在地面边滚边滑的现象，以减轻轮胎磨损，在安装前轮时，使车辆前轮的中心面不平行，两轮前边缘距离小于后边缘距离，如图 2 – 7 所示，这里用前轮前束角 δ 表示。

前束阻力 F_v 是因为车轮有前束角，车轮与行驶的方向存在偏角使车轮产生侧向变形造

成的，如图 2 - 7 所示。

$$F_V = 2F_{SV}\sin\delta \approx 2F_{SV}\delta \qquad (2-11)$$

因为 $F_{SV} = k\delta$

所以

$$F_V = 2k\delta^2 \qquad (2-12)$$

式中：k 为轮胎侧偏刚度，N/rad。

令 $f_r = \dfrac{2k\delta^2}{W}$，代入式（2 - 12）后得

$$F_V = f_r W \qquad (2-13)$$

式中：f_r 为前束阻力系数；W 为车轮垂直载荷，N。

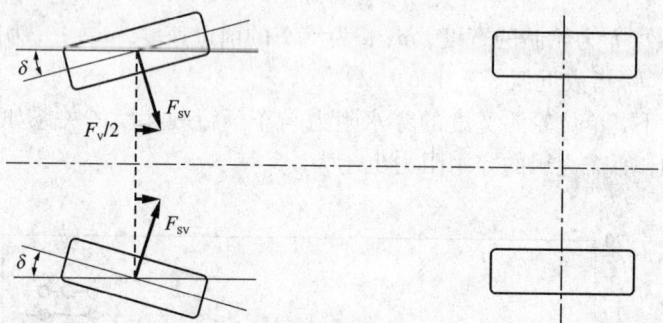

图 2 - 7　汽车的前束阻力

2.2.4　纵向附着系数

（1）轮胎与路面的摩擦与附着

轮胎与路面之间的摩擦是一种至今尚未完全清晰的现象。对任意一个表面摩擦特性所做的测试，都只能测定某一种轮胎在这个表面上的特性，而不能被用于确定其他轮胎在同一表面上的特性。

轮胎与路面间摩擦的基本要素是胎面橡胶材料与路面微观和宏观凹凸结构之间的相互作用。微观结构通常是指凸部顶端曲率半径数量级为 3 ~ 10 μm 的极小结构。

在干燥路面上，当胎面橡胶与凹凸不平的路面接触时，因橡胶非常软，橡胶在路面微观凸部产生相当大的变形，同时发生与凸部的真实接触。于是，在这部分接触区域产生两种摩擦力：一种是与真实接触面积成比例的黏着摩擦力；另一种是橡胶滑动时由于凸起产生变形，当这种变形移动时产生迟滞损失引起变形损失摩擦力。

在潮湿的路面上，橡胶与路面微观结构的相互作用力受到水的干扰。由此造成的橡胶与路面微观结构接触不良是潮湿路面上摩擦力较低的原因，并且是由黏滞浮滑和动态浮滑这两个现象引起的。

在黏滞浮滑情况下，摩擦力由于路面各个微观结构单元不能穿透黏性水膜而与胎面橡胶接触减少。在动态浮滑中，由于水的惯性作用，在胎面接触区内产生一种举升力，使轮胎与路面接触不良。当轮胎力图将接触区中的水排出时，水的惯性产生流体动压，使轮胎的接触面浮升，导致轮胎与路面接触不良。

（2）纵向附着系数

综上所述，轮胎的胎面与路面之间的摩擦机理一般可理解为当胎面橡胶与凸凹不平的路面接触时，因橡胶较软，在微观的凸部引起相当大的橡胶变形，同时发生与凸部的真实接触。

汽车在路面上正常行驶，车轮与路面之间必须存在足够大的摩擦力。但是，在汽车行驶时，由于轮胎在路面上运动的复杂性，如产生部分滑移或滑转，所以，路面作用在轮胎上的切向力并不等于摩擦力。为了反映轮胎与路面之间的相互作用，引入纵向附着系数的概念。

轮胎在驱动力矩或制动力矩作用下，路面产生对轮胎的切向反作用力，其极限值称为附着力。附着力与其垂直载荷的比值称为（切向）附着系数，即 $\varphi_{(X)} = F_{X\max}/F_Z$。

纵向附着系数在汽车驱动和制动时的表现形式及其影响因素分析在第 3 章和第 6 章中具体说明。

2.3　轮胎的侧偏特性

轮胎的侧偏特性是轮胎的重要力学特性，主要是指侧偏力 F_Y、回正力矩 T_Z 与侧偏角 α 之间的关系，是研究汽车的操纵稳定性基础。

2.3.1　轮胎的侧偏现象

汽车在行驶过程中，因路面侧向倾斜、侧向风或曲线行驶时离心力等的作用，车轮中心沿 Y 轴方向将作用有侧向力 F_y，同时在地面上产生相应的地面侧向反作用力 F_Y，F_Y 也称为侧偏力，如图 2 – 8 所示。当有地面侧向反作用力 F_Y 时，若车轮是刚性的，则可能发生两种情况：

①当地面侧向反作用力 F_Y 未超过车轮与地面间的附着极限时（$F_Y < F_Z\varphi_l$），车轮与地面间没有滑动，车轮仍沿其本身平面的方向行驶，如图 2 – 8(a)中 cc 方向。

②当地面侧向反作用力达到车轮与地面间的附着极限时（$F_Y \geqslant F_Z\varphi_l$），车轮发生侧向滑动，若滑动速度为 Δu，车轮便沿合成速度 u' 的方向行驶，偏离了车轮平面 cc 方向，如图 2 – 8(b)所示。

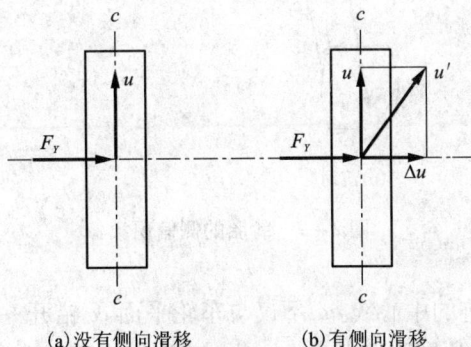

(a)没有侧向滑移　　　　(b)有侧向滑移

图 2 – 8　有侧向力作用时刚性车轮的滚动

轮胎的侧偏现象是指当车轮有侧向弹性时，即使没有达到附着极限，车轮行驶方向也将偏离车轮平面的方向。为了说明轮胎侧偏现象，设具有侧向弹性的车轮在垂直载荷为 W 的条件下，车轮中心受到侧向力 F_y，地面相应的有侧偏力 F_Y 时的两种情况。

①车轮静止不滚动。由于车轮有侧向弹性，轮胎发生侧向变形，轮胎胎面接地印迹的中心线 aa 与车轮平面 cc 不重合，错开 Δh，但仍平行于 cc，如图 2-9(a) 所示。

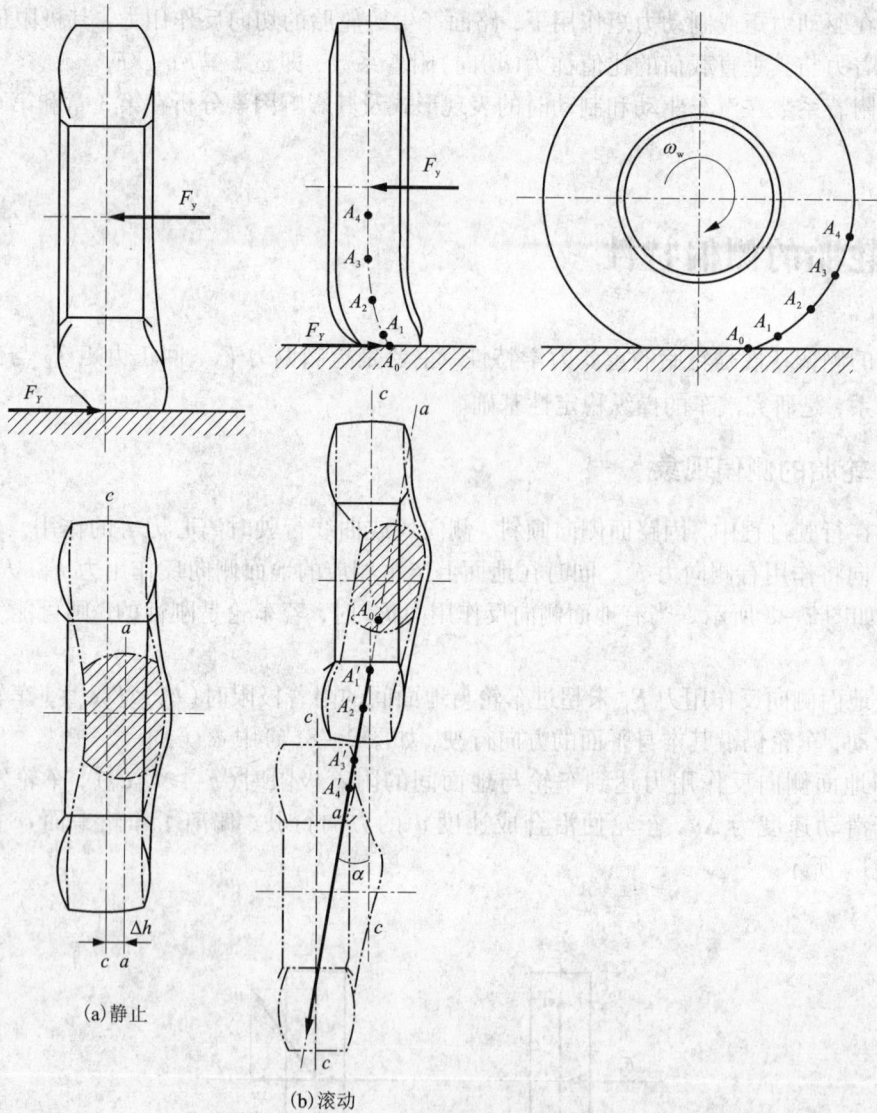

图 2-9 轮胎的侧偏现象

②车轮滚动。接触印迹的中心线 aa 不仅与车轮平面 cc 错开一定距离，而且不再与车轮平面 cc 平行，aa 与 cc 的夹角即为侧偏角 α。此时，车轮沿着 aa 线方向滚动，如图 2-9(b) 所示。在车轮胎面中心线上标出 A_0，A_1，A_2，…各点，随着车轮向前滚动，各点将依次落于地面上相应的 A_0'，A_1'，A_2'，…各点上。由主视图可见，靠近地面的胎面上，A_0，A_1，A_2，…各点

连线是一条斜线，因此它们落在地面相应各点 A_0'，A_1'，A_2'，⋯的连线并不垂直于车轮旋转轴线，即与车轮平面 cc 的延长线有夹角 α。当轮胎与地面没有侧向滑动时，A_1'，A_2'，⋯的连线就是接地印迹的中心线，当然也是车轮滚动时在地面上留下的痕迹，即车轮并没有按照车轮平面 cc 的方向向前滚动，而是沿着侧偏角 α 的方向滚动。显然，侧偏角 α 值与侧偏力 F_Y 的大小有关。

图 2-10 为由试验测出的一条 F_Y-α 关系曲线。曲线表明，侧偏角 α 不超过 $5°$ 时，F_Y 与 α 呈线性关系。汽车正常行驶时，侧向加速度不超过 $0.4g$（g 为重力加速度），α 不超过 $4°\sim5°$，可以认为 α 与侧偏力 F_Y 呈线性关系。F_Y-α 曲线在 $\alpha=0°$ 处的斜率，称为侧偏刚度 k，单位为 N/rad 或 N/(°)。由轮胎坐标系有关符号规定可知，负的侧偏力产生正的侧偏角。因此，侧偏刚度为负值。F_Y 与 α 的关系式为

$$F_Y = k\alpha \tag{2-14}$$

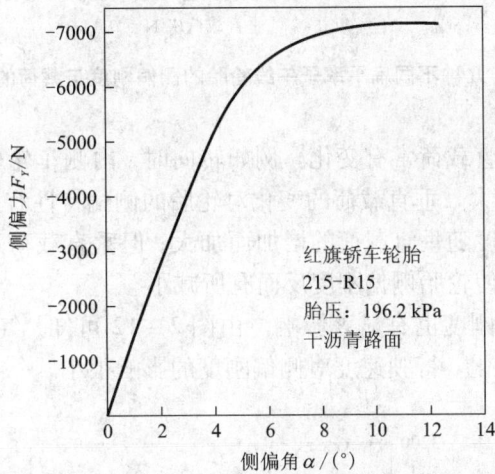

图 2-10　轮胎的侧偏特性

轿车轮胎 k 值为 $-80000\sim-28000$ N/rad。侧偏刚度是决定操纵稳定性的重要轮胎参数。轮胎应有较高的侧偏刚度（指绝对值），以保证汽车良好的操纵稳定性。

侧偏力较大时，侧偏角以较大的速率增长，即 F_Y-α 曲线的斜率逐渐减小。这时，轮胎在接地面处已发生部分侧滑。最后，侧偏力达到附着极限时，整个轮胎侧滑。显然，轮胎最大侧偏力决定于附着条件，即垂直载荷、轮胎胎面花纹、材料、结构、充气压力、路面的材料、结构、潮湿程度以及车轮外倾角等。通常，最大侧偏力越大，汽车极限性能越好，汽车圆周行驶的极限侧向加速度就越高。

2.3.2　轮胎结构、工作条件与侧偏特性的关系

轮胎的尺寸、形式和结构参数对侧偏刚度有显著影响。尺寸较大的轮胎有较高的侧偏刚度。子午线轮胎接地面宽，一般侧偏刚度较高。钢丝子午线轮胎比尼龙子午线的侧偏刚度高。以百分数表示的轮胎断面高 H 与轮胎断面宽 B 之比 $H/B\times100\%$ 称为扁平率。现代轮胎的扁平率逐渐减小，不少轿车已采用扁平率为 60%（60 系列）的宽轮胎。追求高性能的运动

型轿车也有采用扁平率为 50% 甚至 40% 宽轮胎的。扁平率对轮胎侧偏刚度影响很大,采用扁平率小的宽轮胎是提高侧偏刚度的主要措施。图 2 - 11 给出了四种轮胎的侧偏刚度与垂直载荷的关系曲线,可以看出扁平率为 60% 的 60 系列轮胎的侧偏刚度有大幅度提高。

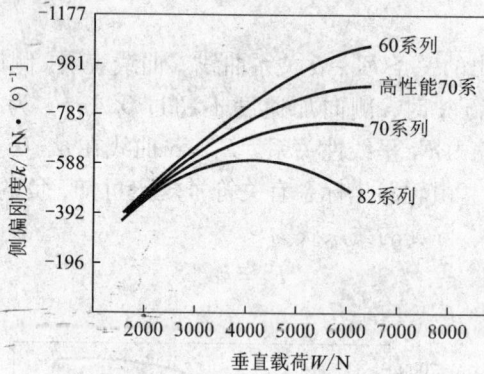

图 2 - 11 几种不同扁平率子午线轮胎的侧偏刚度与载荷的关系曲线

汽车行驶时,轮胎垂直载荷常有变化。例如转向时,内侧车轮轮胎的垂直载荷减小,外侧车轮轮胎的垂直载荷增大。垂直载荷的变化对轮胎的侧偏特性有显著影响。图 2 - 11 表明垂直载荷增大后,侧偏刚度随垂直载荷的增加而加大;但垂直载荷过大时,轮胎与地面接触区的压力变得极不均匀,使轮胎侧偏刚度反而有所减小。

轮胎充气压力对侧偏刚度也有显著影响。由图 2 - 12 可知,气压增加,侧偏刚度增大;但气压过高后刚度不再变化。行驶速度对侧偏刚度的影响很小。

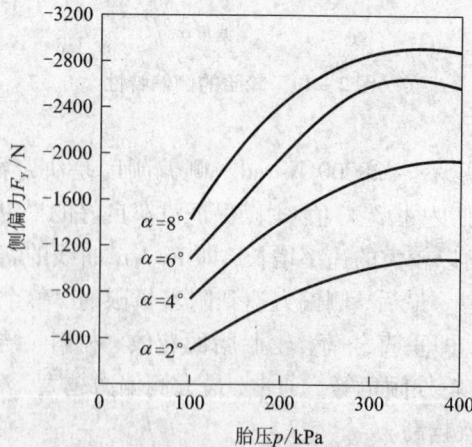

图 2 - 12 轮胎充气压力对侧偏刚度的影响
轮胎:6.40 - 13,速度 $u = 11$ m/s,垂直载荷 $W = 4000$ N

实际上,在轮胎上常同时作用有侧向力与切向力。由试验得到的曲线(图 2 - 13)表明,一定侧偏角下,驱动力增加时,侧偏力逐渐减小,这是由于轮胎侧向弹性有所改变的关系。当驱动力相当大时,侧偏力显著下降,因为此时接近附着极限,切向力已耗去大部分附着力,而侧向能利用的附着力很少。作用有制动力时，侧偏力也有相似的变化。由图还可看出，这组曲线的包络线接近于椭圆，一般称为附着椭圆。它确定了在一定附着条件下切向力与侧偏力合力的极限值。

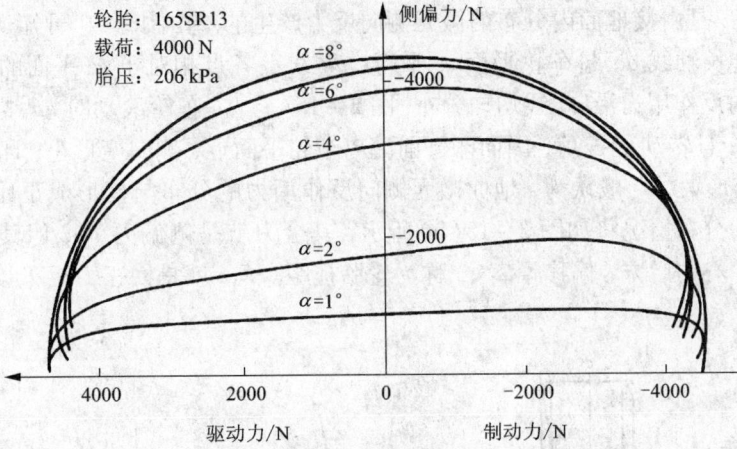

图 2 – 13　地面切向反作用力对侧偏特性的影响

路面及其粗糙程度、干湿状况对轮胎的侧偏特性，尤其是最大侧偏力影响很大。图 2 – 14 给出了某轮胎在干、湿沥青路面及湿混凝土路面上的侧偏特性。图上给出的是侧向力系数 $\varphi_l = F_Y/F_Z$ 与侧偏角 α 的关系曲线。

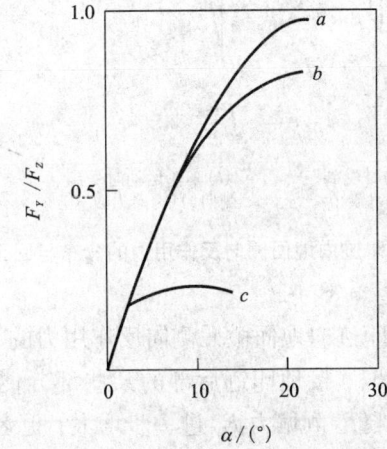

图 2 – 14　干路面和湿路面上的侧偏特性
a—干沥青路面，速度为 16.5 km/h；b—湿沥青路面，速度为 32.2 km/h；c—湿沥青路面，速度为 14.5 km/h

在有薄水层的路面上，因滑水现象会出现侧偏力完全丧失的情况。试验数据表明出现滑水现象与轮胎车速、轮胎胎面、路面粗糙度和水层厚度有关。如某轮胎在水层厚 1.02 mm 时，在粗糙路面上，开有 4 条沟槽的胎面能防止滑水现象；而在水层厚 7.62 mm 时，不论胎面有无沟槽、路面是否粗糙，当车速为 80 km/h 时均出现滑水现象，此时最大侧偏力为零。

2.3.3 回正力矩

轮胎发生侧偏时会产生作用于轮胎绕 OZ 轴的回正力矩 T_Z，如图 2－1 所示。回正力矩 T_Z 是车辆圆周行驶时使转向车轮恢复到直线行驶位置的主要恢复力矩之一。

回正力矩 T_Z 是由接地面内分布的微元侧向反力产生的。由图 2－9 可知，车轮静止受到侧向力后，印迹长轴线 aa 与车轮平面 cc 平行，aa 线上各点相对于 cc 平面的横向变形均为 Δh，即地面侧向反作用力沿 aa 线均匀分布［图 2－15(a)］。车轮滚动时 aa 线不仅与车轮平面错开距离 Δh，且转动了 α 角，因而印迹前端离车轮平面近，侧向变形小；印迹后端离车轮平面远，侧向变形大。一般认为，地面微元侧向反作用力的分布与变形成正比，故地面微元侧向反作用力的分布情况将如图 2－15(b) 所示，其合力就是侧偏力 F_Y，但其作用点必然在接地印迹几何中心的后方，偏移距离 e，称为轮胎拖距。$F_Y e$ 就是回正力矩 T_Z。

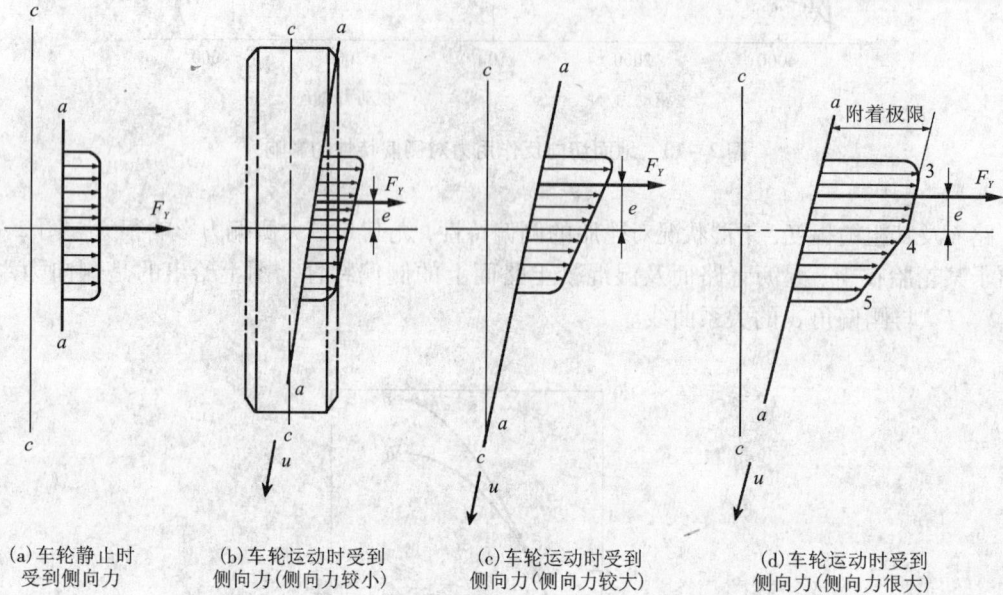

图 2－15　接地印迹内地面侧向反作用力的分布与回正力矩的产生

在侧偏力 F_Y 增加时，接地印迹内地面微元侧向反作用力的分布的情况如图 2－15(c) 所示。侧偏力 F_Y 增大到一定程度时，接地印迹后部的某些部分便达到附着极限，反作用力将沿 345 线分布［图 2－15(d)］。随着侧偏力 F_Y 进一步增大，更多部分达到附着极限，直到整个接地印迹发生侧滑，因而轮胎拖距会随着侧偏力的增加而逐渐变小。

图 2－16 是试验得到的 $T_Z - \alpha$ 关系曲线。回正力矩 T_Z 开始时逐步增大，$\alpha = 4° \sim 6°$ 达到最大值；α 继续增大，回正力矩 T_Z 下降，在 $\alpha = 10° \sim 16°$ 时回正力矩 T_Z 为零；α 再大，回正力矩 T_Z 成为负值。这是因为接地面后部发生侧向滑动的速度大，摩擦因数较小的缘故。这说明如果转向过急，侧偏力 F_Y 很大，侧偏角 α 迅速增大，引起回正力矩 T_Z 减小甚至为负值，即不能提供回正作用，反而加剧转向，则会造成操纵稳定性丧失的严重后果。试验结果还表明，回正力矩 T_Z 随垂直载荷增大而增加。

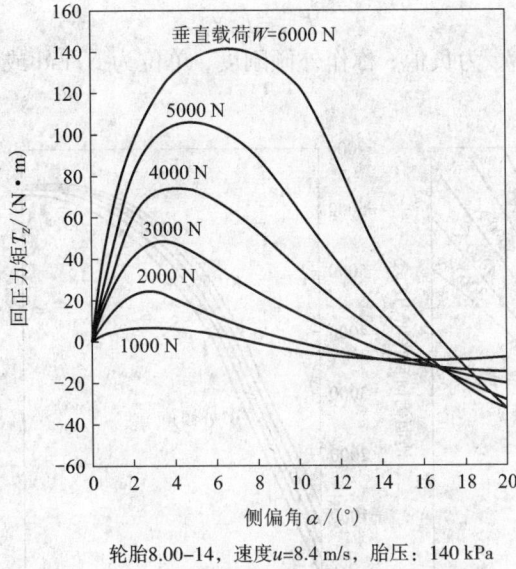

轮胎8.00-14，速度u=8.4 m/s，胎压：140 kPa

图 2 – 16　轮胎的回正力矩 – 侧偏角特性

　　轮胎形式及结构参数对 T_Z – α 关系有重要影响。在同样侧偏角下，大尺寸轮胎一般回正力矩较大。子午线轮胎回正力矩比斜交轮胎大。

　　轮胎的气压低，接地印迹长，偏移距离 e 越大，回正力矩 T_Z 也就越大。

　　地面切向反作用力对回正力矩有较大影响。随着驱动力的增加，回正力矩达最大值后开始下降。在制动力作用下，回正力矩不断减小，制动力增加到某值时，回正力矩由正值变为负值。

　　正是由于转向时上述回正力矩的存在，同时现代轿车轮胎气压较低、弹性增加，引起回正力矩增加，因此结构设计上主销后倾角可以减小到接近于零，甚至为负值。

2.3.4　有外倾角时轮胎的滚动

　　汽车两前轮有外倾角 γ 时，车轮具有绕各自旋转轴线与地面的交点 O' 滚动的趋势，如图 2 – 17 所示。若不受约束，车轮将偏离正前方而各自向左、右侧滚动。由于前轴的约束，两个车轮实际上只能一起向前行驶。因此，车轮中心一定作用有侧向力 F_y，把车轮约束至同一方向向前滚动。与此同时，轮胎接地面中产生一个与 F_y 方向相反的侧向反作用力，这就是外倾侧向力 $F_{Y\gamma}$。

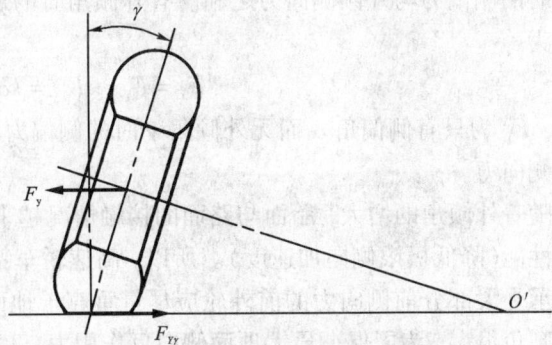

图 2 – 17　车轮外倾角与外倾侧向力

　　图 2 – 18(a)是由试验得到的 $F_{Y\gamma}$ – γ 关系曲线。外倾侧向力 $F_{Y\gamma}$ 与外倾角 γ 呈线性的关系式为

$$F_{Y\gamma} = k_\gamma \gamma \qquad (2-15)$$

按轮胎坐标系规定，k_γ 为负值，称作外倾刚度，单位为 N/rad 或 N/(°)。

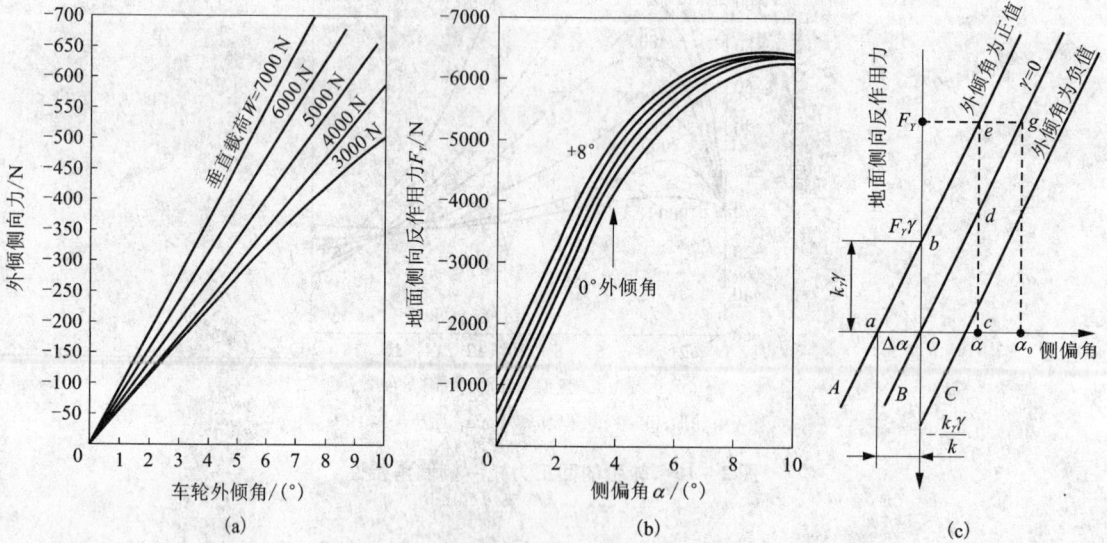

图 2-18　有外倾角时轮胎的侧偏特性
(a)外倾角与外倾侧向力的关系；(b)、(c)有外倾角时轮胎的侧偏特性

图 2-18(b)是由试验得到的不同外倾角下轮胎的侧偏特性。显然，侧偏特性具有平移的特点。图 2-18(c)是图 2-18(b)中的局部放大图，图上的 A、B 与 C 线条是外倾角 γ 为正、为零与为负时，小侧偏角范围内的侧偏特性。该图还表明：

①侧偏角 $\alpha = 0$ 时，地面侧向力便是外倾侧向力 $F_{Y\gamma}$，即 $F_{Y\gamma} = k_\gamma \gamma$。当外倾角 γ > 0 时(A线)，$F_{Y\gamma} < 0$。

②γ > 0 时，侧偏为 α 的地面侧向反作用力为 $F_Y = cd + de$，见 A 线，即 F_Y 为外倾角等于零时的侧偏力与外倾侧向力之和。有外倾角时的地面侧向反作用力与外倾角、侧偏角的关系式为

$$F_Y = F_{Y\alpha} + F_{Y\gamma} = k\alpha + k_\gamma \gamma \qquad (2-16)$$

式中：$F_{Y\alpha}$ 为只有侧偏角 α 而无外倾角 γ 时的侧偏力；$F_{Y\gamma}$ 为只有外倾角 γ 而无侧偏角 α 时的外倾侧向力。

随着外倾角的增大，胎面与路面的接触情况越来越差，因影响侧向附着力而降低了汽车极限性能(降低极限侧向加速度)。所以，高速轿车特别是采用超宽断面轮胎的赛车，转弯行驶时承受大部分前侧向力的前外轮应尽量垂直于地面，即外倾角等于零。摩托车转弯时，车轮外倾角很大，为了保证最大地面侧向反作用力，摩托车轮胎具有圆形断面。

车轮有外倾角时还产生回正力矩。随着外倾角的增大，外倾回正力矩几乎成线性增加。

按照轮胎坐标系的规定，将上述各轮胎特性参数的正负关系画在图 2-19 中，可见正侧偏角对应于负的侧偏力与正的回正力矩；正外倾角对应于负的外倾侧向力与负的外倾回正力矩。

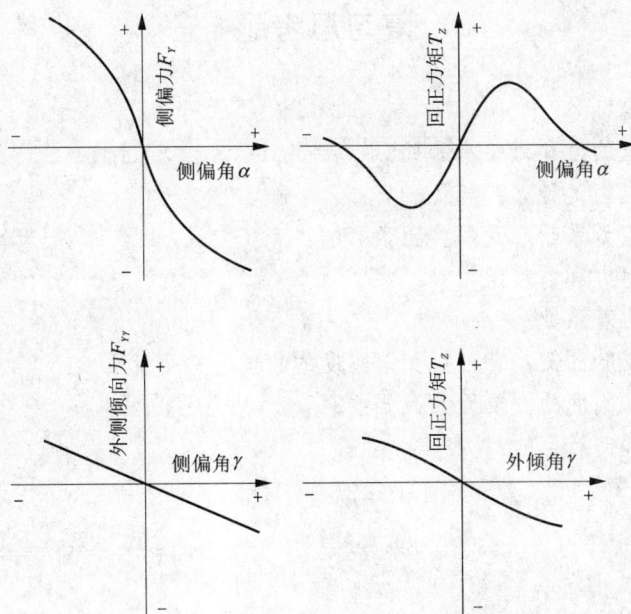

图 2 – 19　轮胎特性参数的正负

本章小结

1. 轮胎的坐标系：原点 O 为车轮平面和地平面的交线与车轮旋转轴线在地平面上投影线的交点。车轮平面与地平面的交线取为 X 轴，规定向前为正。Z 轴与地平面垂直，规定指向上方为正。Y 轴在地平面上，规定面向车轮前进方向时指向左方为正。

2. 滚动阻力的成因：轮胎和路面的变形，轮胎与路面间的滑动。

3. 滚动阻力系数及影响因素：$f = \dfrac{a}{r}$，影响因素主要包括路面种类及状态，车速，轮胎结构、材料和气压等。

4. 轮胎的侧偏特性：侧偏力与侧偏角呈线性关系，即 $F_Y = k\alpha$，其中 k 为轮胎侧偏刚度，侧偏刚度为负值。

5. 轮胎的侧偏特性影响因素：侧偏刚度随垂直载荷的增加而增大；尺寸较大、扁平率较小、气压较高的轮胎，侧偏刚度一般较大；子午线轮胎相比斜交胎具有较大的侧偏刚度。

6. 轮胎回正力矩 T_Z：是使转向车轮恢复到直线行驶位置的主要恢复力矩之一，它是由接地面内分布的微元侧向反力产生的。

7. 外倾侧向力与外倾角呈线性的关系式为 $F_{Y_\gamma} = k_\gamma \gamma$，其中 k_γ 为外倾刚度，外倾刚度为负值。

复习思考题

1. 什么是轮胎坐标系?
2. 作用在轮胎上的力和力矩有哪些?
3. 滚动阻力的成因是什么?
4. 什么是滚动阻力系数? 受哪些因素影响?
5. 什么是穿水阻力和前束阻力?
6. 什么是纵向附着系数?
7. 什么是弹性轮胎的侧偏特性? 侧偏刚度的物理意义是什么?
8. 影响轮胎侧偏刚度的主要因素有哪些?
9. 回正力矩是如何产生的?

第 3 章　汽车的动力性

3.1　汽车的动力性评价指标

3.1.1　汽车的最高车速

汽车的最高车速 u_{amax} 是指在水平良好的路面(混凝土或沥青)上,汽车能达到的最高行驶车速,单位为 km/h。

3.1.2　汽车的加速时间

汽车的加速时间 t 表示汽车的加速能力,它对平均行驶车速有很大影响。常用原地起步加速时间与超车加速时间来表明汽车的加速能力。原地起步加速时间,是指汽车由 I 挡或 II 挡起步,并以最大的加速强度(包括选择恰当的换挡时机)逐步换至高挡后,到某一预定的距离或车速所需的时间。超车加速时间,指用最高挡或次高挡由某一较低车速全力加速至某一高速所需的时间。由于超车时两车辆并行,容易发生安全事故,所以超车加速能力强,并行行程短,行驶较安全。一般常用 0→400 m(国外常用 0→1/4 mile)或 0→100 km/h(国外常用 0→60 mile/h)所需的时间来表明汽车的原地起步加速能力。对超车加速能力还没有一致的规定,采用较多的是用最高挡或次高挡,由某一中等车速(30 km/h 或 40 km/h)全力加速行驶至某一高速所需的时间。

3.1.3　汽车的最大爬坡度

汽车满载时,在良好路面上的最大爬坡度 i_{amax},表示汽车的上坡能力,单位为%。显然,汽车的最大爬坡度指 I 挡最大爬坡度。轿车最高车速大,加速时间短,经常在较好的道路上行驶,一般不强调它的爬坡能力;而且它的 I 挡加速能力大,故爬坡能力也强。货车在各种地区的各种道路上行驶,所以必须具有足够的爬坡能力。一般货车的 i_{max} 在 30% 即16.7°左右,越野汽车要在坏路或无路条件下行驶,因而爬坡能力是一个很重要的指标,它的最大爬坡度可达 60% 即31°左右。

需要指出的是,i_{max} 代表了汽车的极限爬坡能力,它应比实际行驶中遇到的道路最大爬坡超出很多。这是因为考虑到在坡道上停车后顺利起步加速、克服松软坡道路面的大阻力、克服坡道上崎岖不平路面的局部大阻力等要求。

有时也可用汽车在一定坡道上必须达到的车速来表明汽车的爬坡能力。如美国对新一代轿车的爬坡能力有如下规定：在美国环保署（Environmental Protection Agency，EPA）试验规定的质量下，应能以 104 km/h 通过 6% 的坡道，而在满载时车速不能低于 80 km/h。

应当指出的是，进行动力性评价指标试验时，各国规定的载质量是不同的，我国为满载，德国为半载。另外试验均应在无风或微风条件下进行。

3.2 汽车的驱动力与行驶阻力

确定汽车的动力性，就是确定汽车沿行驶方向的运动状况。因此，需要分析沿汽车行驶方向作用于汽车的各种外力，即驱动力与行驶阻力。根据这些力的平衡关系，建立汽车行驶方程式，就可以估算汽车的动力性能指标：最高车速、加速时间和最大爬坡度。

汽车的行驶方程式为

$$F_t = \sum_k F_k (k = f, w, i, j) \tag{3-1}$$

式中：F_t 为汽车驱动力，N；$\sum_k F_k$ 为汽车各种行驶阻力之和，N。

本节将分别研究汽车的驱动力和各种行驶阻力，然后把上述汽车行驶方程式加以具体化，以便研究汽车的动力性。

3.2.1 汽车的驱动力

在汽车行驶中，发动机发出的有效转矩 T_{tq}，经变速器、传动轴、主减速器等后，由半轴传给驱动车轮。传到驱动轮上的转矩 T_t，即驱动力矩，可表示为

$$T_t = T_{tq} i_g i_0 \eta_T \tag{3-2}$$

式中：T_{tq} 为发动机有效转矩，N·m；i_g 为变速器传动比；i_0 为主减速器传动比；η_T 为传动系的机械效率。

对于装有分动器、轮边减速器、液力传动等装置的汽车，式（3-2）应计入相应的传动比和机械效率。

如图 3-1 所示，此时作用于驱动轮上的转矩 T_t，产生对地面的圆周力 F_0，则地面对驱动轮的反作用力 F_t，即为汽车的驱动力。如果驱动车轮的滚动半径为 r，则驱动力的数值为 $F_t = T_t/r$，因而，汽车的驱动力计算公式为

$$F_t = \frac{T_{tq} i_g i_0 \eta_T}{r} \tag{3-3}$$

式中：r 为驱动轮的滚动半径，m。

下面将对式（3-3）中发动机转矩 T_{tq}、传动系机

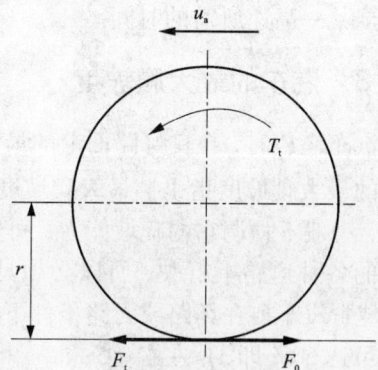

图 3-1 汽车的驱动力

械效率 η_{T} 及车轮半径 r 等作进一步讨论,并做出汽车的驱动力图。

(1)发动机的外特性

加速踏板位置固定不动,发动机的功率 P_{e}、转矩 T_{tq} 及燃油消耗率 b 与发动机曲轴转速 n 的变化关系,即为发动机的速度特性。当加速踏板位置最大,即发动机节气门全开(或高压油泵处于最大供油量位置)时,测得的速度特性称为发动机的外特性,对应的关系曲线称为外特性曲线;如果节气门部分开启(或高压油泵处于部分供油量位置),则称为发动机部分负荷特性曲线。

图 3 - 2 为一台汽油发动机外特性中的功率与转矩曲线。$n_{\min}$ 为发动机在节气门全开时的最低稳定工作转速,随着发动机转速的提高,发动机发出的有效功率和有效转矩都在增加,最大转矩 T_{tqmax} 时的发动机转速为 n_{tq};再增大发动机转速时,T_{tq} 有所下降,但功率 P_{e} 继续增加,一直达到最大功率 P_{emax},此时发动机转速为 n_{p};继续提高发动机转速,功率下降。允许的发动机最高转速为 $n_{\max}$,一般 $n_{\max} = (1.1 - 1.2)n_{\mathrm{p}}$。

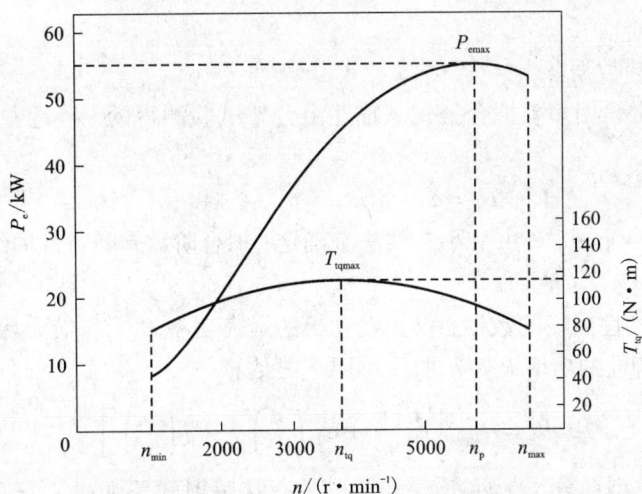

图 3 - 2　汽油发动机外特性中的功率与转矩曲线

发动机功率 P_{e} 和转矩 T_{tq} 之间有如下关系

$$P_{\mathrm{e}} = \frac{T_{\mathrm{tq}}n}{9549} \qquad\qquad (3-4)$$

式中:P_{e} 为发动机有效功率,kW;n 为发动机转速,r/min。

发动机制造厂提供的发动机外特性曲线,一般是在试验台架上不带空气滤清器、水泵、风扇、消声器、发电机等附属设备条件下测试得到的。带上全部附件设备时的发动机外特性曲线为使用外特性曲线。使用外特性的功率小于外特性的功率,如图 3 - 3 所示。一般汽油机使用外特性的最大功率比外特性的最大功率低约 15%;转速为 $0.5n_{\max}$ 时,功率小 2% ~ 6%;转速再低时,两者相差更小。货车柴油机使用外特性的最大功率比外特性的最大功率约小 5%;轿车与轻型货车柴油机使用外特性的最大功率比外特性的最大功率约小 10%。

需要指出的是,由于在试验台架上所测得的发动机工况相对稳定,而在实际使用中,发动机的工况通常是不稳定的,但由于两者差别不显著,所以在进行动力估算时,仍可用稳态

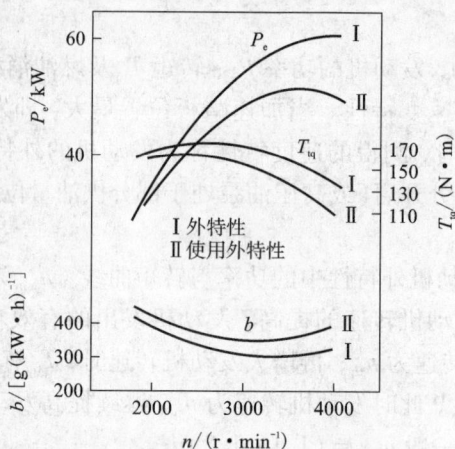

图 3-3 汽车发动机外特性与使用外特性

工况时发动机的试验数据。

为便于计算,常采用多项拟合公式来描述由台架试验测得的、接近抛物线的发动机转矩曲线。即

$$T_{tq} = a_0 + a_1 n + a_2 n^2 + \cdots + a_k n^k \tag{3-5}$$

式中:系数 a_0,a_1,a_2,$\cdots$,a_k 由最小二乘法来确定;拟合阶数 k 随特性曲线而异,一般在 2 ~ 5 中选取。

如果找不到外特性曲线的数据,仅知发动机的最大功率 P_{emax} 和最大功率时的发动机转速 n_p,则发动机的外特性的功率 $P_e - n$ 曲线可用下式估算

$$P_e = P_{emax} \left[C_1 \frac{n}{n_p} + C_2 \left(\frac{n}{n_p} \right)^2 - C_3 \left(\frac{n}{n_p} \right)^3 \right] \tag{3-6}$$

式中:C 为发动机类型系数,汽油机 $C_1 = C_2 = 1$;直接喷射式柴油机 $C_1 = 0.65$,$C_2 = 1.5$;预燃室式柴油机 $C_1 = 0.6$,$C_2 = 1.4$。

(2)传动系的机械效率

发动机发出的功率 P_e,经传动系传到驱动车轮的过程中,要克服传动系各部件的摩擦而有一定的损失。若损失的功率为 P_T,则传到驱动轮的功率为 $P_e - P_T$,传动系的机械效率 η_T 为

$$\eta_T = \frac{P_e - P_T}{P_e} = 1 - \frac{P_T}{P_e} \tag{3-7}$$

传动系的功率损失由传动系中各部件——变速器、万向节、主减速器等的功率损失所组成。其中变速器和主减速器的功率损失所占比重最大,其余部件功率损失较小。

损耗的功率含机械损失功率和液力损失功率。机械损失功率是指齿轮传动副、轴承、油封等处的摩擦损失功率,其大小决定于啮合齿轮的对数,传递的转矩等因素。液力损失功率是指消耗于润滑油的搅动、润滑油与旋转零件之间的表面摩擦功率。其大小决定于润滑油的品质、温度、箱体内的油面高度,以及齿轮等旋转零件的转速。液力损失随传动零件转速提高、润滑油面高度及黏度增加而增大。另外,传动系的功率损失还与变速器所处挡位、齿轮

啮合情况、驱动轴轴承和油封松紧及制动器制动副之间的分离情况等因素有关。

　　传动系的机械效率受多种因素的影响而不断变化，但对汽车进行一般动力性分析计算时，可把它取为常数。传动系的机械效率可按传动系的结构组合由变速器、主减速器等部件进行传动效率数值相乘估算，也可参照同类车型的传动效率取值。可按照表 3 - 1 推荐的数值进行估算。

表 3 - 1　传动系机械效率的估算

部件名称	$\eta_T/\%$	车辆类型	$\eta_T/\%$
4 ~ 6 挡变速器	95	有级机械式变速器传动系的轿车	90 ~ 92
辅助变速器(副变速器或分动器)	95	单级主减速器的货车	90
8 挡以上变速器	90	双级主减速器的货车	85
单级减速主减速器	96	4 × 4 货车	85
双级减速主减速器	92	6 × 6 货车	80
传动轴的万向节	98	越野汽车	80 ~ 85

　　(3)车轮半径

　　轮胎的尺寸及结构直接影响汽车的动力性。车轮按规定气压充好气后，处于无载时的半径，称为自由半径。

　　汽车在重力作用下，轮胎发生径向变形。汽车静止时车轮中心与轮胎接地面之间的距离称为静力半径 r_s。静力半径小于其自由半径，它取决于载荷、轮胎的径向刚度，以及支承面的刚度。

　　车轮滚动时，车轮的几何中心到速度瞬心的距离称为车轮的滚动半径 r_r。可以通过车轮转动圈数 n_w 与车轮实际滚动距离 S 之间的关系换算得出滚动半径，即

$$r_r = \frac{S}{2\pi n_w} \tag{3 - 8}$$

　　滚动半径由试验测得，也可以用下式做近似的估算

$$r_r = \frac{Fd}{2\pi} \tag{3 - 9}$$

式中：F 为计算常数，子午线轮胎 $F = 3.05$，斜交轮胎 $F = 2.99$；d 为轮胎的自由直径，m。

　　显然，对汽车做动力学分析时，应该用静力半径 r_s；而做运动学分析时应该用滚动半径 r_r。但在一般的分析中不区分它们的差别，统称为车轮半径 r，即认为

$$r_s \approx r_r \approx r \tag{3 - 10}$$

　　(4)汽车的驱动力图

　　根据发动机外特性确定的汽车驱动力 F_t 与汽车行驶车速 u_a 之间的函数关系曲线 $F_t - u_a$，称为汽车的驱动力图。它直观、全面地显示变速器处于各挡位时，驱动力随车速变化的规律。

　　设计中的汽车如果已知发动机使用外特性曲线、传动系的传动比及机械效率、车轮半径等参数，即可作出汽车的驱动力图。具体方法如下：

①从发动机外特性曲线上取若干点(n, T_{tq})，这些点应包括最低稳定转速点和最高转速点。

②根据选定的不同挡位传动比，按式(3-3)计算出驱动力值。

③根据转速n、变速器传动比i_g及主减速比i_0，由下式计算与所求F_t对应的汽车行驶车速u_a

$$u_a = 0.377 \frac{rn}{i_g i_0} \qquad (3-11)$$

④建立$F_t - u_a$坐标，对应每个挡位，将计算出的相应的(F_t, u_a)值描点并连成曲线，即得到汽车在该挡位的驱动力曲线。对应于每一个挡位，都有一条驱动力曲线。

图3-4即为某5挡变速器货车的驱动力图。从图中可以看出驱动力与其行驶速度的关系及不同挡位驱动力的变化。驱动力图可以作为工具用来分析汽车的动力性。

由于驱动力图中的驱动力是根据发动机外特性求得的，因此它是使用各挡位时在一定车速下汽车能发出驱动力的极值。实际行驶中，发动机常在节气门部分开启状态下工作，相应的驱动力要比极值小。

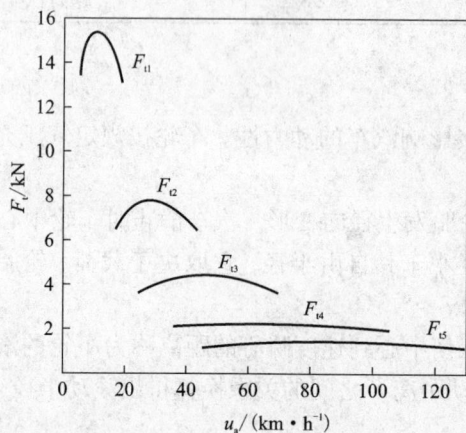

图3-4　某5挡变速器货车的驱动力图

3.2.2　汽车的行驶阻力

汽车在水平道路上等速行驶时必须克服来自地面的滚动阻力F_f和来自空气的空气阻力F_w；当汽车在坡道上上坡行驶时，还必须克服重力沿坡道的分力，即坡度阻力F_i；汽车加速行驶时还需要克服汽车本身的惯性力，即加速阻力F_j。因此汽车行驶的总阻力为

$$\sum_k F_k = F_f + F_w + F_i + F_j \qquad (3-12)$$

上述各种阻力中，滚动阻力和空气阻力是在任何行驶条件下均存在的。坡度阻力和加速阻力仅在一定行驶条件下存在。水平道路上等速行驶时就没有坡度阻力和加速阻力。显然，汽车下坡或减速行驶时，汽车重力沿坡道的分力或惯性力已不是汽车行驶的阻力，而变成了动力。滚动阻力的分析计算已经在2.2中介绍过，不在赘述。

(1)空气阻力

汽车直线行驶时受到空气的作用力,该力在行驶方向上的分力,称为空气阻力,分为压力阻力和摩擦阻力两部分。作用在汽车外形表面上的法向压力的合力在行驶方向上的分力称为压力阻力。摩擦阻力是由于空气的黏性在车身表面产生的切向力的合力在行驶方向上的分力。

压力阻力又分为四部分:形状阻力、干扰阻力、内循环阻力、诱导阻力。形状阻力与车身主体形状有关,流线型越好,形状阻力越小;干扰阻力是车身表面突起物,如后视镜、门把、引水槽、悬架导向杆、驱动轴等引起的阻力;内循环阻力为发动机冷却系统以及车身通风等所需要的空气在车体内部流动时形成的阻力;诱导阻力是空气升力在水平方向上的投影。

对于一般的轿车,这几部分阻力的比例大致为:形状阻力占58%,干扰阻力占14%,内循环阻力占12%,诱导阻力占7%,摩擦阻力占9%。

空气阻力中,形状阻力占的比重最大,所以改善车身流线形状,是减小空气阻力的关键。

在无风条件下,汽车的空气阻力 F_w 的计算公式为

$$F_w = \frac{C_D A u_a^2}{21.15} \tag{3-13}$$

式中: C_D 为空气阻力系数; A 为迎风面积,即汽车行驶方向上的投影面积, m^2 ; u_a 为汽车的行驶速度, km/h 。

由式(3-13)可知,空气阻力与汽车行驶速度的平方成正比,汽车行驶速度越高,空气阻力越大。空气阻力与 C_D 及 A 值成正比。 A 值受到汽车乘坐使用空间的限制不易进一步减少,所以降低空气阻力系数 C_D 值是降低空气阻力的主要手段。20世纪70年代初,轿车的 C_D 值维持在0.4~0.6。自20世纪70年代后期,为了进一步降低油耗,各国都致力于设法降低 C_D 值,至20世纪90年代,不少轿车的 C_D 值已降到0.3左右甚至更低。如Passat轿车的 C_D 值为0.28,奔驰C级轿车的 C_D 值为0.26。

如图3-5所示,减小 C_D 值要遵循的要点主要有:

①车身前部。发动机盖应向前下倾;面与面交接处的棱角应为圆柱状;大倾角的前风窗玻璃,且与车顶圆滑过渡;前支柱(A柱)应圆滑,侧窗应与车身相平。尽量减少灯、后视镜和门把等凸出物,凸出物的形状应接近流线型;在前保险杠下面,应安装合适的扰流板;车轮盖应与轮胎相平。

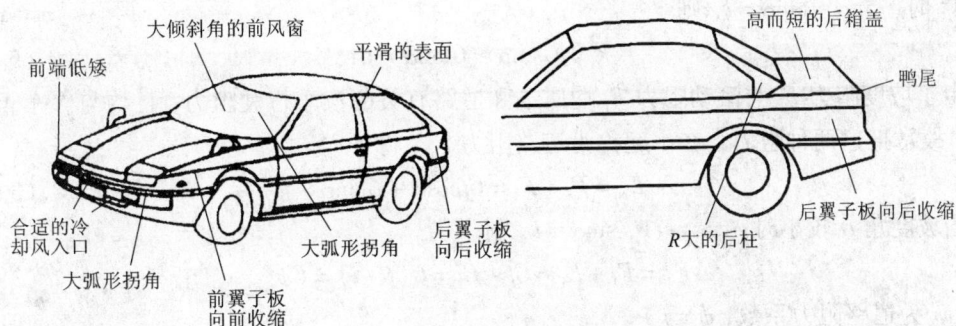

图3-5　低 C_D 值车身的一些特点

②整车。整个车身应向前倾 $1° \sim 2°$；水平投影应为腰鼓形，后端稍稍收缩，前端呈半圆形。

③汽车后部。最好采用舱背式或直背式；应安装后扰流板；若用折背式，则行李箱盖板至地面距离应高些，长度要短些，后面应采用鸭尾式结构。

④车身底部。所有零件应在车身下平面内且较平整，最好有平滑的盖板盖住底部；盖板从车身中部或后轮以后向上稍稍升高。

⑤发动机冷却通风系统。仔细选择进风口与出风口的位置，应有高效率的冷却水箱以及精心设计的内部风道。

⑥对于货车与半挂车，其驾驶室上应安装导流板等减阻装置。

空气阻力系数 C_D 值可由道路试验、风洞试验等方法求得。迎风面积 A 可直接在汽车行驶的投影面上测得。

（2）坡度阻力

如图 3 – 6 所示，当汽车上坡行驶时，其重力 G 沿坡道斜面的分力 F_i 表现为对汽车行驶的一种阻力，称坡度阻力。坡度阻力 F_i 按下式计算

$$F_i = G\sin\alpha \tag{3 – 14}$$

式中：F_i 为坡度阻力，N；α 为道路坡度角，（°）。

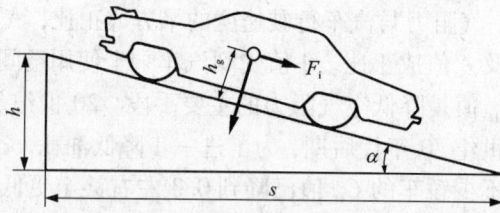

图 3 – 6　汽车的坡度阻力

坡道的表示方法是用坡度 i，即用坡高 h 与底长 s 之比表示。

按照我国的公路路线设计规范，高速公路平原微丘区最大纵坡为 3%，山岭重丘区为 5%；一级汽车专用公路平原微丘区最大纵坡为 4%，山岭重丘区为 6%；一般四级公路平原微丘区最大纵坡为 6%，山岭重丘区为 9%。因此，一般道路的坡度均较小。当坡道角 $\alpha < 15°$ 时，$\sin\alpha \approx \tan\alpha = i$，则

$$F_i = G\sin\alpha \approx G\tan\alpha = Gi \tag{3 – 15}$$

由于坡度阻力 F_i 与滚动阻力 F_f 均属于和道路有关的汽车行驶阻力，且均与汽车重力成正比，故常把这两种阻力合在一起称为道路阻力 F_ψ，即

$$F_\psi = F_f + F_i = Gf\cos\alpha + G\sin\alpha \tag{3 – 16}$$

当坡度角 α 较小时，$\cos\alpha \approx 1$，$\sin\alpha \approx i$，则

$$F_\psi = F_f + F_i \approx Gf + Gi = G(f + i) = G\psi \tag{3 – 17}$$

式中：ψ 为道路阻力系数，$\psi = f + i$。

（3）加速阻力

汽车加速行驶时，需克服其质量的惯性，这就是加速阻力 F_j。汽车的质量分为平移质量

和旋转质量（飞轮、车轮等）两部分。加速时平移质量要产生惯性力，旋转质量要产生惯性力偶矩。为了便于计算，一般把旋转质量的惯性力偶矩，转化为平移质量的惯性力，并以系数 δ 作为换算系数，则汽车加速时的加速阻力 F_j 为

$$F_j = \delta m \frac{\mathrm{d}u}{\mathrm{d}t} \tag{3-18}$$

式中：F_j 为加速阻力，N；δ 为汽车旋转质量换算系数，$\delta > 1$；m 为汽车质量，kg；$\dfrac{\mathrm{d}u}{\mathrm{d}t}$ 为汽车行驶加速度，$\mathrm{m/s}^2$。

汽车上的旋转部件有发动机飞轮、各种轴、传动齿轮及车轮等。在进行一般汽车的动力性计算时，只考虑转动惯量较大的发动机飞轮和车轮这两部分旋转质量的影响，其他旋转质量的影响较小，可略去不计。

按照物理学中惯性力矩的计算公式，发动机飞轮的惯性力矩 T_f 可表示为

$$T_f = I_f \frac{\mathrm{d}\omega_e}{\mathrm{d}t} \tag{3-19}$$

式中：T_f 为发动机飞轮的惯性力矩，N·m；I_f 为发动机飞轮的转动惯量，kg·m^2；ω_e 为发动机飞轮的旋转角速度，rad/s。

发动机飞轮的旋转角速度 ω_e 与汽车行驶速度 u 之间的关系为 $\omega_e = i_g i_0 \dfrac{u}{r}$，则 $T_f = I_f i_g i_0 \dfrac{1}{r} \dfrac{\mathrm{d}u}{\mathrm{d}t}$，将此作用在飞轮处的惯性力矩转换到驱动轮周缘可得

$$T_{je} = I_f i_g i_0 \eta_T = \frac{I_f i_g^2 i_0^2 \eta_T}{r} \frac{\mathrm{d}u}{\mathrm{d}t} \tag{3-20}$$

式中：T_{je} 为转换到驱动轮周缘的发动机飞轮的惯性力矩，N·m。

所有车轮的惯性力矩可表示为

$$T_{jw} = \sum I_w \frac{\mathrm{d}\omega}{\mathrm{d}t} = \frac{\sum I_w}{r} \frac{\mathrm{d}u}{\mathrm{d}t} \tag{3-21}$$

式中：T_{jw} 为车轮的惯性力矩，N·m；I_w 为车轮的转动惯量，kg·m^2；ω 为车轮的旋转角速度，rad/s。

将上述转换到车轮周缘的发动机飞轮的惯性力矩 T_{je} 与车轮的惯性力矩 T_{jw} 之和转换为旋转质量的惯性力并与平移质量的惯性力累加可得到加速阻力 F_j，即

$$F_j = m\frac{\mathrm{d}u}{\mathrm{d}t} + \frac{\sum I_w}{r}\frac{\mathrm{d}u}{\mathrm{d}t}\frac{1}{r} + \frac{I_f i_g^2 i_0^2 \eta_T}{r}\frac{\mathrm{d}u}{\mathrm{d}t}\frac{1}{r}$$

$$= m\frac{\mathrm{d}u}{\mathrm{d}t}\left[1 + \frac{1}{m}\frac{\sum I_w}{r^2} + \frac{1}{m}\frac{I_f i_g^2 i_0^2 \eta_T}{r^2}\right] \tag{3-22}$$

将式（3-18）和式（3-22）相比较，显然

$$\delta = 1 + \frac{1}{m}\frac{\sum I_w}{r^2} + \frac{1}{m}\frac{I_f i_g^2 i_0^2 \eta_T}{r^2} \tag{3-23}$$

令 $\delta_1 = \dfrac{1}{m}\dfrac{\sum I_w}{r^2}$，$\delta_2 = \dfrac{1}{m}\dfrac{I_f i_0^2 \eta_T}{r^2}$，则

$$\delta = 1 + \delta_1 + \delta_2 i_g^2 \qquad (3-24)$$

式中：δ_1、δ_2 主要与车型有关：轿车 δ_1 为 $0.05 \sim 0.07$ 之间；货车 δ_1 为 $0.04 \sim 0.05$；一般汽车的 δ_2 为 $0.03 \sim 0.05$。

3.2.3 汽车的行驶方程式

根据上节分析的汽车各行驶阻力，考虑汽车的驱动力应当与阻力平衡，可以得到汽车的行驶方程式为

$$F_t = F_f + F_w + F_i + F_j \qquad (3-25)$$

或

$$\frac{T_{tq} i_g i_0 \eta_T}{r} = Gf\cos\alpha + \frac{C_D A u_a^2}{21.15} + G\sin\alpha + \delta m \frac{du}{dt} \qquad (3-26)$$

考虑到实际上正常道路的坡度角不大，$\cos\alpha = 1$，$\sin\alpha = i$，故常将上式写为

$$\frac{T_{tq} i_g i_0 \eta_T}{r} = Gf + \frac{C_D A u_a^2}{21.15} + Gi + \delta m \frac{du}{dt} \qquad (3-27)$$

式（3-27）表示了无风天气、正常道路上行驶汽车的驱动力与行驶阻力的数量关系，在进行动力性和经济性分析时都要用到它。

下面将对汽车各部分取隔离体，进行严格的受力分析，以便更具体更确切地说明汽车的总体受力，同时推导汽车行驶方程式。

（1）从动轮在加速过程中的受力分析

图 3-7 为加速时车轮的受力图。图中 m_1 为从动轮的质量；I_{w1} 为从动轮的转动惯量；W_1 为从动轮上的载荷；F_{Z1} 为地面对从动轮的法向反作用力；F_{P1} 为从动轴对从动轮的推力；F_{X1} 为面切向反力；T_{f1} 为从动轮滚动阻力偶矩；$m_1 \dfrac{du}{dt}$ 为从动轮平移惯性力；$I_{w1} \dfrac{dW}{dt}$ 为从动轮的惯性力偶矩。

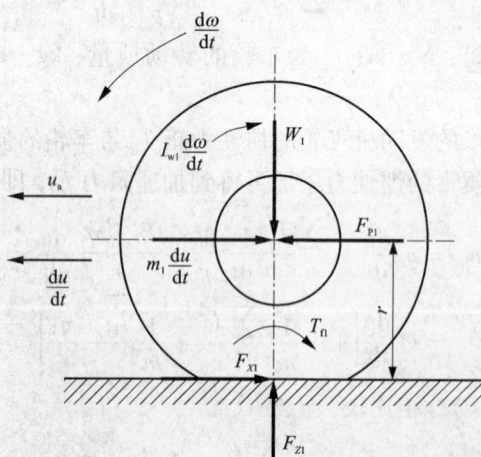

图 3-7　加速时从动轮的受力图

根据力（力矩）平衡条件，有

$$F_{P1} = m_1 \frac{\mathrm{d}u}{\mathrm{d}t} + F_{X1} \left.\begin{array}{}\\\\\end{array}\right\}$$

$$F_{X1}r = T_{f1} + I_{w1}\frac{\mathrm{d}\omega}{\mathrm{d}t}$$

$$(3-28)$$

由于 $T_{f1}/r = F_{f1}$，$\omega = u/r$，则上式可写成

$$F_{X1} = F_{f1} + \frac{I_{w1}}{r^2}\frac{\mathrm{d}u}{\mathrm{d}t} \qquad\qquad (3-29)$$

故从动轴对从动轮的推力为

$$F_{P1} = F_{f1} + \left(m_1 + \frac{I_{w1}}{r^2}\right)\frac{\mathrm{d}u}{\mathrm{d}t} \qquad\qquad (3-30)$$

可见，推动从动轮前进的推力 F_{P1}，要克服两种阻力，即从动轮的滚动阻力和从动轮的加速阻力。该加速阻力又由从动轮平移质量的加速阻力 $m_1\frac{\mathrm{d}u}{\mathrm{d}t}$ 和从动轮旋转质量的加速阻力 $\frac{I_{w1}}{r^2}\frac{\mathrm{d}u}{\mathrm{d}t}$ 所组成。

（2）驱动轮在加速过程中的受力分析

图 3-8 为加速时驱动轮的受力图。图中 m_2 为驱动轮的质量；I_{w2} 为驱动轮的转动惯量；W_2 为驱动轮上的载荷；F_{Z2} 为地面对驱动轮的法向反作用力；F_{P2} 为从动轴对驱动轮的推力；F_{X2} 为地面切向反力；T_{f2} 为驱动轮滚动阻力偶矩；$m_2\frac{\mathrm{d}u}{\mathrm{d}t}$ 为驱动轮平移惯性力；$I_{w2}\frac{\mathrm{d}\omega}{\mathrm{d}t}$ 为驱动轮的惯性力偶矩；T_t' 为半轴作用于驱动轮的力矩，$T_t' = T_t - T_{je}$，T_{je} 是转换后的发动机飞轮的惯性力矩，$T_{je} = \frac{I_f i_g^2 i_0^2 \eta_T}{r}\frac{\mathrm{d}u}{\mathrm{d}t}$。

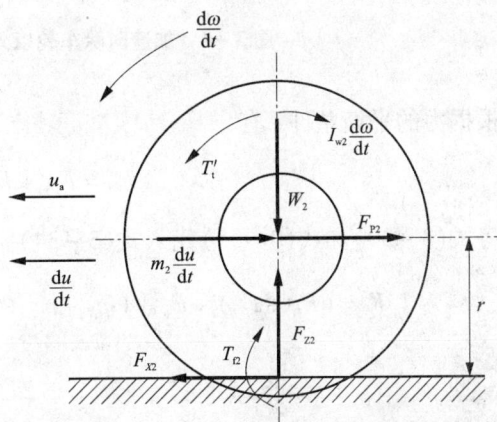

图 3-8　加速时驱动轮的受力图

根据力（力矩）平衡条件，有

$$F_{X2} = F_{P2} + m_2 \frac{\mathrm{d}u}{\mathrm{d}t} \qquad\qquad (3-31)$$

$$F_{X2}r = T_t' - I_{w2}\frac{\mathrm{d}\omega}{\mathrm{d}t} - T_{f2} = T_t - T_{je} - I_{w2}\frac{\mathrm{d}\omega}{\mathrm{d}t} - T_{f2} \qquad\qquad (3-32)$$

则

$$F_{X2} = F_t - F_{f2} - \frac{I_{w2}}{r^2}\frac{\mathrm{d}u}{\mathrm{d}t} - \frac{I_f i_g^2 i_0^2 \eta_T}{r^2}\frac{\mathrm{d}u}{\mathrm{d}t} \qquad\qquad (3-33)$$

即

$$F_t = F_{X2} + F_{f2} + \frac{I_{w2}}{r^2}\frac{\mathrm{d}u}{\mathrm{d}t} + \frac{I_f i_g^2 i_0^2 \eta_T}{r^2}\frac{\mathrm{d}u}{\mathrm{d}t} = F_{P2} + F_{f2} + \left(m_2 + \frac{I_{w2}}{r^2} + \frac{I_f i_g^2 i_0^2 \eta_T}{r^2}\right)\frac{\mathrm{d}u}{\mathrm{d}t} \qquad (3-34)$$

可见，F_t 克服四部分阻力，即由驱动轴传来的阻力 F_{P2}、驱动轮的滚动阻力 F_{f2}、驱动轮的加速阻力和转换到驱动轮周缘的发动机飞轮的惯性力。驱动轮的加速阻力由驱动轮平移质量产生的加速阻力 $m_2 \dfrac{\mathrm{d}u}{\mathrm{d}t}$ 和驱动轮旋转质量产生的加速阻力 $\dfrac{I_{w2}}{r^2} \dfrac{\mathrm{d}u}{\mathrm{d}t}$ 所组成。

（3）除从动轮、驱动轮以外汽车其余部分的受力分析

图 3-9 为加速时除从动轮、驱动轮以外的汽车其余部分的受力图。图中 m_B 为除从动轮、驱动轮以外汽车其余部分的质量。

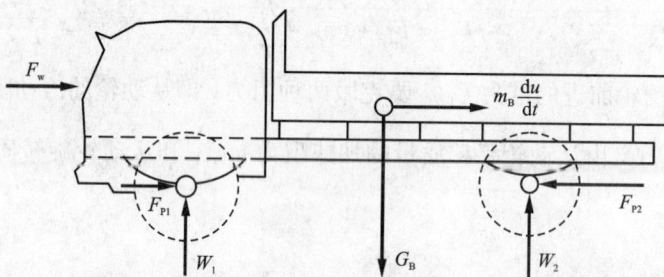

图 3-9　加速时除车轮以外的汽车其余部分受力图

根据力的平衡条件，有

$$F_{P2} = F_{P1} + F_w + m_B \frac{\mathrm{d}u}{\mathrm{d}t} \tag{3-35}$$

将式（3-30）和式（3-35）代入式（3-34）整理得

$$F_t = (F_{f1} + F_{f2}) + F_w + (m_1 + m_2 + m_B)\frac{\mathrm{d}u}{\mathrm{d}t} + \left[\frac{I_{w1} + I_{w2}}{r^2} + \frac{I_f i_g^2 i_0^2 \eta_T}{r^2}\right]\frac{\mathrm{d}u}{\mathrm{d}t} \tag{3-36}$$

即

$$F_t = F_f + F_w + m\left[1 + \frac{1}{m}\frac{\sum I_w}{r^2} + \frac{1}{m}\frac{I_f i_g^2 i_0^2 \eta_T}{r^2}\right]\frac{\mathrm{d}u}{\mathrm{d}t} \tag{3-37}$$

前述已推导出旋转质量换算系数 $\delta = 1 + \dfrac{1}{m}\dfrac{\sum I_w}{r^2} + \dfrac{1}{m}\dfrac{I_f i_g^2 i_0^2 \eta_T}{r^2}$，因此，汽车行驶方程可写成

$$F_t = F_f + F_w + \delta m \frac{\mathrm{d}u}{\mathrm{d}t} = F_f + F_w + F_j \tag{3-38}$$

若在坡道上行驶，方程式可以写成

$$F_t = F_f + F_w + F_i + F_j \tag{3-39}$$

此方程式只表示各物理量之间的数量关系，这个关系式被用来进行汽车的动力性分析，式中有些项并不表示作用于汽车的外力，如称 $F_t = \dfrac{T_{tq} i_g i_0 \eta_T}{r}$ 为驱动力，但它并不是真正用于驱动轮的地面切向反作用力；同样，滚动阻力也不是真正作用于汽车上的阻力，而是以滚动

阻力偶矩的形式作用于车轮上。此外，作用在汽车质心上的惯性力为 $m\dfrac{\mathrm{d}u}{\mathrm{d}t}$，而不是 $\delta m\dfrac{\mathrm{d}u}{\mathrm{d}t}$，$F_\mathrm{j}=\delta m\dfrac{\mathrm{d}u}{\mathrm{d}t}$ 只是在进行动力性分析时代表惯性力和惯性力矩的总效应的一个数值，飞轮的惯性力矩只是作用在汽车的横截面上的。

3.3　汽车的行驶驱动 – 附着条件与汽车的附着力

3.3.1　汽车的行驶驱动 – 附着条件

由汽车的行驶方程式得

$$\delta\frac{G}{g}\frac{\mathrm{d}u}{\mathrm{d}t}=F_\mathrm{t}-(F_\mathrm{f}+F_\mathrm{w}+F_\mathrm{i})\qquad(3-40)$$

可见，驱动力必须大于滚动阻力、坡度阻力和空气阻力后，才能加速行驶。若驱动力小于这三项阻力之和，则汽车无法开动；正在行驶中的汽车将减速。因此，汽车非减速行驶的第一个条件为

$$F_\mathrm{t}\geqslant F_\mathrm{f}+F_\mathrm{w}+F_\mathrm{i}\qquad(3-41)$$

式(3 – 41)称为汽车行驶的驱动条件，但它并不是汽车行驶的充分条件。

可以采用增加发动机转矩、加大传动系统传动比等措施来增大汽车的驱动力。但这些措施只在驱动轮与路面不发生滑转现象时才有效。在潮湿的沥青路面上附着性能差时，大的驱动力可能引起驱动轮在路面上急剧加速滑转，真正推动汽车前进的地面切向作用力并不很大，汽车的动力性也未进一步提高。因此，汽车的动力性不只受驱动力的制约，它还受到轮胎与地面附着条件的限制。

地面对轮胎切向反作用力的极限值称为附着力 F_φ，在硬路面上它与驱动轮法向反作用力 $F_{Z\varphi}$ 成正比，即

$$F_{X\mathrm{max}}=F_\varphi=F_{Z\varphi}\varphi\qquad(3-42)$$

式中：φ 为附着系数，它主要由路面与轮胎决定。

式(3 – 42)说明由作用在驱动轮上的转矩 T_t 引起地面切向反作用力不可能大于附着力，若驱动力数值过大则将发生驱动轮滑转现象，即对于后轮驱动的汽车(等速行驶时)

$$F_{X2}=\frac{T_\mathrm{t}-T_{f2}}{r}\leqslant F_{Z2}\varphi\qquad(3-43)$$

$$F_\mathrm{t}\leqslant F_{Z2}(\varphi+f)$$

相比附着系数 φ，滚动阻力系数 f 的值很小，式(3 – 43)可近似写成

$$F_\mathrm{t}\leqslant F_{Z2}\varphi\qquad(3-44)$$

或一般地

$$F_\mathrm{t}\leqslant F_Z\varphi\qquad(3-45)$$

式(3 – 45)称为汽车行驶的附着条件。

联立式(3-41)和式(3-45)得汽车行驶的驱动与附着条件

$$F_f + F_w + F_i \leqslant F_t \leqslant F_{Z\varphi}\varphi \qquad (3-46)$$

这就是汽车行驶的必要与充分条件。

3.3.2 汽车的附着力与地面的法向反作用力

汽车的附着力大小取决于地面作用于驱动轮的法向反作用力和附着系数。

附着系数主要由路面与轮胎决定,与路面的类型和状况、车轮运动状况、轮胎的形式、胎压及花纹等有关,行驶车速对附着系数也有影响,这些问题将在第6章中进一步介绍。

在一般动力性分析中,只取附着系数的平均值,可按表3-3选取。

表3-3 轮胎与路面间的附着系数

路面	普通轮胎	高压轮胎	越野轮胎
干燥的沥青或混凝土路面	0.70 ~ 0.80	0.50 ~ 0.70	0.70 ~ 0.80
潮湿的混凝土路面	0.5	0.4	0.50 ~ 0.70
潮湿的沥青路面	0.45 ~ 0.6	0.35	0.50 ~ 0.70
碎石路面(干)	0.60 ~ 0.70	0.5 ~ 0.60	0.60 ~ 0.70
碎石路面(潮湿)	0.40 ~ .050	0.30 ~ 0.40	0.60 ~ 0.70
土路(干)	0.50 ~ 0.60	0.40 ~ 0.50	0.50 ~ 0.60
土路(湿)	0.30 ~ 0.40	0.20 ~ 0.40	0.35 ~ 0.50
土路(泥)	0.15 ~ 0.25	0.15 ~ 0.25	0.20 ~ 0.30
雪路(松软)	0.20 ~ 0.35	0.20 ~ 0.35	0.20 ~ 0.35
雪路(压实)	0.20 ~ 0.35	0.12 ~ 0.20	0.30 ~ 0.50
冰路面	0.10 ~ 0.20	0.08 ~ 0.15	0.05 ~ 0.10

驱动轮的地面法向反作用力与汽车的总体布置、行驶状况及道路条件有关。

图3-10为汽车加速上坡时的受力图。图中,G为汽车重力;F_w为空气阻力;T_{f1}、T_{f2}为作用在前、后轮上的滚动阻力偶矩;T_{je}为作用于横置发动机飞轮上的惯性力偶矩;T_{jw1}、T_{jw2}为作用在前、后车轮上的惯性阻力偶矩;F_{Zw1}、F_{Zw2}为作用于车身上并位于前、后轮接地点上方的空气升力;F_{Z1}、F_{Z2}作用在前后轮上的地面法向反作用力;F_{X1}、F_{X2}作用在前、后轮上的地面切向反作用力;α为道路坡度角;h_g为汽车质心高度;L为汽车轴距;a、b为汽车质心至前、后轴的距离。

将作用在汽车上的诸力对前、后轮与道路接触面中心取力矩,可得

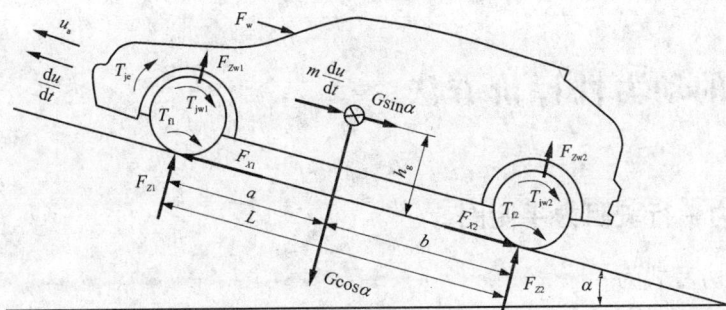

图 3 - 10　汽车加速上坡受力图

$$F_{Z1} = G\left(\frac{b}{L}\cos\alpha - \frac{h_g}{L}\sin\alpha\right) - \left[\frac{G}{g}\frac{h_g}{L} + \frac{\sum I_w}{Lr} \pm \frac{I_f i_g i_0}{Lr}\right]\frac{\mathrm{d}u}{\mathrm{d}t} - F_{Zw1} - G\frac{rf}{L}\cos\alpha \left.\right\}$$
$$F_{Z2} = G\left(\frac{a}{L}\cos\alpha + \frac{h_g}{L}\sin\alpha\right) + \left[\frac{G}{g}\frac{h_g}{L} + \frac{\sum I_w}{Lr} \pm \frac{I_f i_g i_0}{Lr}\right]\frac{\mathrm{d}u}{\mathrm{d}t} - F_{Zw2} + G\frac{rf}{L}\cos\alpha \left.\right\} \quad (3-47)$$

因为 F_{Zw1}、F_{Zw2} 是在风洞中实测获得的，所以在式(3-47)中不能再计入 F_w 对前、后轮与道路接触面中心的力矩。

式(3-47)表明，F_{Z1}、F_{Z2} 均由四个部分组成的。

（1）静态轴荷的法向反作用力

此项即静止时汽车重力分配到前、后轴的分量产生的地面法向反作用力。

$$F_{Zs1} = G\left(\frac{b}{L}\cos\alpha - \frac{h_g}{L}\sin\alpha\right)$$
$$F_{Zs2} = G\left(\frac{a}{L}\cos\alpha + \frac{h_g}{L}\sin\alpha\right) \quad (3-48)$$

（2）动态分量

此项即加速过程中的惯性力、惯性阻力偶矩产生的地面法向反作用力部分。

$$F_{Zd1} = -\frac{G}{g}\left(\frac{h_g}{L} + \frac{g}{G}\frac{\sum I_w}{Lr} \pm \frac{g}{G}\frac{I_f i_g i_0}{Lr}\right)\frac{\mathrm{d}u}{\mathrm{d}t}$$
$$F_{Zd2} = \frac{G}{g}\left(\frac{h_g}{L} + \frac{g}{G}\frac{\sum I_w}{Lr} \pm \frac{g}{G}\frac{I_f i_g i_0}{Lr}\right)\frac{\mathrm{d}u}{\mathrm{d}t} \quad (3-49)$$

（3）空气升力

此项即由于流经汽车顶部与底部的空气流速不同产生的作用于汽车的垂直作用力。常将空气升力分解为作用于车身上并位于前轮接地点与后轮接地点上方的前、后升力。

$$F_{Zw1} = \frac{1}{2}C_{Lf}A\rho u_r^2$$
$$F_{Zw2} = \frac{1}{2}C_{Lr}A\rho u_r^2 \quad (3-50)$$

式中：C_{Lf}，C_{Lr} 分别为汽车前轴、后轴的升力系数；ρ 为空气密度，$\rho = 1.2258\ \mathrm{N} \cdot \mathrm{s}^2 \cdot \mathrm{m}^{-4}$；$u_r$ 为汽车与空气的相对速度，m/s。

（4）滚动阻力偶矩产生的部分

此项即式(3-47)中最后一项 $G\dfrac{rf}{L}\cos\alpha$。由于此项很小，可以忽略不计。

3.4 汽车的动力性评价方法

3.4.1 驱动力-行驶阻力平衡图

汽车的行驶方程式为

$$F_t = F_f + F_w + F_i + F_j$$

或

$$\frac{T_{tq}i_g i_0 \eta_T}{r} = Gf\cos\alpha + \frac{C_D A u_a^2}{21.15} + G\sin\alpha + \delta m \frac{du}{dt}$$

从上两式表明了汽车行驶时,驱动力和各行驶阻力之间的平衡关系。当发动机速度特性、变速器传动比、主减速比、传动系的机械效率、车轮半径、空气阻力系数、汽车迎风面积及汽车总质量等初步确定后,便可利用此式分析汽车在良好路面上的行驶能力,即确定汽车在节气门全开时能达到的最高车速、加速能力和爬坡能力。

为了清晰而形象地表明汽车行驶时的受力情况及其平衡关系,一般将汽车行驶方程式用图解法来进行分析。汽车的驱动力-行驶阻力平衡图就是最基本的一种,将汽车等速平路行驶时存在的滚动阻力和空气阻力叠加后的行驶阻力曲线画在汽车的驱动力图上,即得到汽车的驱动力-行驶阻力平衡图。图3-11为一具有5挡变速器汽车的驱动力-行驶阻力平衡图。

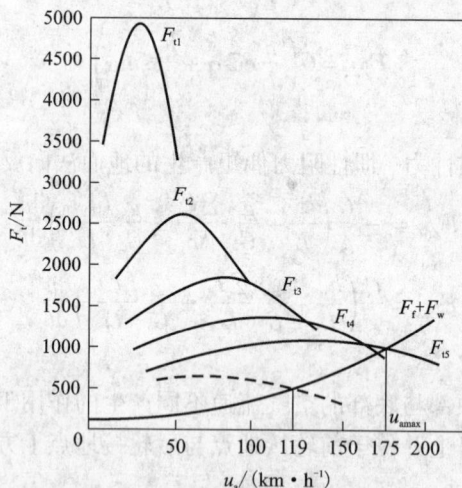

图3-11 汽车的驱动力-行驶阻力平衡图

(1)利用驱动力-行驶阻力平衡图分析汽车的最高车速 u_{amax}

汽车的最高车速 u_{amax} 是指汽车在无风条件下,在水平良好的路面上,节气门全开,变速器置于最高挡(少数车辆是在次高挡获得最高车速)所能达到的车速。

根据汽车行驶方程式 $F_t = F_f + F_w + F_i + F_j$,此时,$F_i = 0$,$F_j = 0$,$F_t = F_f + F_w$,即驱动力-行驶阻力平衡图上 F_t 曲线(此时为最高挡驱动力曲线 F_{t5})与 $F_f + F_w$ 曲线的交点对应的

车速，就是最高车速 u_{amax}（图 3 - 11 中 175 km/h）。

　　从图 3 - 11 中还可以看出，当车速低于最高车速时，驱动力大于行驶阻力，这样，汽车就可以利用剩余下来的驱动力加速或爬坡。当需要在低于最高车速的某一车速等速行驶时，驾驶员可以关小节气门开度（图 3 - 11 中虚线所示），此时发动机只用于部分负荷特性工作，相应地得到虚线所示驱动力曲线，以使汽车达到新的平衡。

　　若最高挡驱动力曲线与行驶阻力曲线不相交，这时最高挡发动机限制转速所对应的限制车速就是最高车速 u_{amax}。

　　（2）利用驱动力 - 行驶阻力平衡图分析汽车的加速能力

　　汽车的加速能力可用它在水平良好路面上行驶时，能产生的加速度来评价。由于加速度的数值不断变化，不易测量，实际中常用加速时间来表明汽车的加速能力。例如用直接挡行驶时，由最低稳定速度加速到一定速度或 $80\% u_{amax}$ 所需时间（新车一般用 0 ~ 100 km/h 原地起步加速时间）。

　　加速时，考虑在良好的路面上，此时 $F_i = 0$，由汽车行驶方程得

$$\frac{\mathrm{d}u}{\mathrm{d}t} = \frac{1}{\delta m}[F_t - (F_f + F_w)] \tag{3-51}$$

　　显然利用图 3 - 11，可计算出各挡节气门全开时的加速度曲线（$a - u_a$ 曲线），如图 3 - 12 所示。由图可以看出，高挡位时的加速度要小些，Ⅰ挡加速度最大。但有的越野汽车Ⅰ挡的旋转质量换算系数很大，Ⅱ挡的加速度可能比Ⅰ挡的还要大。

　　根据加速度图可以进一步求得由某一车速 u_1 加速至另一较高车速 u_2 所需时间。

　　由于加速度 $a = \dfrac{\mathrm{d}u}{\mathrm{d}t}$，故 $t = \displaystyle\int_{u_1}^{u_2} \frac{1}{a}\mathrm{d}u$，即加速时间可用计算机进行积分求出。如果将行驶加速度曲线转化为加速度倒数 $\dfrac{1}{a} - u_a$ 曲线，如图 3 - 13 所示，则可用图解积分求出曲线下的阴影面积 A，即为从 u_1 加速到 u_2 的加速时间 t。

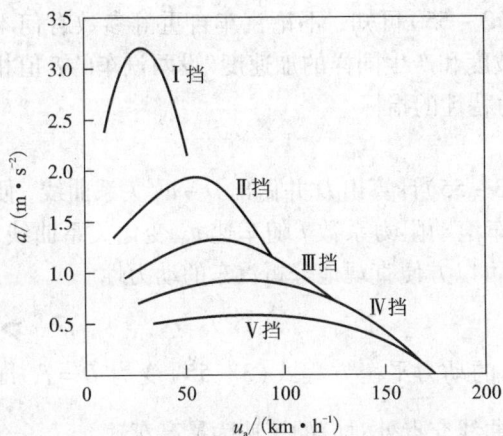

图 3 - 12　汽车的行驶加速度曲线

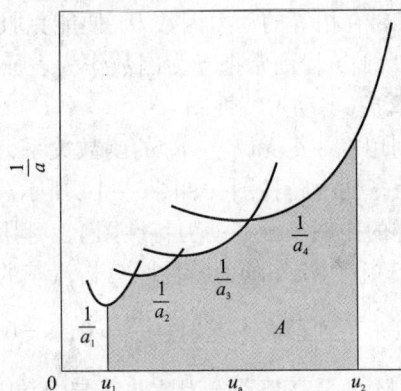

图 3 - 13　汽车的加速度倒数曲线

（2）利用驱动力 - 行驶阻力平衡图分析汽车的爬坡能力

汽车的爬坡能力是用最大爬坡度 i_{max} 来评定。最大爬坡度 i_{max} 是指汽车满载时，在良好路面上以最低挡行驶所能爬过的最大坡度。此时汽车在良好路面上克服 $F_f + F_w$ 后的余力，全部用来克服坡度阻力（等速），故 $\dfrac{\mathrm{d}u}{\mathrm{d}t} = 0$，即 $F_j = \delta m \dfrac{\mathrm{d}u}{\mathrm{d}t} = 0$。因此

$$F_i = F_t - (F_f + F_w) \Rightarrow G\sin\alpha = F_t - (F_f + F_w) \tag{3-52}$$

即

$$\alpha = a\arcsin \frac{F_t - (F_f + F_w)}{G} \tag{3-53}$$

式中：F_f 应为 $Gf\cos\alpha$，但 F_f 的数值本来就较小，且 $\cos\alpha \approx 1$，故可认为 $F_f \approx G_f$。

3.4.2　动力特性图

利用汽车驱动力 - 行驶阻力平衡图可以确定汽车的动力性，但用来评价不同类型汽车的动力性不够直观，因为不同类型的汽车，其质量或外形有所不同，因此各行驶阻力也不同，也就是说即使驱动力相近的汽车，其动力性也不一定相近。所以可以预想到表征动力性的指标，应该是一种既考虑驱动力，又包含汽车自身重量和空气阻力在内的综合性参数。将汽车行驶方程式进行一定的变换，便可找出评定汽车的动力性参数。

（1）动力因数

将汽车行驶方程式两边除以汽车重力并整理得

$$\frac{F_t - F_w}{G} = \frac{F_f + F_t + F_j}{G} = f\cos\alpha + \sin\alpha + \frac{\delta}{g}\frac{\mathrm{d}u}{\mathrm{d}t} \approx \psi + \frac{\delta}{g}\frac{\mathrm{d}u}{\mathrm{d}t} \tag{3-54}$$

若令 $\dfrac{F_t - F_w}{G}$ 为汽车的动力因数，并以符号 D 表示，则

$$D = \frac{F_t - F_w}{G} = f\cos\alpha + \sin\alpha + \frac{\delta}{g}\frac{\mathrm{d}u}{\mathrm{d}t} \approx \psi + \frac{\delta}{g}\frac{\mathrm{d}u}{\mathrm{d}t} \tag{3-55}$$

式（3-55）称为汽车的动力平衡方程。由式（3-55）可知，不论汽车自重等参数有何不同，只要有相等的动力因数 D，便能克服同样的坡度和产生同样的加速度（设两汽车的 δ 值相同）。因此，目前常把动力因数作为表征汽车动力特性的指标。

（2）汽车动力特性图

利用 $F_t - u_a$ 和 $F_w - u_a$ 的函数关系，根据式（3-55）计算出 D 并做出 $D - u_a$ 关系曲线，便得到汽车动力特性图，如图 3-14 所示。再将汽车滚动阻力系数 f 随车速 u_a 变化关系曲线，以同样的比例尺画在动力特性图上。利用该图就可以方便直观地分析汽车的动力性。

（3）利用汽车动力特性图分析汽车的动力性

汽车达到最高车速时，$\dfrac{\mathrm{d}u}{\mathrm{d}t} = 0$，$i = 0$，故汽车的动力平衡方程式（3-55）变为 $D = f$，即图 3-14 中最高挡动力因数曲线与滚动阻力系数曲线交点处对应的车速为最高车速 u_{amax}。

确定最大爬坡度时，加速度 $\dfrac{\mathrm{d}u}{\mathrm{d}t} = 0$，式（3-55）写成

$$D \approx \psi = f + i \tag{3-56}$$

因此 D 曲线与 f 曲线之间的距离，就是汽车的爬坡能力。粗略估算时，$D_{Imax} - f$ 就是汽

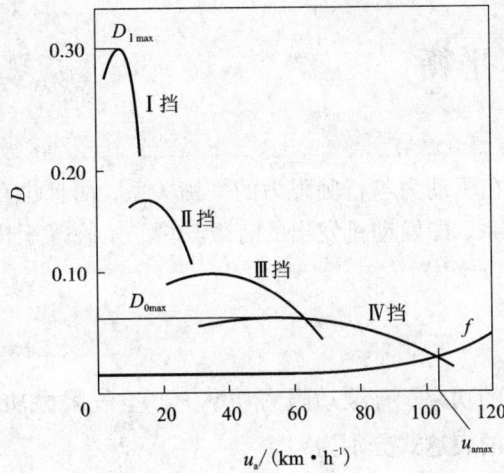

图 3 – 14　汽车动力特性图

车的最大爬坡度。实际上，I 挡所能爬过的坡度一般较大，因此，此时利用该式计算的误差较大。利用式(3 – 55)可得下式

$$D_{\text{I max}} = f\cos\alpha_{\max} + \sin\alpha_{\max} \qquad (3 - 57)$$

将 $\cos\alpha_{\max} = \sqrt{1 - \sin^2\alpha_{\max}}$ 代入上式，解此三角函数方程得

$$a_{\max} = \arcsin \frac{D_{\text{I max}} - f \sqrt{1 - D_{\text{I max}}^2 + f^2}}{1 + f^2} \qquad (3 - 58)$$

然后再根据 $i_{\max} = \tan\alpha_{\max}$，即可算得最大爬坡度。

评定汽车的加速能力时，$i = 0$，则式(3 – 55)写成

$$D = f + \frac{\delta}{g} \frac{\mathrm{d}u}{\mathrm{d}t} \qquad (3 - 59)$$

即

$$\frac{\mathrm{d}u}{\mathrm{d}t} = \frac{g}{\delta}(D - f) \qquad (3 - 60)$$

因此，在汽车的动力特性图上，D 曲线与 f 曲线之间的距离 $\dfrac{g}{\delta}$ 倍，就是汽车各挡的加速度。可用上述同样的方法先后得到加速度曲线和加速度倒数曲线，然后再计算出加速时间。

显然，用动力特性图求解汽车的动力性指标十分直观和方便，在汽车的技术文件中常用动力特性来表征汽车的动力性。

在动力特性图上的几个重要参数如下：

①汽车在水平良好路面上的最高车速 u_{amax}。

②I 挡最大动力因数 $D_{\text{I max}}$。它可以粗略地代表汽车的最大爬坡能力。

③直接挡的最大动力因数 D_{0max}，它说明了汽车以直接挡行驶时的爬坡与加速能力，该值对汽车行驶的平均速度有很大影响。

3.5 汽车的功率平衡

汽车行驶时，不仅存在驱动力与行驶阻力的平衡关系，而且也存在发动机功率和汽车行驶的阻力功率间的平衡关系，即发动机发出的有效功率，始终等于机械传动损失功率与全部运动阻力所消耗的功率。

3.5.1 功率平衡方程

汽车运动阻力所消耗的功率，有滚动阻力功率 P_f、空气阻力功率 P_w、坡度阻力功率 P_i 及加速阻力功率 P_j，它们的表达式分别为

$$P_f = \frac{F_f u_a}{3.6 \times 1000} = \frac{Gf\cos\alpha u_a}{3600} \tag{3-61}$$

$$P_w = \frac{F_w u_a}{3600} = \frac{C_D A u_a^3}{76140} \tag{3-62}$$

$$P_i = \frac{F_i u_a}{3600} = \frac{G\sin\alpha u_a}{3600} \tag{3-63}$$

$$P_j = \frac{F_j u_a}{3600} = \frac{\delta G u_a}{3600g} \frac{du}{dt} \tag{3-64}$$

所以功率平衡方程为

$$P_e = \frac{1}{\eta_T} \sum P = \frac{1}{\eta_T}(P_f + P_w + P_i + P_j) \tag{3-65}$$

当 α 较小时，$\sin\alpha \approx i$，$\cos\alpha \approx 1$，上式可写成

$$P_e = \frac{u_a}{3600\eta_T}\left(Gf + \frac{C_D A u_a^2}{21.15} + Gi + \delta \frac{G}{g} \frac{du}{dt}\right) \tag{3-66}$$

3.5.2 汽车功率平衡图及其应用

与力的平衡处理方式相同，汽车的功率平衡关系也可以用图解法表示。以纵坐标表示功率，横坐标表示车速，首先利用公式 $u_a = 0.377 \frac{rn}{i_g i_0}$ 将发动机使用外特性中的 $P_e - n$ 曲线转化为各个挡位的 $P_e - u_a$ 曲线，再将汽车等速平路行驶时的阻力功率 $\frac{1}{\eta_T}(P_f + P_w)$ 对于车速的关系曲线绘在上述坐标图中，即得到如图 3-15 所示的汽车功率平衡图。

由图 3-15 可知，在不同挡位上，发动机功率大小的变化范围不变，只是各个挡位发动机功率曲线所对应的车速位置不同。且低挡时车速低，对应的速度变化区域窄；高挡时车速高，对应的速度变化区域宽。

P_f 在低速范围内为一直线，在高速时由于 f 随 u_a 增大，所以 P_f 随 u_a 以更快的速率加大；P_w 是 u_a 的三次函数。两者叠加后，阻力功率曲线是一条斜率越来越大的曲线，它与挡位无关，只与车速有关，所以高速时，汽车主要克服空气阻力功率。

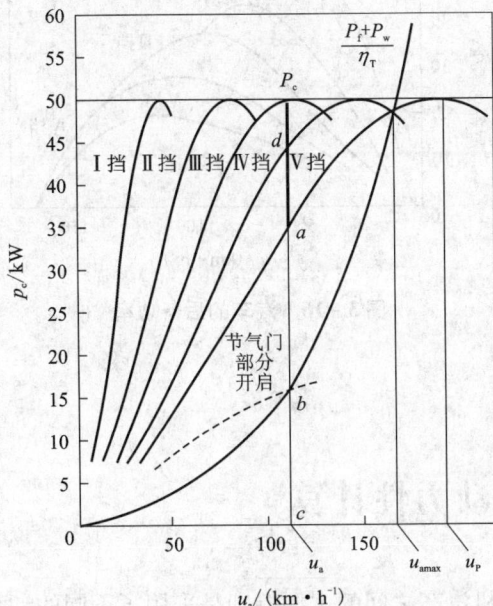

图 3 – 15　汽车功率平衡图

图 3 – 15 中发动机功率曲线（Ⅴ挡）与阻力功率曲线的交点处对应的车速便是汽车的最高车速 u_{amax}，且小于Ⅴ挡时发动机最大功率对应的车速 u_p（实际不可能达到），实际上该车用该挡位行驶时发动机的负荷率高，燃油消耗率低。

汽车在良好水平路面上以 u_a 的速度等速行驶时，汽车的阻力功率（图 3 – 15）为 15 kW，即图中 bc 段。此时，驾驶员操纵节气门部分开启，发动机功率曲线如图 3 – 15 中虚线所示，以维持汽车等速行驶。但发动机在汽车行驶速度为 u_a（以Ⅴ挡行驶）时所能发出的最大功率为 35 kW，即图中 ac 段。于是 ac 段减去 bc 段后的 ab 段，即可以用来加速或爬坡。如果此时换为Ⅳ挡，发动机所能发出的最大功率为 44 kW，即图中 dc 段所示，于是 dc 段减去 bc 段后的 db 段，可以用来加速或爬坡，比以Ⅴ挡行驶时所能够获得的加速度和爬坡度更大。

当汽车以低于最高车速的某一车速行驶时（工作在某一挡位），发动机在该挡位该车速对应发动机转速下能发出的最大功率与以该车速在水平良好路面上等速行驶的阻力功率之差，称为汽车的后备功率，即 $P_e - \dfrac{1}{\eta_T}(P_f + P_w)$。

在一般情况下，维持汽车等速行驶所需的发动机功率并不大，发动机的节气门开度较小，发动机处于部分负荷特性下工作。当汽车需要爬坡或加速时，驾驶员加大节气门开度，使汽车的全部或部分后备功率发挥作用。因此，汽车的后备功率越大，汽车的动力性越好。

图 3 – 16 是某国产普及型轿车各挡位的后备功率。利用后备功率也可具体确定汽车各挡的爬坡度或加速度。

功率平衡是从能量转换角度研究汽车的动力性。利用功率平衡定性地分析设计、使用中的有关动力性问题较为方便。利用功率平衡，还可以研究行驶时发动机的负荷率，即一定工况下，克服阻力所需发动机发出的功率和该工况下发动机能够发出的最大功率的比值，以便

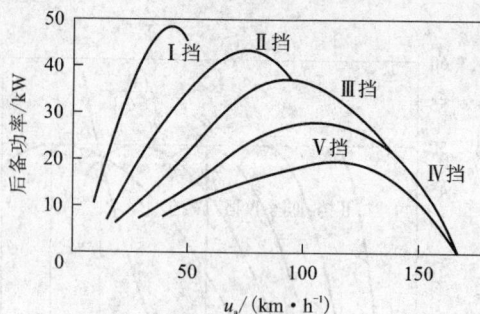

图 3-16 汽车的后备功率

研究经济性问题。

3.6 电动汽车的动力性计算

电动汽车与传统内燃机汽车之间的主要差别是采用了不同的动力源,它由蓄电池提供电能,经过驱动系统和电动机,驱动电动汽车行驶。电动汽车的能量供给和消耗,与蓄电池的性能密切相关,直接影响电动汽车的动力性和续驶里程,同时影响电动汽车行驶的成本效益。

电动汽车在行驶中,由蓄电池输出电能给电动机,用于克服电动汽车本身的机械装置的内阻力,以及由行驶条件决定的外阻力。电动汽车在运行过程中,行驶阻力不断变化,其主电路中传递的功率也在不断变化。对电动汽车行驶时的受力状况以及主电路中电流的变化进行分析,是研究电动汽车行驶性能和经济性能的基础。

3.6.1 电动汽车的动力性分析

(1)电动汽车的驱动力

电动汽车的电动机输出轴输出转矩 M,经过减速齿轮传动,传到驱动轴上的转矩 M_t,使驱动轮与地面之间产生相互作用,车轮对地面作用一圆周力 F_0,同时,地面对驱动轮产生反作用力 F_t。F_t 与 F_0 大小相等方向相反,F_t 方向与驱动轮前进方向一致,将其定义为电动汽车的驱动力,有

$$M_t = Mi_g i_0 \eta$$

$$F_t = \frac{M_t}{r} = \frac{Mi_g i_0 \eta}{r} \tag{3-67}$$

式中:F_t 为电动汽车驱动力;M 为电动机输出转矩;i_g 为减速器或变速器传动比;i_0 为主减速器传动比;η 为电动汽车电动机输出轴至驱动轮的机械传动装置的总效率;r 为驱动轮半径。

电动汽车机械传动装置是指与电动机输出轴有运动学联系的减速齿轮传动箱或变速器、传动轴及主减速器等机械装置。机械传动装置中的功率损失包括:齿轮啮合点处的摩擦损失、轴承中的摩擦损失、旋转零件与密封装置之间的摩擦损失以及搅动润滑油的损失等。

（2）电动汽车行驶方程式与功率平衡

电动汽车在上坡加速行驶时，作用于电动汽车的阻力与驱动力始终保持平衡，与传统汽车表达式相同，汽车行驶方程式

$$F_t = F_f + F_w + F_i + F_j \tag{3-68}$$

$$\frac{M i_g i_0 \eta}{r} = G f \cos\alpha + \frac{C_D A u_a^2}{21.15} + G i + \frac{\delta G}{g} \frac{\mathrm{d}u}{\mathrm{d}t} \tag{3-69}$$

式中：F_f 为电动汽车行驶时的滚动阻力；F_w 为电动汽车行驶时的空气阻力；F_i 为电动汽车行驶时的坡度阻力；F_j 为电动汽车行驶时的加速阻力；G 为电动汽车的重量；f 为滚动阻力系数；α 为坡道角；C_D 为空气阻力系数；A 为车辆的迎风面积；u_a 为车速；i 为爬坡度；δ 为旋转质量换算系数；$\dfrac{\mathrm{d}u}{\mathrm{d}t}$ 为电动汽车的行驶加速度。

以电动汽车行驶速度 u_a 乘以式（3-69）两端，考虑机械损失，再经过单位换算之后可得

$$P_M = \frac{1}{\eta}\left(\frac{G f \cos\alpha u_a}{3600} + \frac{G \sin\alpha u_a}{3600} + \frac{C_D A u_a^3}{76410} + \frac{\delta G v_a}{3600 g} \frac{\mathrm{d}u}{\mathrm{d}t} \right) \tag{3-70}$$

或

$$P_M = \frac{1}{\eta}(P_f + P_w + P_i + P_j) \tag{3-71}$$

式中：P_M 为电动机的输出功率。

由式（3-70）、式（3-71）两式可以看出，电动汽车在行驶时，电动机传递到驱动轮的输出功率与体现在驱动轮上的阻力功率始终保持平衡。将式（3-71）变换可得

$$P_i + P_j = \eta\left[P_M - \frac{1}{\eta}(P_f + P_w) \right] \tag{3-72}$$

用曲线图表示上述功率关系，将电动机的输出功率 P_M、汽车经常遇到的阻力功率 $\dfrac{1}{\eta}(P_f + P_w)$ 与对应车速的关系归置在 $X-Y$ 坐标图上得到电动汽车功率平衡图，如图 3-17 所示。

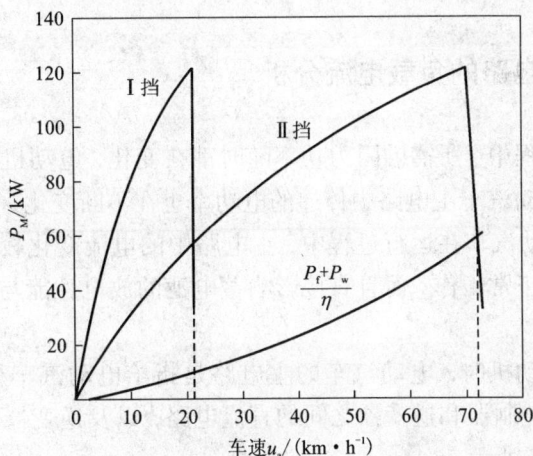

图 3-17　电动汽车功率平衡图

利用功率平衡可定性分析电动汽车设计中的有关动力性问题，另外，根据功率平衡能看出电动汽车行驶时电动机的输出功率，所以经济性分析中也常用到它。

（3）电动汽车的动力性能计算

与内燃机汽车相似，电动汽车的动力性指标有三种，即最高车速、最大加速能力和最大爬坡度。

汽车的最高车速是指汽车在无风的条件下，在水平良好硬路面上所能到达的最高速度。电动汽车的最高车速计算为

$$\left. \begin{array}{l} F_{t}(n_{m}) \geqslant \sum F(u_{a}) \\ n_{m} \leqslant n_{mmax} \\ u_{a} \leqslant 0.377 \dfrac{rn_{m}}{i_{0}} \end{array} \right\} \qquad (3-73)$$

式中：n_m 为主驱动电动机的工作转速；F_t 为主驱动电动机以最人限流工作时车辆获得的驱动力；n_{mmax} 为主驱动电动机的最大工作转速。

满足式（3-73）的最大值即为反映车辆动力性的指标 u_{amax}。

汽车的加速能力用汽车原地起步的加速能力和超车加速能力表示，通常采用汽车加速过程中所经过的加速时间和加速距离作为评价汽车加速性的指标。电动汽车的加速时间计算为

$$t = \frac{1}{3.6} \int_{u_1}^{u_2} \frac{dt}{du_a} du_a = \frac{1}{3.6} \int_{u_1}^{u_2} \frac{\delta m}{F_t - mgf - \dfrac{C_D A u_a^2}{21.15}} du_a \qquad (3-74)$$

式中：u_1，u_2 分别为加速行驶的起始车速和终止车速。

汽车的爬坡能力是指汽车在良好道路上以最低行驶车速上坡行驶的最大坡度。电动汽车爬坡度的计算为

$$i = \tan\left\{ \arcsin\left[\frac{F_t - \dfrac{C_D A u_a^2}{21.15}}{mg \sqrt{1+f^2}} \right] - \arctan(f) \right\} \qquad (3-75)$$

3.6.2　电动汽车主电路的负载电流分析

电动汽车在行驶过程中，所需的阻力功率随时都在变化，电动机的输出功率也将随阻力功率的变化而变化。电动汽车主电路中传递的电功率也在不断变化，但与所需的阻力功率始终保持平衡。通常，电动汽车在运行过程中，主电路中的电流变化较大，主电路电流的大小不仅影响系统的散热与正常工作，而且直接影响蓄电池的放电性能与使用寿命，同时影响一次充电后的续驶里程。

当采用交流感应电动机时，电动汽车的主电路是指给电动汽车行驶提供所需能量的电路，即动力蓄电池组到控制器和逆变器之间的直流电路，以及逆变器与交流感应电动机之间的交流电路，如图3-18所示。

为了简化起见，我们在分析主电路的负载电流时总是假定蓄电池的端电压以及逆变器的输出电压保持不变。电动汽车在平路上等速行驶时所需的功率换算至电机输出轴的功率为

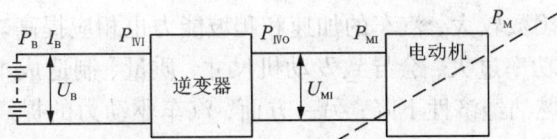

图 3-18　电动汽车的主电路

$$P_M = \frac{1}{\eta}\left(\frac{Gfu_a}{3600} + \frac{C_D Au_a^3}{76140}\right) \quad\quad (3-76)$$

假定电动汽车主电路的电压保持不变，根据图 3-18 即可计算电动汽车等速行驶工况的主电路负载电流。

电动汽车主电路中的直流电路的负载电流为（假设逆变器的效率为 η_{MI}，电动机的效率为 η_M）

$$I_{DC} = \frac{P_B}{U_B} = \frac{P_M}{\eta_{MI}\eta_M U_B} \quad\quad (3-77)$$

式中：P_B 为动力蓄电池组的输出功率；U_B 为动力蓄电池组串联时的端电压。

电动汽车主电路中交流电路的负载电流为

$$I_{AC} = \frac{P_{MI}}{\sqrt{3}U_{MI}\cos\varphi} = \frac{P_M}{\sqrt{3}U_{MI}\eta_M\cos\varphi} \quad\quad (3-78)$$

式中：P_{MI} 为电动机的输入功率；U_{MI} 为逆变器输出端的线电压；$\cos\varphi$ 为交流感应电动机的功率因数。

同样，可以计算电动汽车在加速行驶时的主电路的负载电流或在坡道上等速爬坡时主电路的负载电流。

通过以上分析可以看出，电动汽车的动力性与其行驶过程中的能量消耗密切相关，因此，应当通过提高动力蓄电池的性能、降低滚动阻力和空气阻力的能耗等措施来提高电动汽车的动力性能。

另外，由于行驶时电动汽车主电路电流的大小直接影响蓄电池的放电性能与使用寿命，同时影响一次充电后的续驶里程，因此在设计电动汽车时，应综合考虑电池的质量、驱动电动机的电压和额定电流、加速性能、续驶里程及安全性能等因素，通过系统优化来改进电动汽车的性能和降低成本。

3.7　汽车的动力性影响因素

从以上对汽车行驶方程式的分析可知，汽车的动力性与发动机性能参数、汽车结构参数和汽车的使用条件等密切相关。

3.7.1　发动机性能参数

（1）发动机最大功率、最大转矩的影响

在附着条件允许的前提下，发动机功率和转矩越大，汽车的动力性越好。这是因为发动机功率越大，其后备功率也越大，加速和爬坡能力必然较好；而发动机的转矩越大，在传动系传动比一定时,动力因数较大,汽车的加速和爬坡能力也相应提高。但发动机功率过大也不合理:一方面发动机功率过大,会导致发动机尺寸、质量、制造成本增加以及在常用条件下发动机负荷率过低,燃油经济性下降;另一方面,汽车驱动力的提高受到道路附着条件的制约,不能无限制地增大,因此过分地增大发动机的功率和转矩对汽车的动力性无益。

（2）发动机外特性曲线形状的影响

如图 3 – 19 所示,两台发动机的外特性曲线形状不同,但其最大功率和相对应的转速相等。假定汽车的总质量、空气阻力系数、传动比均为已知,为了便于比较,同时假定阻力功率曲线与两台发动机功率曲线交于最大功率点。显然两车的最高车速相同,而后备功率较大的外特性曲线所代表的汽车(图 3 – 19 中的 1)具有较大的加速能力和上坡能力,因而动力性能较好。同时从转矩曲线可看出,图 3 – 19 中的 1 车发动机的转矩值随车速降低而增高的幅度较大,这样不仅可以提高汽车克服道路阻力和短期超负荷的能力,而且也可以减少换挡次数,因而有利于提高汽车的平均行驶速度。

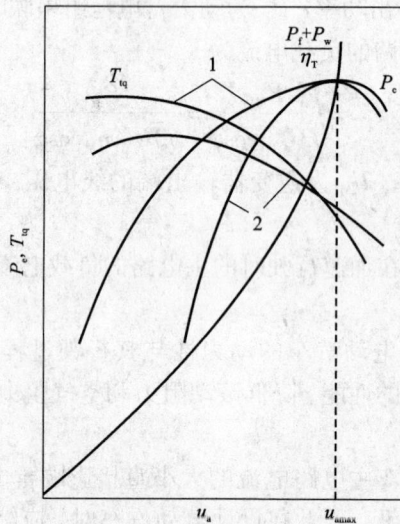

图 3 – 19　发动机外特性曲线形状对汽车的动力性影响
1、2 分别表示两台发动机

3.7.2　汽车结构参数

（1）主减速器传动比 i_0 的影响

主减速器传动比 i_0 不同,汽车功率平衡图上发动机功率曲线的位置不同,与阻力功率曲线的交点所确定的最高车速不同。当阻力功率曲线正好与发动机功率曲线交在其最大功率点上,此时所得的最高车速最大,$u_{amax}=u_p$,u_p 为发动机最大功率时的车速。因此,主减速器传动比 i_0 选择到汽车的最高车速相当于发动机最大功率时的车速,此时的最高车速最大。

主减速器的传动比 i_0 不同,汽车的后备功率也不同。i_0 增大,发动机功率曲线左移,汽车的后备功率增大,动力性加强,但燃油经济性较差。i_0 减小,发动机功率曲线右移,汽车的后备功率较小,但发动机负荷率高,燃油经济性较好。

（2）变速器挡数和传动比的影响

变速器 Ⅰ 挡传动比对汽车的动力性影响较大，这是因为 Ⅰ 挡传动比越大，该车的最大驱动力也越大，汽车的起步加速性能和爬坡能力将增强。当然 Ⅰ 挡传动比的增大也会受到附着条件的限制。变速器挡数增加时，发动机在接近最大功率工况下工作的机会增加，发动机的平均功率利用率提高，后备功率增大，有利于汽车加速和上坡，提高了汽车中速行驶时的动力性。如挡数增至无穷多时，则称之为无级变速。采用无级变速对汽车克服行驶阻力、提高平均行驶速度极为有利。

（3）汽车外形参数的影响

汽车的外形参数主要指汽车的空气阻力系数 C_D 和迎风面积 A。降低空气阻力系数 C_D 和迎风面积 A 可相应减小汽车的空气阻力。根据汽车动力因数 D 的定义，空气阻力越小，动力因数越大，汽车克服道路阻力和加速阻力的能力增强，最高车速也增大，动力性变好。因为空气阻力和车速平方成正比，克服空气阻力所消耗的功率和车速的立方成正比，因此，空气阻力系数 C_D 和迎风面积 A 对高速行驶汽车的动力性、经济性影响十分显著。但对汽车的爬坡能力和低速时的加速性能影响不大。

（4）汽车质量的影响

汽车总质量增加时，动力因数 D 将随之下降，而道路阻力和加速阻力随之增大。故汽车的动力性将随汽车总质量的增加而变差，汽车的最高行驶速度和爬坡能力也下降。

汽车的整车整备质量对汽车的动力性影响也很大，对于具有相同额定载质量的不同汽车，整车整备质量较轻的汽车总质量也较轻，因而动力性也较好。因此，对于额定载质量一定的汽车，在保证刚度与强度足够的前提下，尽量减轻整车整备质量，可以提高汽车的动力性，同时汽车的燃油经济性也得到改善。这是现代汽车越来越广泛地采用轻金属材料和非金属材料的主要原因。

（5）轮胎尺寸与结构的影响

汽车的驱动力与驱动轮的半径成反比，而汽车的行驶速度与驱动轮半径成正比。显然车轮半径的大小，对汽车的动力性不同评价指标存在着矛盾。一般车轮半径是根据汽车类型选定的。在良好路面上行驶的汽车，车轮半径有减小的趋势。轮胎尺寸减小，可降低汽车的整车整备质量，在附着系数较大的良好路面上，可增大驱动力。同时在发动机转速及功率允许的情况下，可减小主减速器传动比来提高汽车的行驶速度。经常在软路面或坏路上行驶的越野汽车，由于其行驶速度不高，要求轮胎尺寸大些，这是为了增大轮胎与路面间的附着能力和离地间隙，以提高越野汽车的通过性。

3.7.3　汽车使用因素

（1）发动机技术状况的影响

发动机的技术状况是保证汽车的动力性的关键。只有保持发动机应有的输出功率和转矩，才能保证汽车的动力性不下降。发动机需要正确维护和调整的主要方面有：混合气的浓度、点火提前角、润滑油的选择和更换、冷却水的温度和气门间隙等。

（2）汽车底盘技术状况的影响

汽车底盘的技术状况直接影响传动系的机械效率。传动系各轴承预紧度、离合器、制动器、前轮定位参数等调整不当，润滑油品种、质量、数量和温度不当，都会增加传动系的功率损失，使传动系的机械效率下降，影响汽车的动力性正常发挥。

（3）汽车运行条件的影响

运行条件对汽车的动力性影响的主要因素有道路情况、气候条件、海拔高度以及驾驶员的驾驶技术等。汽车在使用过程中，道路条件不断地变化。有时行驶在坏路（雨季翻浆土路、冬季冰雪路和覆盖砂土路等）和无路（松软土路、草地和灌木林等地带）的条件下，这时由于路面的附着系数减小和车轮滚动阻力增加，因而使汽车的动力性能大大下降。我国地域辽阔，气候条件多变；风、雨、雪、高温、严寒等气候条件均不利于汽车的动力性发挥。

本章小结

1. 汽车的动力性评价指标：最高车速、加速时间（原地起步加速时间和超车加速时间）、最大爬坡度。

2. 汽车的驱动力。

3. 汽车的驱动力影响因素：发动机的速度特性、传动系的传动比和机械效率、车轮的半径。

4. 汽车的行驶阻力：滚动阻力、空气阻力、坡度阻力、加速阻力。

5. 汽车行驶方程式：$F_t = F_f + F_w + F_i + F_j$

6. 汽车的驱动 – 附着条件：汽车行驶的必要与充分条件，$F_f + F_w + F_i \leqslant F_t \leqslant F_\varphi$

7. 利用汽车驱动力 – 行驶阻力平衡图、动力特性图和汽车功率平衡图分析汽车的动力性评价指标。

8. 影响汽车的动力性因素：发动机参数（发动机最大功率、发动机最大扭矩、发动机外特性曲线的形状）、主减速器传动比、传动系挡数、汽车外形、汽车质量、轮胎尺寸与形式、发动机和底盘的技术状况、汽车运行条件。

复习思考题

1. 汽车的动力性指标有哪些？

2. 已知汽车发动机在转速为 3200 r/min 时，发出的转矩为 86.5 N·m，求此时发动机的功率。

3. 汽车的行驶阻力有哪些？这些行驶阻力的数值如何计算？

4. 请画出汽车加速上坡时的受力图，并写出汽车行驶方程式。

5. 超车时该不该换入低一挡的挡位？

6. 什么是汽车的动力因数 D？如何利用动力特性图，找出汽车的最高车速和最大爬坡度？

7. 请写出汽车的驱动 – 附着条件。

8. 什么是附着力？影响附着力的因素有哪些？

9. 请写出汽车功率方程式。

10. 什么是后备功率？

11. 已知一货车发动机使用外特性的 $T_{tq} - n$ 曲线拟合公式为：$T_{tq} = -19.313 +$

$295.27(n/1000) - 165.44(n/1000)^2 + 40.874(n/1000)^3 - 3.8445(n/1000)^4$。发动机最低转速 $n_{min} = 600$ r/min，最高转速 $n_{max} = 4000$ r/min，汽车总质量 $m = 3880$ kg，车轮半径 $r = 0.367$ m，传动系机械效率 $\eta_T = 0.85$，滚动阻力系数 $f = 0.013$，$C_D A = 2.77$ m^2，主减速器传动比 $i_0 = 5.83$。变速器各挡传动比为 A 的变速器：Ⅰ挡 6.09，Ⅱ挡 3.09，Ⅲ挡 1.71，Ⅳ挡 1.00；传动比为 B 的变速器：Ⅰ挡 5.56，Ⅱ挡 2.769，Ⅲ挡 1.644，Ⅳ挡 1.00，Ⅴ挡 0.793。绘制该车的驱动力与行驶阻力平衡图，并求出汽车最高车速和最大爬坡度。

12. 影响汽车的动力性的主要结构因素有哪些？

13. 影响汽车的动力性的主要使用因素有哪些？

第4章　汽车的燃油经济性

在保证汽车的动力性前提下，汽车以尽量少的燃油消耗量经济行驶的能力称为汽车的燃油经济性。

汽车的燃料在今后较长的一段时间仍将以石油产品为主。据统计，我国汽油产量的 3/4 和柴油产量的 1/4 用于汽车。此外，汽车运输的燃油消耗占汽车运输成本的 20% 以上。我国已从 2009 年 1 月 1 日起正式实施燃油附加税，燃油成本进一步增加。汽车的燃油经济性好，可以降低汽车的使用费用，减少国家对进口石油的依赖性，节省石油资源；同时降低发动机产生的 CO_2（温室效应气体）的排放量，起到防止地球变暖的作用。为此应在保证排放达到有关法规要求的前提下，降低发动机的燃油消耗率，提高汽车的燃油经济性。现在世界各国都把节约汽车燃料，降低汽车排放作为一项基本国策，并越来越受到汽车制造业和汽车使用者的重视。

4.1　汽车的燃油经济性评价指标

发动机的燃油经济性通常用有效燃油消耗率 b 或有效热效率 η_e 来评价。但由于它们不能反映发动机在汽车上的功率利用情况和行驶条件的影响，故不能直接用于评价汽车的燃油经济性。汽车的燃油经济性常用一定运行工况下汽车行驶单位里程的燃油消耗量或单位运输工作的燃油消耗量作为评价指标。

4.1.1　汽车的燃油经济性评价

（1）单位行驶里程的燃油消耗量 Q_s

在我国及欧洲，燃油经济性指标的单位是 L/100 km，即行驶 100 km 所消耗的燃油升数。其数值越大，汽车的燃油经济性越差。

（2）消耗单位燃油所行驶的里程

美国采用消耗单位燃油所行驶的里程的评价方法，其单位是 MPG 或 mile/usgal，指的是每加仑燃油能行驶的英里数，其数值越大，汽车的燃油经济性越好。

上述两种评价指标只考虑了行驶里程，没有考虑车型与载质量的差别，所以只适合用于比较同类型汽车或同一辆汽车的燃油经济性。

（3）单位运输工作的燃油消耗量 Q_t

该指标可以用来比较不同类型、不同装载质量汽车的燃油经济性，其数值越大，汽车的燃油经济性越差，其单位为 L/(100 t·km)。

4.1.2　等速行驶百公里燃油消耗量

　　等速行驶百公里燃油消耗量是常用的一种评价指标，指汽车在一定载荷（我国标准规定轿车为半载，货车为满载）下，以最高挡在水平良好路面上等速行驶 100 km/h 的燃油消耗量。常测出每隔 10 km/h 或 20 km/h 的速度间隔的等速百公里燃油消耗量，然后在图上连成曲线，称为等速百公里燃油消耗量曲线，用来评价汽车的燃油经济性，如图 4-1 所示。

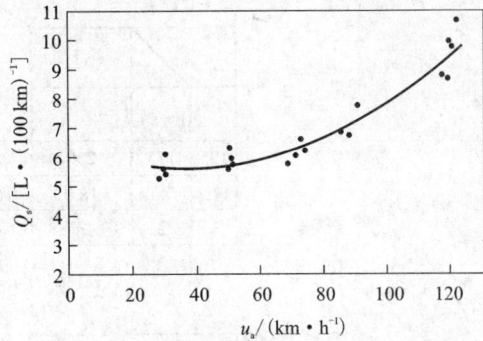

图 4-1　汽车等速百公里燃油消耗量曲线

4.1.3　综合燃油经济性

　　等速行驶工况不能全面反映汽车的实际运行情况，特别是市区行驶中频繁出现的加速、减速、怠速停车等行驶工况。各国在对实际行驶车辆进行跟踪测试统计的基础上制定了一些典型的循环行驶试验工况来模拟实际汽车运行状况，并以其百公里燃油消耗量来评定相应行驶工况的燃油经济性。

　　欧洲经济委员会（ECE）规定，要测量车速为 90 km/h 和 120 km/h 的等速百公里燃油消耗量和 ECE-R.15 循环工况的百公里燃油消耗量，并各取 1/3 相加作为混合百公里燃油消耗量来评价汽车的燃油经济性。美国环境保护署（EPA）规定，要测量城市循环工况（UDDS）及公路循环工况（HWFET）的燃油经济性，并按下式计算综合燃油经济性（单位为 mile/usgal）

$$综合燃油经济性 = \cfrac{1}{\cfrac{0.55}{城市循环工况燃油经济性} + \cfrac{0.45}{公路循环工况燃油经济性}} \quad (4-1)$$

我国针对载货汽车、城市公共客车和乘用车提出了相应的燃油经济性试验规范，即载货汽车"六工况循环"［图 4-2（a）］、城市公共客车"四工况循环"［图 4-2（b）］和乘用车"十五工况循环"燃油经济性试验规范。

　　循环工况规定了车速-时间行驶规范，包括何时换挡、何时制动以及行车的速度和加速度等数值。因此，它在道路上试验比较困难，一般多规定在室内汽车转鼓试验台上进行测试；而规定道路上进行试验的循环工况均很简单。

　　我国控制乘用车燃油消耗量的第一个强制性国家标准《乘用车燃油消耗量限值》于 2005 年 7 月 1 日正式实施。该标准按照整车整备质量规定了乘用车燃油消耗量的限值。对于新开发车型，从 2005 年 7 月 1 日开始执行第一阶段限值要求，2008 年 1 月 1 日起执行第二阶段限值要求。对于在生产车型，从 2006 年 7 月 1 日开始执行第一阶段限值要求，2009 年 1 月 1 日起执行第二阶段限值要求。具体测量方法按照 GB/T 19233—2003《轻型气车燃油消耗量试验方法》进行。标准规定汽车在模拟城市和市郊的运转循环下，通过测定排放中的二氧化碳（CO_2）、一氧化碳（CO）和碳氢化合物（HC）的排放量，用碳平衡法计算出燃油消耗量。试验用的运转循环为 GB 18352.3—2005 附录 C 的附件 CA 中所述的模拟市区和市郊行驶工况的试验循环，如图 4-3 所示。

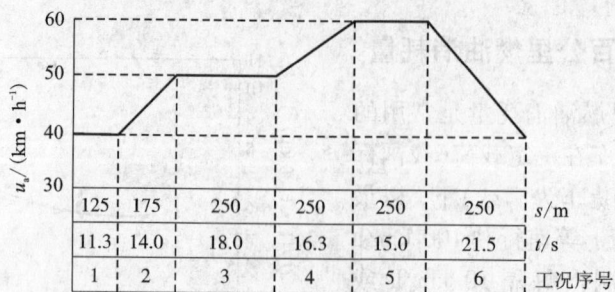

(a)载货汽车六工况图

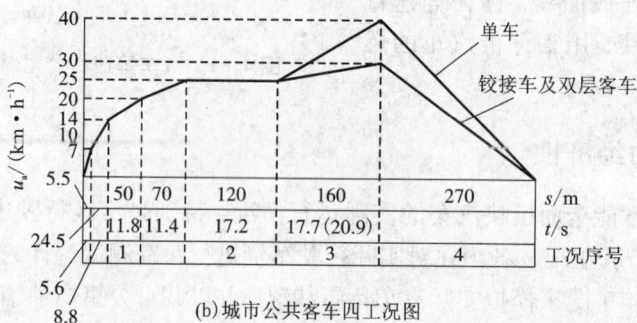

(b)城市公共客车四工况图

图4-2 载货汽车六工况和城市公共客车四工况循环测试

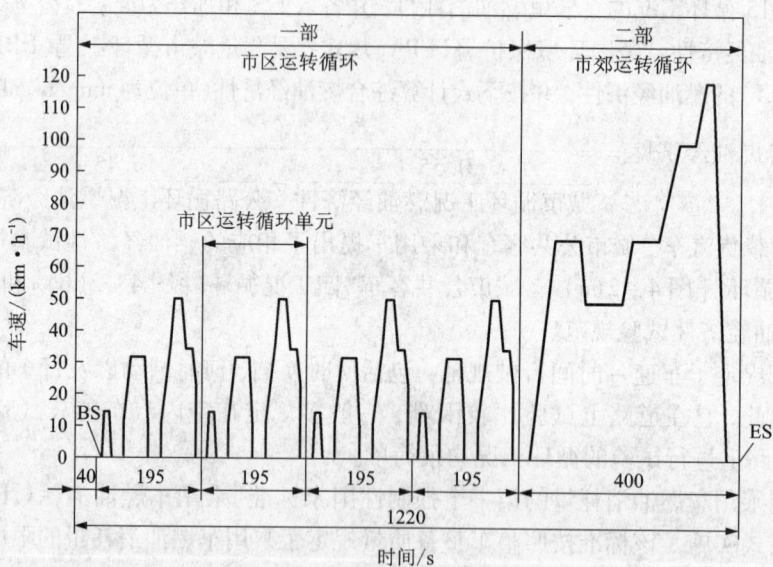

图4-3 试验用的运转循环
BS—开始采样 ES—终止采样

试验在专用的转鼓试验台上进行。用专用仪器测出排气中的 CO_2、CO 及 HC 的排放量(单位以 g/km 计),用碳平衡法求得燃油消耗量。碳平衡法依据的基本原理是质量守恒定律。汽(柴)油经过发动机燃烧后,排气中碳质量的总和与燃烧前燃油中碳质量的总和应该相等。与直接测量汽车燃油消耗量的方法相比,碳平衡法具有基本相同的精度和更高的试验稳定性。

4.2 汽车的燃油经济性计算

在汽车设计时,常需要在实际的试验样车制成之前,根据所选用的发动机台架试验得到的万有特性图(或负荷特性图)与汽车功率平衡图,对汽车进行燃油经济性的估算。其中包括循环行驶试验的各种工况,如等速、加速、减速和怠速停车等行驶工况的燃油消耗量的计算。

4.2.1 等速行驶工况燃油消耗量的计算

汽车以速度 u_a 在道路上等速行驶时,发动机提供的功率(阻力功率)为 $P_e = \dfrac{1}{\eta_T}(P_f + P_w)$ (kW),在万有特性图上利用插值法可确定发动机相应工况下的有效燃油消耗率为 b [g/(kW·h)],如图4-4所示,则该车速等速行驶时单位时间内的燃油消耗量 Q_t(mL/s)为

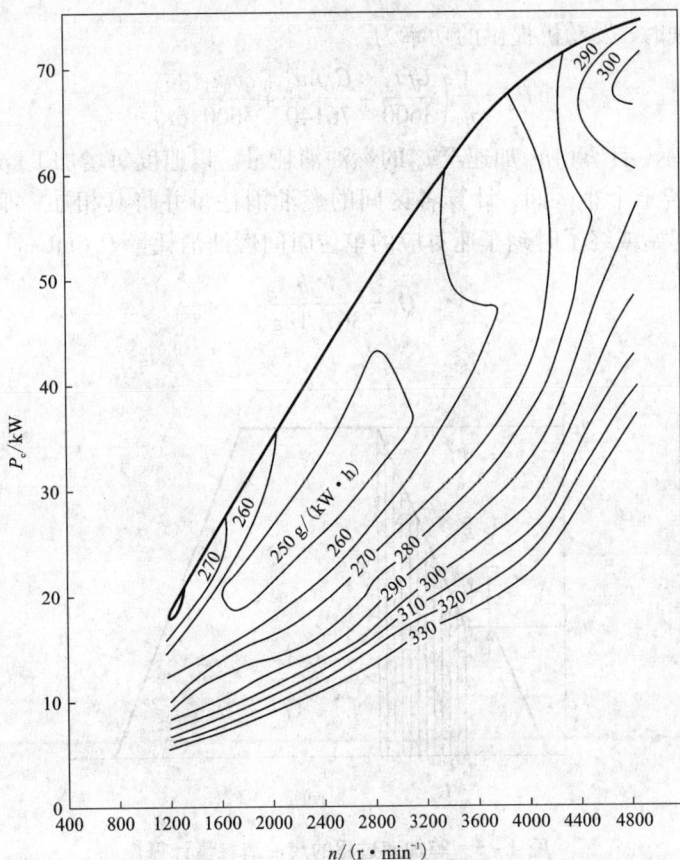

图4-4 汽油发动机万有特性曲线

$$Q_t = \frac{P_e b}{367.1 \rho g} \qquad (4-2)$$

式中:ρ 为燃油的密度,kg/L;汽油的 ρg 取 6.96 ~ 7.15 N/L,柴油的 ρg 取 7.94 ~ 8.13 N/L。

整个等速过程行径 s（m）行程的燃油消耗 Q（mL）为

$$Q = \frac{P_e b s}{102 u_a \rho g} \tag{4-3}$$

折算成等速百公里油耗 Q_s（L/100 km）为

$$Q_s = \frac{P_e b}{1.02 u_a \rho g} \tag{4-4}$$

有效燃油消耗率 b 与发动机的负荷率有关。所谓负荷率，是指在某一转速下，节气门部分打开时，所发出的功率与该转速下节气门全开时最大功率之比。在某转速 n 下，有效燃油消耗率 b 与有效功率 P_e 的关系曲线，即为负荷特性曲线。发动机负荷特性是从台架试验上获得的。同万有特性曲线一样，负荷特性曲线反映的是转速 n、有效燃油消耗率 b 和有效功率 P_e 三者之间的关系。因此，由功率平衡图与负荷特性图，也可得出等速行驶时的百公里燃油消耗量。

4.2.2 等加速行驶工况燃油消耗量的计算

汽车加速行驶时，发动机提供的功率为

$$P_e = \frac{1}{\eta_T} \left(\frac{G f u_a}{3600} + \frac{C_D A u_a^3}{76140} + \frac{\delta m u_a}{3600} \frac{du}{dt} \right) \tag{4-5}$$

如图 4-5 所示，计算由 u_{a1} 加速至 u_{a2} 的燃油消耗量。以速度每增加 1 km/h 为间隔，将汽车加速过程分为若干个小区间，计算各区间的燃油消耗量并将其相加，即得加速燃油消耗量。每个小区间起始或终了时刻车速对应的单位时间燃油消耗量 Q_t（mL/s）为

$$Q_t = \frac{P_e b}{367.1 \rho g} \tag{4-6}$$

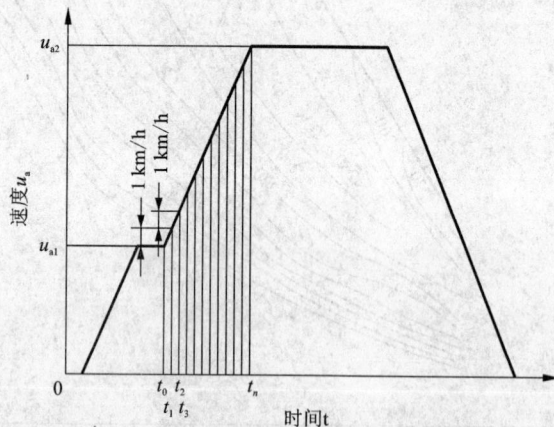

图 4-5　等加速过程的燃油消耗量计算

汽车行驶速度每增加 1 km/h 所需 Δt（s）为

$$\Delta t = \frac{1}{3.6 \frac{du}{dt}} \tag{4-7}$$

从行驶初速度 u_{a1} 加速至 $u_{a1}+1$ km/h 所需燃油量 $Q_1(\text{mL})$ 为

$$Q_1 = \frac{1}{2}(Q_{t0} + Q_{t1})\Delta t \qquad (4-8)$$

式中：Q_{t0} 为行驶初速 u_{a1} 时，即 t_0 时刻的单位时间燃油消耗量，mL/s；Q_{t1} 为车速为 $u_{a1}+1$ km/h 时，即 t_1 时刻的单位时间燃油消耗量，mL/s。依次，各区间的燃油消耗量为

$$Q_2 = \frac{1}{2}(Q_{t1} + Q_{t2})\Delta t$$

$$Q_3 = \frac{1}{2}(Q_{t2} + Q_{t3})\Delta t \qquad (4-9)$$

$$\vdots \qquad \vdots$$

$$Q_n = \frac{1}{2}(Q_{t(n-1)} + Q_{tn})\Delta t$$

整个加速过程的燃油消耗量 $Q_a(\text{mL})$ 为

$$Q_a = \sum_{i=1}^{n} Q_i = Q_1 + Q_2 + \cdots + Q_n \qquad (4-10)$$

加速区段内汽车行驶的距离 $s_a(\text{m})$ 为

$$s_a = \frac{u_{a2}^2 - u_{a1}^2}{25.92 \dfrac{\mathrm{d}u}{\mathrm{d}t}} \qquad (4-11)$$

加速时，发动机处于瞬态工况，不同于等速时的稳态工况。急加速时节气门急开，为使发动机工作顺畅，并在保证排放达标的前提下发挥最大功率，需要多喷一些燃油，避免混合气过稀。这就不可避免地造成燃油经济性下降。因此，对实际加速油耗应该在上述计算结果上根据加速度的大小再乘以一个大于 1 的系数（通常为 1.5~2）。

4.2.3　等减速行驶工况燃油消耗量的计算

减速行驶时，节气门关至最小位置并进行轻微制动，发动机处于强制怠速状态，其油耗量即为正常怠速油耗（实际上，控制精良的电喷发动机在汽车带挡减速时可能会采取断油措施，此时的瞬时燃油消耗量为零）。因此，减速工况燃油消耗量等于减速行驶时间与怠速油耗的乘积。减速时间 $t(\text{s})$ 为

$$t = \frac{u_{a2} - u_{a3}}{3.6 \dfrac{\mathrm{d}u}{\mathrm{d}t_d}} \qquad (4-12)$$

式中：u_{a2} 为起始车速，km/h；u_{a3} 为减速终了车速，km/h；$\dfrac{\mathrm{d}u}{\mathrm{d}t_d}$ 为减速度，m/s^2。

减速过程燃油消耗量 $Q_d(\text{mL})$ 为

$$Q_d = \frac{u_{a2} - u_{a3}}{3.6 \dfrac{du}{dt_d}} Q_i \qquad (4-13)$$

式中：Q_i 为怠速燃油消耗率，mL/s。

减速区段内汽车行驶的距离 $S_d(\text{m})$ 为

$$s_d = \frac{u_{a2}^2 - u_{a3}^2}{25.92 \dfrac{du}{dt_d}} \tag{4-14}$$

4.2.4 怠速停车时的燃油消耗量

若怠速停车时间为 $t_s(s)$，则燃油消耗量 $Q_{id}(mL)$ 为

$$Q_{id} = Q_i t_s \tag{4-15}$$

4.2.5 整个循环工况的百公里燃油消耗量

对于由等速、等加速、等减速和怠速停车等行驶工况组成的循环，其整个循环工况的百公里燃油消耗量 $Q_s(L/100\ km)$ 为

$$Q_a = \frac{\sum Q}{s} \times 100 \tag{4-16}$$

式中：$\sum Q$ 为整个循环过程燃油消耗量之和，mL；s 为整个循环的行驶距离，m。

4.3 汽车的燃油经济性影响因素

前面讨论得到汽车等速行驶的油耗 $Q_s(L/100\ km)$ 为

$$Q_s = \frac{P_e b}{1.02 u_a \rho g}$$

或

$$Q_s = C \frac{\sum F b}{\eta_T} \tag{4-17}$$

式中：C 为常数，$C = \dfrac{1}{3672\rho g}$；$\sum F$ 为行驶阻力，$\sum F = F_f + F_w$。

由式(4-17)可以看出，汽车等速行驶的燃油消耗量正比于等速行驶时的行驶阻力与燃油消耗率，反比于传动系的机械效率。发动机的燃油消耗率，一方面取决于发动机的种类、设计制造水平；另一方面又与汽车行驶时发动机的负荷率有关。从万有特性图和负荷特性图都可看出，发动机负荷率低时，发动机燃油消耗率 b 显著增大。当然，总的汽车燃油消耗还与加速、减速、制动、怠速停车等工况以及汽车的附件（如空调）的使用有关。

下面分别从汽车结构和使用两个方面，讨论影响燃油经济性的因素，从而可以看出提高燃油经济性的一些途径。

4.3.1 汽车结构方面

（1）发动机

通常汽油发动机的有效热效率不超过40%，这说明发动机中的热损失与机械损耗相当大。因此发动机是对汽车的燃油经济性影响最大的部件。可采用以下措施来提高发动机的燃油经济性：

①提高现有汽油发动机的热效率与机械效率。

②扩大柴油发动机的应用范围。柴油机的压缩比汽油机的大，所以热效率高，特别是在部分负荷时，柴油机的有效燃油消耗率 b 较低。柴油机的燃油消耗（按容量计算）比汽油机要节省 20%～40%。因此，扩大柴油机的使用范围是当前的发展趋势（2006 年西欧柴油轿车的市场份额已超过 50%）。

③提高发动机的压缩比。提高发动机的压缩比，能提高发动机的热效率，使发动机动力性、经济性得以改善。但汽油机压缩比提高到一定程度后，热效率的提高会受到限制，同时还会产生爆燃，并且会增加 NO_x 的排放量。所以压缩比的提高有一定的限度，提高汽油机压缩比的措施主要有：

a. 改进燃烧室和进气系统，提高发动机结构的爆燃极限。

b. 使用爆燃传感器，自动延迟产生爆燃时的点火提前角。

c. 喷水抗爆。

d. 开发高辛烷值汽油。

④广泛采用发动机电控技术。目前较常采用的发动机电控技术包括电控汽油喷射系统、柴油机的高压共轨系统、可变配气相位控制系统和可变长度进气歧管控制系统等。电控汽油喷射系统根据进气量确定基本喷油量，再根据其他传感器（如冷却液温度传感器、节气门位置传感器等）信号等对喷油量进行修正，使发动机在各种运行工况下均能获得最佳浓度的混合气，从而提高发动机的动力性、经济性并改善排放。

柴油机的高压共轨系统是由高压油泵、压力传感器和电控单元组成的闭环系统。它是由高压油泵将高压燃油输送到公共供油管，通过对公共供油管内的油压实现精确控制，使高压油管压力大小与发动机的转速无关，可以大幅度减小柴油机供油压力随发动机转速变化的程度。

可变配气相位控制系统能随发动机转速、负荷、水温等运行参数的变化，适当地调整配气正时和气门升程，使发动机在高、低转速下均能达到最高效率。如本田公司的 VTEC 系统、丰田公司的 VVT-i 系统和现代公司的 CVVT 系统等均属于此类控制。

进气歧管长度固定时只能在某一转速范围内利用气流的动态效应。为了使较为广泛的转速范围都能利用动态效应，可采用可变进气歧管长度结构。通过在进气歧管前安装电控进气阀来变换气流的流动路线，达到在不同转速下均充分利用动态效应的效果，提高不同转速时的充气效率，提升发动机的动力性和经济性。

⑤采用增压技术。增压是指对新鲜空气进行预压缩的过程。增压后提高了进入气缸的空气压力，结合采用中间冷却技术降低进入气缸的空气温度，这样进入燃烧室内的新鲜空气量增多，燃烧更多的燃料，可提高发动机功率 30%～100%。同时减少单位功率质量，缩小发动机外形尺寸，节约原材料，降低燃油消耗。实践证明，在小型汽车发动机上采用涡轮增压，可以获得相当好的燃油经济性；同时，发动机功率的提高，能使驾驶员得到所期望的良好的加速性能。

目前采用增压的柴油机已很普遍，增压的汽油机的应用也开始逐渐增多。

⑥选用高效小排量发动机、提高发动机的负荷率。由发动机的负荷特性可知，在转速一定的条件下，负荷率在 80%～90% 时，有效燃油消耗率最低。一般汽车在水平良好路面上以常用速度行驶时，只利用到相应转速下发动机最大功率的 20% 左右。由此可见，在汽车大部分使用过程中，发动机的负荷率都是较低的，因此，在保证动力性足够的前提下，汽车上不宜装用大功率的发动机，以提高发动机的功率利用率，降低汽车的燃油消耗量。

（2）传动系统

1）变速器类型

目前在汽车上应用最广泛的仍然是机械式手动变速器，但随着人们对汽车乘坐舒适性、操纵简便性以及起步平稳性要求的提高，液力自动变速器（AT）、电控机械无级变速器（CVT）、电控机械式自动变速器（AMT）以及双离合自动变速器（DCT）等的应用也越来越广泛。

汽车装用液力自动变速器后，由于液力变矩器的传动效率低，其燃油经济性有所下降。近年来，通过增加挡位数和采用锁止离合器，提高了液力自动变速器的传动效率，从而提高了汽车的燃油经济性。

装用 CVT，AMT，DCT 的汽车的燃油经济性与操控良好的手动变速器相当，优于液力自动变速器。

2）传动系挡位数

增加传动系挡位数，增加了选用合适挡位使发动机处于经济工作状况的机会，有利于提高燃油经济性。目前轿车基本采用 5~9 挡，中型货车采用 6~7 挡，重型货车采用 10~16 挡。但挡位数太多，会使变速器和传动系结构复杂，且操作不便。

使用挡数无限的无级变速器，在任何条件下都提供了使发动机在最经济工况下工作的可能性。显著提高了汽车的燃油经济性。

图 4-6（a）是发动机的负荷特性曲线，这些曲线的包络线是发动机提供一定功率时的最低燃油消耗率曲线。利用此图可以找出发动机提供一定功率时的最经济工况（转速与负荷）。把各功率下最经济工况运转的转速标明在外特性曲线图上，便得到发动机最小燃油消耗特性，如图 4-6（b）中 $A_1 A_2 A_3$ 曲线。若汽车在某道路阻力系数 ψ 的道路上以 u'_a 的速度行驶，需要发动机提供功率 P'_e，如图 4-6（c）所示。发动机可以在 n_0，n'_e，n_1，n_2，…多种转速及相应的负荷率下工作，但只有在 P'_e 水平线与 $A_1 A_2 A_3$ 曲线的交点处工作，即转速为 n'_e 及大致为 90% 的负荷率工作时，燃油消耗率 b 最小。

根据发动机最小燃油消耗特性，可进一步确定无级变速器的调速特性。无级变速器的传动比 i' 与发动机转速 n 及汽车行驶速度之间有如下关系

$$i' = 0.377 \frac{nr}{i_0 u_a} = A \frac{n}{u_a} \tag{4-18}$$

式中：A 为对某一汽车为常数，$A = 0.377 \frac{r}{i_0}$。

这样，当汽车在某道路阻力系数 ψ 的道路上以 u'_a 的速度行驶，需要发动机提供功率 $P'_e = \frac{P_\psi + P_w}{\eta_T}$，由发动机最小燃油消耗特性曲线可求出发动机最经济的工作转速为 n'_e。同时，节气门也要做相应的控制，才能在 n'_e 时发出功率 P'_e。将 u'_a 和 n'_e 代入式（4-18）中，即可计算得到无级变速器应有的传动比 i'。变速器以 i' 工作，汽车的燃油经济性最好。

在同一 ψ 值的道路上，不同车速时无级变速器应有的传动比 i' 连成曲线便得到无级变速器的调速特性，如图 4-7 所示。图中 AB 为变速器最大传动比，ED 为最小传动比。BC 表示发动机转速为最大功率转速时，i' 与车速 u_a 的关系曲线。AE 表示发动机转速为最低转速时，i' 与车速 u_a 的关系曲线。AE 与 BCD 曲线间所包含的曲线，表示在不同道路阻力下无级变速器的调速特性。

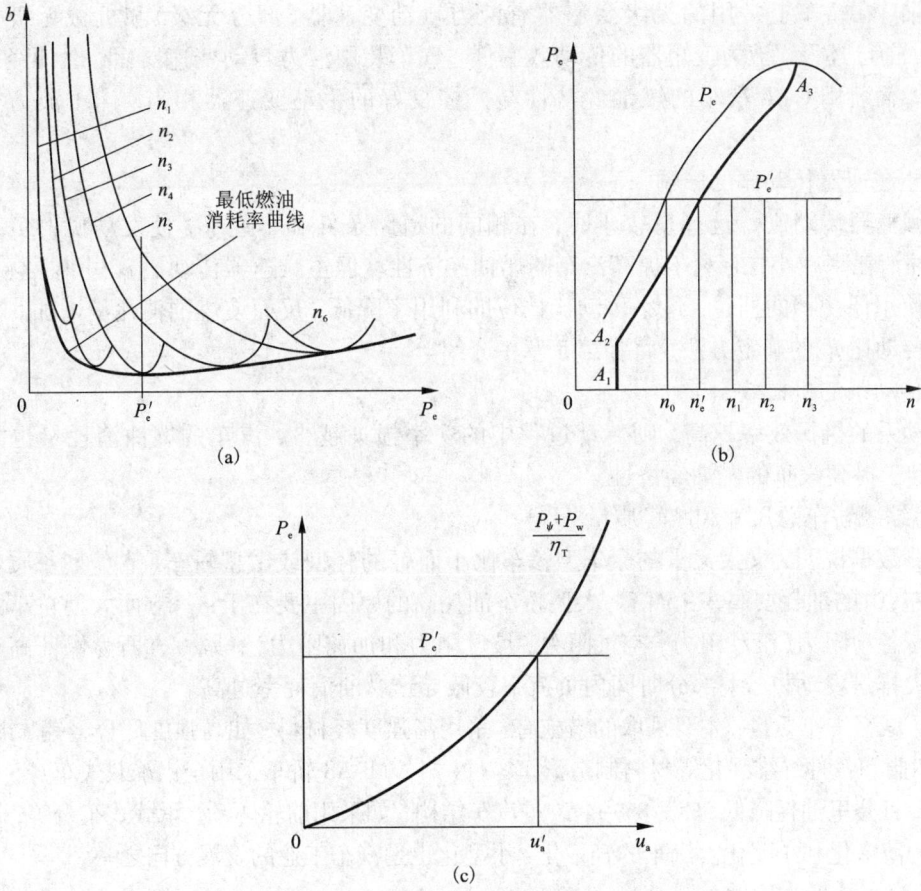

(a)

(b)

(c)

图 4-6　发动机最小燃油消耗特性的确定

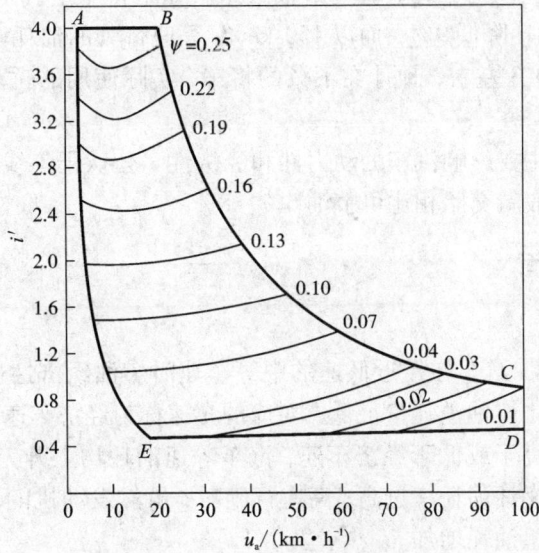

图 4-7　无级变速器的调速特性

目前，在轿车上常用的无级变速器有液力自动变速器（部分无级）和机械无级变速器（CVT），前已述及，液力变矩器的传动效率低，汽车装用液力自动变速器后，燃油经济性有所下降。而装用 CVT 汽车的燃油经济性与操控良好的手动变速器相当，优于液力自动变速器。

3）主减速器传动比的影响

主减速器传动比 i_0 选择得较小时，在相同的道路条件和车速下，使发动机的负荷率增大，燃油消耗率减小，有利于提高汽车的燃油经济性。但主减速器传动比 i_0 过小，会导致经常被迫使用低一挡的挡位，最小传动比挡位的利用率降低，反而使燃油消耗量增加。关于主减速器传动比 i_0 的确定方法，将在第 5 章中介绍。

4）传动系的机械效率

传动系的机械效率越高，则传动过程中的功率损失越少，汽车的燃油消耗量也随之减少，有利于提高汽车的燃油经济性。

（3）缩减轿车总尺寸和减轻质量

实测数据说明，又大又重的豪华型轿车比小而轻的轻型或微型轿车（整车整备质量只有 500 kg 左右）的油耗要高 3~5 倍。大型轿车油耗高的原因主要在于：一方面大型轿车大幅度地增加了各项阻力（滚动阻力、空气阻力、坡度阻力和加速阻力）；另一方面为保证高动力性而装用大排量发动机，大部分时间内负荷率较低导致燃油消耗率过高。

为了减轻汽车质量，主要采取的措施有：采用高强度轻材料，如高强度低合金钢、铝合金、塑料、树脂和各种纤维强化等材料制造汽车零件（如 Audi A8 轿车采用全铝承载式车身，质量减轻 15%，百公里油耗降低 5%~8%）；改进汽车结构，如采用前轮驱动、承载式车身等，以及各种零件的薄壁化和小型化。汽车的轻量化、小型化也是汽车工业的发展方向之一。

（4）汽车外形与轮胎

改善汽车外形，使车身形状接近于流线型，以减小空气阻力系数，可以减小行驶过程中特别是高速行驶中的空气阻力，有显著的节油效果。如某轿车空气阻力系数由 0.42 下降到 0.3，可使混合百公里油耗降低 9%，而以 150 km/h 等速行驶的油耗则可降低 25% 左右。目前轿车的 C_D 值已降到 0.3 左右，预计在不久的将来，实际使用的轿车空气阻力系数可下降到 0.2。

汽车轮胎的选用，主要影响汽车的动力性和经济性。公认子午线轮胎的综合性能好，由于其滚动阻力小，与一般斜交胎相比可节油 6%~8%。

4.3.2　汽车使用方面

（1）行驶车速

由图 4-1 可以看出，汽车在接近低速的中等车速时燃油经济性最好。汽车最高挡等速百公里燃油消耗量曲线中燃油消耗量最低点对应的车速称为经济车速。不同车型的经济车速可通过试验得到。车速高于或低于经济车速，汽车等速油耗均上升。这是因为低速行驶时，发动机的负荷率低导致燃油消耗率过高；高速行驶时，虽然发动机的负荷率较高，但汽车的行驶阻力增加导致百公里油耗增加。

（2）挡位选择和变换

在一定道路上，汽车用不同挡位以相同车速行驶，燃油消耗量不同。挡位越低，后备功率越大,发动机的负荷率越低,燃油消耗率越高,百公里燃油消耗量就越大,而使用高挡时的情况相反。因此,从燃油经济性角度出发,在满足动力性要求的前提下应尽可能换至高挡行驶。

汽车上坡行驶时,应及时减挡。但减挡过早,不能充分利用汽车惯性爬坡;减挡过晚,车速下降过多,常需要多换一次挡,增加了油耗。

(3)挂车的应用

运输企业中采用拖带挂车,能降低燃油消耗量,以达到提高运输生产率和降低成本的目的。拖带挂车后,虽然汽车总的燃油消耗量增加了,但以 100 t·km 计的油耗却下降了,即单位质量货物的油耗下降了。这是因为带挂车后行驶阻力增加,发动机的负荷率增加,燃油消耗率 b 下降的缘故。同时汽车列车的质量利用系数(装载质量与整车整备质量之比)也增大了。

(4)正确地保养与调整

汽车的保养与调整会影响到发动机的性能和汽车行驶阻力,对百公里油耗影响较大。常用滑行距离来检查底盘的技术状况来反映保养与调整状况。当汽车的前轮定位正确,制动器间隙合适,轮胎气压正常,轮毂轴承预紧度调整正常,各相对运动零部件滑磨表面光洁、间隙恰当并润滑充分时,底盘的行驶阻力减小,滑行距离大大增加。试验表明,阻力较小的装载质量为 2.5 t 的汽车,在良好水平道路上以 30 km/h 的车速开始空挡滑行,滑行距离应达到 200 ~ 250 m。当滑行距离由 200 m 增至 250 m 时,油耗可降低 7%。

(5)合理利用滑行

汽车滑行分为减速滑行、加速滑行和下坡滑行。

减速滑行是预见性的滑行。在汽车行驶中,当前方遇障碍以及预见性停车时,将变速器置于空挡,进行空挡减速滑行(注意:空挡滑行只能用于手动变速器,液力自动变速器严禁空挡滑行,否则,会损坏自动变速器)。当汽车接近上述障碍时,车速已降低,可不采取制动或少用制动而顺利通过或停车,这样就可达到减小燃油消耗量和保证安全的目的。由于电喷发动机在带挡行驶工况下有可能采取断油措施,因此在发动机转速较高以及下长坡滑行时可采用带挡减速滑行,比空挡滑行更省油,同时更安全。

汽车以高挡加速至较高车速后,空挡滑行至较低的车速,然后再挂高挡加速,这种加速和空挡滑行交替进行的驾驶操作,称为加速滑行。试验结果表明,在平均车速相同的情况下,采用最佳的加速滑行模式与等速相比,满载时的节油率超过 10%,空载时的节油率超过 20%。

加速滑行不适合拖带挂车的汽车列车,因汽车列车的负荷率已较高,采用加速滑行方法加速时,负荷率很高,燃油消耗率反而增加,节油效果不明显。加速滑行的最高车速、最低车速应以经济车速范围的上限和下限为界限;加速时应缓慢加速,以免因加速阻力增加过多造成额外燃油消耗。此外,加速滑行操作法,使驾驶员的劳动强度增加,对安全不利。

在坡道小于 5%、坡长超过 100 m 的直路,可空挡下坡滑行,但车速不宜太高。在长而陡的坡道上,严禁发动机熄火及空挡滑行。应根据坡道状况合理选择挡位进行带挡滑行,充分利用发动机制动,并施加间歇制动,控制车速,避免制动器出现过分热衰退现象。

本章小结

1. 汽车的燃油经济性评价指标：单位行驶里程的燃油消耗量 Q_s（L/100 km）、消耗单位燃油所行驶的里程（MPG）、单位运输工作量的燃油消耗量 Q_t（L/100t · km）。

2. 汽车等速百公里燃油消耗量的计算公式：$Q_s = \dfrac{P_e b}{1.02 u_a \rho g}$。

3. 汽车等加速行驶工况百公里燃油消耗量的计算方法：将汽车加速过程分为若干个小区间，计算各区间的燃油消耗量并将其相加，得到加速燃油消耗量，除以该加速过程行驶的里程即得到等加速行驶工况百公里燃油消耗量。

4. 汽车的燃油经济性影响因素：①汽车结构方面：发动机（提高现有汽油发动机的热效率与机械效率、扩大柴油发动机的应用范围、提高发动机的压缩比、广泛采用发动机电控技术、采用增压技术、选用高效小排量发动机、提高发动机的负荷率）、传动系统（变速器类型、传动系挡位数、主减速器传动比、传动系的机械效率）、缩减轿车总尺寸和减轻质量、汽车外形与轮胎。②汽车使用方面：行驶车速、挡位选择和变换、挂车的应用、正确地保养与调整、合理利用滑行等。

复习思考题

1. 什么是汽车的燃油经济性？其评价指标是什么？其评价试验方法有哪些？

2. 试推导汽车等速百公里燃油消耗量的计算公式。

3. 分析发动机的负荷率对汽车的燃油经济性的影响，汽车在使用时如何提高发动机的负荷率。

4. 请说明怎样利用发动机负荷特性图（或万有特性图）和汽车功率平衡图，作出汽车在道路上行驶时的等速百公里燃油消耗量曲线。

5. 汽车的燃油经济性影响因素有哪些？

6. 试分析如何从改进汽车底盘设计方面来提高汽车的燃油经济性。

7. 试述无级变速器与汽车的动力性、燃油经济性的关系。

8. 达到动力性最佳的换挡时机是什么？达到燃油经济性最佳的换挡时机是什么？二者是否相同？

9. 某汽车总质量为 5360 kg，轮距为 1650 mm，车高为 1650 mm，空气阻力系数为 0.76，发动机有效燃油消耗率为 245 g/(kW · h)，传动系机械效率为 0.85，试估算在 $i = 0.015$ 的沥青路面上以 60 km/h 等速行驶百公里油耗。

10. 某汽车的总质量为 3800 kg；主减速比为 5.83；车轮半径 0.365 m；空气阻力系数 0.8；迎风面积 3.5 m^2。该车在某平路上以直接挡稳定行驶，如发动机转速为 2000 r/min，此时负荷特性拟合曲线公式力 $b = 1120 - 120 P_e + 7 P_e^2 - 0.2 P_e^3 + 0.002 P_e^4$。式中，$P_e$ 为发动机净功率，kW；b 为燃油消耗率，g/(kW · h)。取传动系效率为 0.9；道路滚动阻力系数为 0.012；燃油密度为 0.7 g/cm^3。请问该车此时的等速百公里燃油消耗量为多少？

第 5 章　汽车发动机功率和
传动系统传动比的选择

　　汽车动力装置参数是指发动机的功率、传动系挡位数及传动比。汽车动力装置参数对汽车的动力性与燃油经济性有很大影响。在确定这些参数时，必须充分考虑到满足这两个基本性能的要求。此外，还要注意到满足驾驶性的要求。

5.1　发动机功率的选择

　　设计中通常先从保证汽车预期的最高车速来初步选择发动机应有的功率。最高车速虽然只是动力性中的一个指标，但它实质上也反映了汽车的加速能力和爬坡能力。因为最高车速越高，要求的发动机功率越大，汽车后备功率大，加速与爬坡能力必然较好。

　　如果给出了预期的最高车速，则选择的发动机功率应大体等于(不小于)以最高车速行驶时阻力功率之和，即

$$P_e = \frac{1}{\eta_T}\left(\frac{Gf}{3600}u_{amax} + \frac{C_D A}{76140}u_{amax}^3\right) \qquad (5-1)$$

在给定 m，C_D，A，f，η_T 这些值后，便能求出应有功率 P_e 的数值。

　　在实际工作中，还可利用现有汽车统计数据初步估计汽车比功率来确定发动机应有功率。汽车比功率是指单位汽车总质量具有的发动机功率，其常用单位为 kW/t，可由下式求得

$$\frac{1000P_e}{m} = \frac{fg}{3.6\eta_T}u_{amax} + \frac{C_D A}{76.14m\eta_T}u_{amax}^3 \qquad (5-2)$$

　　各种货车的 f，η_T 及 C_D 值大致相等且最高车速也相差不多，但总质量变化范围很大。货车最高车速为 100 km/h 左右。一辆中型货车的比功率约为 10 kW/t，其中用以克服滚动阻力功率的，即式(5-2)中第一项，约占 2/5。对于各类货车，式(5-2)中第一项的数值大体相同。式(5-2)中第二项是克服空气阻力功率的部分，它随 A/m 而变化，货车总质量 m 增大时，迎风面积 A 增加有限，故式(5-2)中第二项将随着总质量的增加而逐步减少。因此不同货车的比功率将随着其总质量的增大而逐步减小。货车比功率一般在 7.35 kW/t 以上。小于 3 t 的轻型货车大多是轿车的变型车，动力性能较好，比功率很大。重型货车、汽车列车最高车速低，比功率较小。因此，货车可以根据同样总质量与同样类型车辆的比功率统计数据，初步选择发动机功率。

轿车行驶车速高，且不同轿车动力性相差可以很大，现代轿车的最高车速一般为 $125 \sim 300$ km/h；根据式$(5-2)$，比功率相差也比较大，一般不同轿车比功率随着最高车速的增大而逐步增大。在德国，高速公路不限制车速，因此其轿车最高车速较高，比功率数值也较大。图$5-1$绘出了$\frac{f_t}{\eta_T} = 0.2$，$\frac{C_D A}{m\eta_T} = 4 \times 10^{-4} \sim 10^{-3}$ m²/kg 时的比功率曲线，并在图中标出了一批当代轿车的比功率数值。利用这些数值点形成的区域，可根据设计轿车的总质量、预期的最高车速，大体确定轿车发动机的功率。

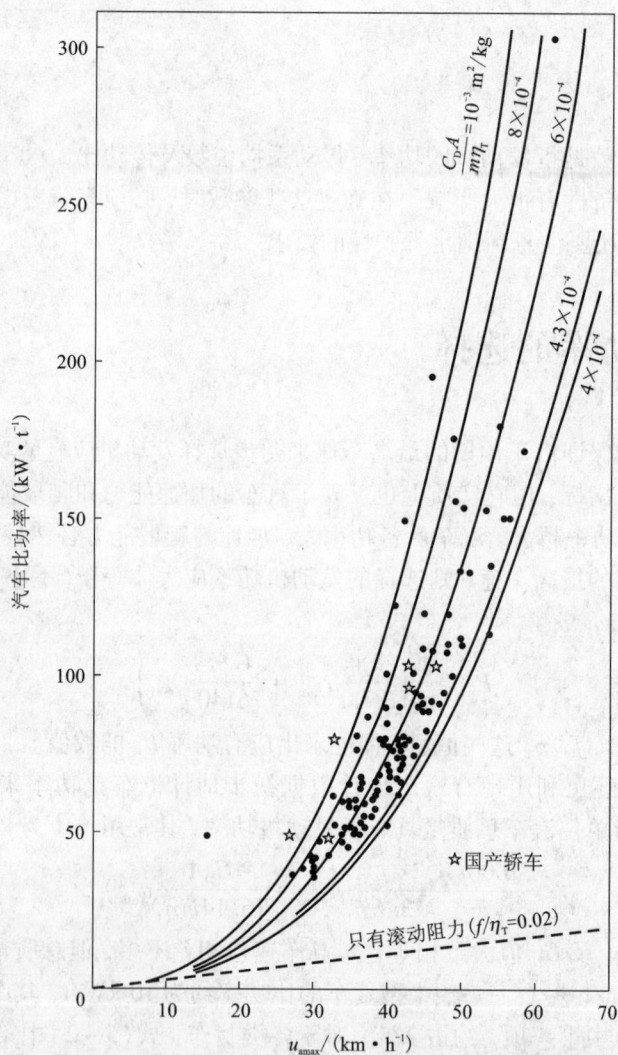

图 5-1 轿车的比功率曲线

很多国家对车辆应有的最小比功率作出规定，以保证路上行驶车辆的动力性不低于一定水平，防止某些性能差的车辆阻碍车流。我国规定农用运输车与运输用拖拉机的比功率限值为 4.0 kW/t，其他机动车的限值为 5.0 kW/t。

5.2　传动系最小传动比的选择

汽车大部分时间是以最高挡行驶(也就是用最小传动比的挡位行驶)的,因此最小传动比的选定十分重要。

传动系的总传动比 i_t 是传动系中各传动部件传动比的乘积,即

$$i_t = i_g i_0 i_c \qquad\qquad (5-3)$$

式中: i_g 为变速器的传动比; i_0 为主减速器的传动比; i_c 为分动器或副变速器的传动比。

普通的汽车没有分动器或副变速器,若装有三轴变速器且以直接挡作为最高挡时,传动系的最小传动比是主减速器的传动比 i_0 ;如变速器的最高挡为超速挡时,则传动系的最小传动比应为变速器最高挡传动比与 i_0 的乘积;两轴变速器没有直接挡,最小传动比为最高挡传动比与 i_0 的乘积。选择主减速器传动比 i_0 应考虑以下几点。

5.2.1　最高车速

主减速器传动比 i_0 不同,汽车功率平衡图上发动机功率曲线的位置不同,与水平路面行驶阻力功率曲线的交点所确定的最高车速不同(图 5-2)。当阻力功率曲线正好与发动机功率曲线相交在其最大功率点上,此时所得的最高车速最大(图 5-2 中 u_{amax2}), $u_{amax2} = u_p$, u_p 为发动机最大功率时的车速(该车速是通过数量关系 $u_p = 0.377\dfrac{rn_p}{i_g i_0}$ 求得,实际上不一定能实现)。因此,主减速器的传动比 i_0 应选择到汽车的最高车速相当于发动机最大功率时的车速,这时最高车速最大。

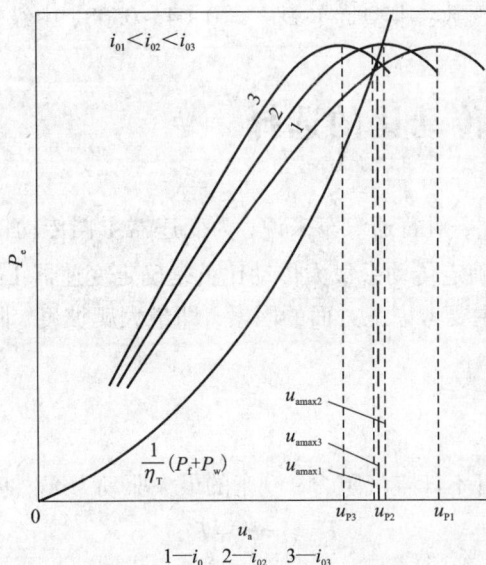

图 5-2　不同 i_0 时的汽车功率平衡图

5.2.2 汽车的后备功率与燃油经济性

主减速器传动比 i_0 不同,汽车的后备功率也不同。i_0 增大,发动机功率曲线左移,汽车的后备功率增大,动力性增强,但燃油经济性较差(图 5-2 中 i_{03})。i_0 减小,发动机功率曲线右移,汽车的后备功率较小,但发动机功率利用率高,燃油经济性较好(图 5-2 中 i_{01})。

因此选择最小传动比时,不但要考虑后备功率,也要考虑燃油经济性:选择最小传动比时,通常使 $u_{amax} = u_p$;为了保证有足够的后备功率,增大最小传动比,u_p 可稍小于 u_{amax};为了提高燃油经济性,减小最小传动比,要使 u_p 稍大于 u_{amax}。据统计,约 74% 的轿车 $\dfrac{u_{amax}}{u_p}$ 值为 0.9~1.1,约 17.5% 的为 0.7~0.9,约 5.5% 为 1.1~1.39,还有约 3% 轿车的 $u_{amax} = u_p$ 值低至 0.5~0.7。

5.2.3 驾驶性能

最小传动比还受到驾驶性能的影响。驾驶性能是包括平稳性在内的加速性,指动力装置的转矩响应、噪声和振动。驾驶性能由驾驶员通过主观评价来确定。

影响驾驶性能的因素有发动机排量、气缸数目、传动系刚度以及传动系最小传动比等。最小传动比对转矩响应有较大的影响。最小传动比过小,则发动机在重负荷下工作,加速性能差,出现噪声和振动。最小传动比过大,燃油经济性差,发动机高速运转噪声较大。

最小传动比也可由最高挡动力因数来确定[式(5-4)中假设最高挡为直接挡]

$$D_{0max} = \frac{\dfrac{T_{tqmax} i_0 \eta_T}{r} - \dfrac{C_D A}{21.15} u_{at}^2}{G} \tag{5-4}$$

式中:G 为汽车重力,N;u_{at} 为最高挡时发动机发出最大转矩时的车速,km/h。

一般推荐最高挡动力因数:中型货车 $D_{0max} = 0.04 \sim 0.08$,中级轿车 $D_{0max} = 0.1 \sim 0.15$。

5.3 传动系最大传动比的选择

传动系最大传动比 i_{tmax},对普通汽车来说,为变速器 I 挡传动比 i_{g1} 与主减速器传动比 i_0 的乘积。当 i_0 已确定时,确定传动系最大传动比就是确定变速器 I 挡传动比 i_{g1}。

确定最大传动比时,主要考虑三方面的因素,即最大爬坡度、附着条件和汽车最低稳定车速。

5.3.1 最大爬坡度

汽车爬坡时车速低,可不计空气阻力,汽车的最大驱动力 F_{tmax} 应为

$$F_{tmax} = F_f + F_{imax} \tag{5-5}$$

即

$$\frac{T_{tqmax} i_{g1} i_0 \eta_T}{r} = Gf\cos\alpha_{max} + G\sin\alpha_{max} \tag{5-6}$$

I 挡传动比 i_{g1} 应满足

$$i_{g1} \geqslant \frac{G(f\cos\alpha_{max} + \sin\alpha_{max})r}{T_{tqmax}i_0\eta_T} \tag{5-7}$$

一般货车的最大爬坡度约为 30%，即 $\alpha_{max} \approx 16.7°$；轿车应具有爬上 30% 以上坡道的能力。

5.3.2 附着条件

确定最大传动比后应验证是否满足附着条件

$$F_{tmax} = \frac{T_{tqmax}i_{g1}i_0\eta_T}{r} \leqslant F_{Z_\varphi}\varphi \tag{5-8}$$

验算时，可取附着系数 $\varphi = 0.6 \sim 0.8$（考虑中级以上轿车动力性较好，验算时 φ 可取较大值）。

5.3.3 最低稳定车速

对于越野汽车传动系，最大传动比 i_{tmax} 应保证汽车能在极低车速下稳定行驶。这样可以避免在松软地面上行驶时土壤受冲击剪切破坏而损害地面附着力。最大传动比 i_{tmax} 应为

$$i_{tmax} = 0.377\frac{n_{min}r}{u_{amin}} \tag{5-9}$$

式中：n_{min} 为发动机的最低稳定转速，r/min；u_{amin} 为最低稳定车速，km/h。

此外，轿车的最大传动比是根据加速能力的要求来确定的，可参考同等级的轿车来选择。

5.4 传动系挡位数与各挡传动比的选择

5.4.1 传动系挡位数的选择

汽车传动系的挡位数与汽车的动力性、燃油经济性有着密切的关系。挡位数多，增加了发动机发挥最大功率附近高功率的机会，提高了汽车的加速度和爬坡能力。同时，挡位数多，增加了发动机在低燃油消耗率转速区工作的可能性，降低了油耗。因此，传动系挡位数的增加会改善汽车的动力性和燃油经济性。

挡位数还取决于最大传动比与最小传动比之间的比值。因为挡与挡之间的传动比比值不能过大，比值过大会造成换挡困难。一般相邻两挡传动比比值不宜大于 1.8。因此，最大传动比与最小传动比的比值增大，挡位数也应增多。

汽车类型不同，挡位数也不同。轿车行驶车速高、比功率大，高挡的后备功率大，常采用 4~5 挡变速器。近年来，为进一步节省燃油，装用手动变速器的轿车有的已采用 6 挡变速器（装用有级式自动变速器的轿车通常采用 4~6 挡变速器）。轻型和中型货车比功率小，一般采用五挡变速器。重型货车的比功率更小，使用条件也很复杂，所以一般采用 6 挡至十几个挡的变速器，以适应复杂的使用条件，使汽车有足够的动力性和良好的燃油经济性。越野汽车的使用条件最复杂，其传动系的挡位数比同吨位的普通货车常多 1 倍左右。

挡位数增多,会使变速器传动机构和操纵机构的结构复杂。因此,有的挡位数多的汽车,常在变速器后面接上一个2挡或3挡的副变速器,使挡位数相应倍增。越野汽车在变速器后面采用分动器,达到多轴驱动的要求,同时使挡位数倍增。

5.4.2　各挡传动比的选择

在确定汽车的最小传动比 i_{tmin}、最大传动比 i_{tmax} 和传动系的挡位数后,还要确定变速器中间各挡的传动比。

通常,汽车变速器各挡的传动比大体上是按等比级数分配的,即

$$\frac{i_{g1}}{i_{g2}} = \frac{i_{g2}}{i_{g3}} = \cdots = q \qquad (5-10)$$

式中: q 为常数,是各挡之间的公比。

因此,各挡的传动比为

$$i_{g1} = q i_{g2}, \ i_{g2} = q i_{g3}, \ i_{g3} = q i_{g4}, \cdots \qquad (5-11)$$

对于5挡变速器,且 $i_{g5}=1$,各挡传动比和 q 有如下关系

$$i_{g4} = q, \ i_{g3} = q^2, \ i_{g2} = q^3, \ i_{g1} = q^4 \qquad (5-12)$$

则

$$q = \sqrt[4]{i_{g1}}$$

即

$$q = \sqrt[n-1]{i_{g1}} \ (n \text{ 为挡位数})$$

所以

$$i_{g4} = \sqrt[4]{i_{g1}}, \ i_{g3} = \sqrt[4]{i_{g1}^2}, \ i_{g2} = \sqrt[4]{i_{g1}^3}$$

按等比级数分配传动比的优点主要在于:①发动机工作范围都相同,驾驶员在起步和加速时操作方便;②各挡工作所对应的发动机功率都较大,有利于提高汽车的动力性;③便于和副变速器结合,构成更多挡位的变速器。下面进行简单分析。

图5-3绘出了换挡过程中每个挡位的车速与发动机转速的关系曲线,另外绘有发动机外特性的功率曲线。

驾驶员用Ⅰ挡起步,随着发动机转速的提高,车速也随之增加。当发动机转速达到 n_2 时,驾驶员开始换挡,假设换挡过程中车速没有降低,则换入Ⅱ挡时,发动机转速应降到 n_1,离合器才能平顺无冲击地接合。

换挡前瞬间的车速为 $u_{a1} = 0.377 \times \frac{r n_2}{i_{g1} i_0}$,换挡后瞬间的车速为 $u_{a2} = 0.377 \times \frac{r n_1}{i_{g2} i_0}$,根据上述假设, $u_{a1} = u_{a2}$,即 $0.377 \frac{r n_2}{i_{g1} i_0} = 0.377 \frac{r n_1}{i_{g2} i_0}$,故只有 $\frac{i_{g1}}{i_{g2}} = \frac{n_2}{n_1}$,离合器才能无冲击地接合。

若在Ⅱ挡时,发动机转速升到 n_2 时换入Ⅲ挡,则应把发动机转速降到 n_1' 才能无冲击地接合离合器,使用同样分析方法可知

$$\frac{i_{g2}}{i_{g3}} = \frac{n_2}{n_1'} \qquad (5-13)$$

由于各挡传动比是按等比级数分配的,即

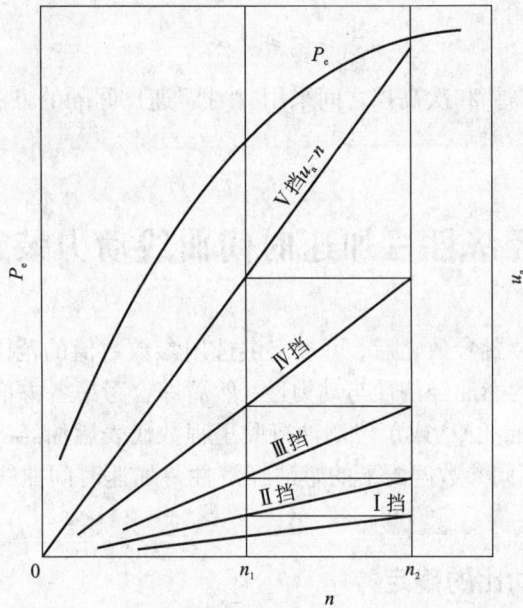

图 5 – 3　换挡过程中车速与发动机转速的关系

$$\frac{i_{g1}}{i_{g2}} = \frac{i_{g2}}{i_{g3}}$$
$$\frac{n_2}{n_1} = \frac{n_2}{n_1'}$$

$$(5 – 14)$$

即

$$n_1 = n_1'$$

$$(5 – 15)$$

　　这样，如果每次发动机都是升到转速 n_2 换挡，只要发动机都降到同一低转速 n_1，离合器就能平顺无冲击地接合。也就是说，发动机总在同一转速 $n_1 \sim n_2$ 内工作，驾驶员在起步和加速时操作就很方便。

　　当然，按等比级数分配传动比的主要目的还在于充分利用发动机提供的功率，提高汽车的动力性。

　　当汽车全力加速或上坡需要大功率时，如果挡位选择合适，具有按等比级数分配传动比的变速器，能使发动机经常在接近外特性最大功率 P_{emax} 处的大功率范围内运转，如图 5 – 3 所示，从而增加了汽车的后备功率，提高了汽车的加速或爬坡能力。

　　按等比级数分配传动比的(主)变速器，还便于和副变速器结合构成更多挡位的变速器：例如一具有 5 个前进挡位的主变速器，各挡间的公比为 q^2，其传动比序列为 1、q^2、q^4、q^6、q^8。若结合一后置 2 挡副变速器，其传动比为 1、q，便可构成一具有 10 挡的变速器，各挡间的公比为 q，其传动比序列为 1、q、q^2、q^3、q^4、q^5、q^6、q^7、q^8、q^9。

　　实际上，各挡传动比之间的比值不会正好相等，考虑到高挡的利用率远大于低挡，汽车主要用高挡行驶，因此高挡位相邻两挡之间的传动比的间隔应小一些，特别是最高挡与次高挡之间更应小一些。另外，由于换挡时动力中断造成的车速下降的绝对值也是高挡间较大。

因此，实际上各挡传动比分布关系应为

$$\frac{i_{g1}}{i_{g2}} \geqslant \frac{i_{g2}}{i_{g3}} \geqslant \cdots \geqslant \frac{i_{gn-1}}{i_{gn}} \qquad (5-16)$$

有的文献建议在最高挡和次高挡之间采用"半挡"速比间隔的方法，以提高中型货车的燃油经济性和动力性。

5.5 利用燃油经济性–加速时间曲线动力装置参数

初步选择汽车动力装置参数之后，可拟定供选用参数数值的范围，进一步具体分析、计算不同参数匹配下汽车的燃油经济性与动力性，然后综合考虑各方面，最终确定动力装置的参数。通常以循环工况油耗 Q_s 或单位燃油行驶里程数代表燃油经济性，以原地起步加速时间 t 代表动力性，作出不同参数匹配下的燃油经济性–加速时间曲线，并利用此曲线来确定有关参数。

5.5.1 主减速器传动比的确定

如图 5–4 所示为不同主减速器传动比 i_0 时的燃油经济性–加速时间曲线，图中横坐标为循环工况单位燃油行驶里程，单位为 mile/usgal。坐标往右，表示单位燃油行驶里程增多，燃油经济性提高。图中的纵坐标为 $0 \sim 100$ km/h 的原地起步加速时间，单位为 s。坐标往上，表示加速时间减少，动力性提高，反之即降低。从图 5–4 中曲线可以看出，i_0 值大时，如图中 $i_0 = 3.6$ 时，此时汽车加速时间短，动力性好，但燃油经济性差；i_0 值变小时，如图中 $i_0 = 1.9$ 时，此时汽车加速时间延长，动力性变差，但燃油经济性得到改善。因

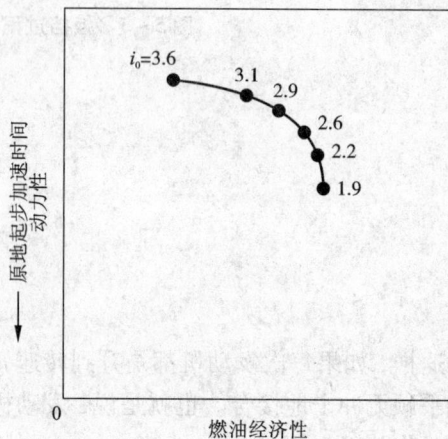

图 5–4　燃油经济性–加速时间曲线

此，如果以动力性为主要指标，则应选较大的 i_0 值；如果以燃油经济性为主要指标，则应选较小的 i_0 值；如果选用适当的中间值，如图中 $i_0 = 2.6$ 时，此时则能兼顾汽车的燃油经济性和动力性。具体选择哪个值，要根据预定目标而定。

燃油经济性–加速时间曲线通常大体呈 C 形，所以常被称为 C 曲线。

根据上述分析可总结确定主减速器传动比 i_0 的步骤如下：

①在动力装置其他参数不变的条件下，先选定主减速器传动比 i_0 的范围，然后从大到小改变 i_0。对应每一个 i_0 值，计算出不同的加速时间和单位燃油行驶里程数。

②根据计算结果绘制如图 5–4 所示的不同 i_0 时的燃油经济性–加速时间曲线。

③根据作出的燃油经济性–加速时间曲线，按预定目标选择 i_0 值。

5.5.2　变速器与主减速器传动比的确定

在发动机功率一定的条件下，可以利用燃油经济性－加速时间曲线从数种变速器中确定一种合适的变速器和一个合适的主减速器传动比 i_0。

图 5－5 为装有不同变速器时的燃油经济性－加速时间曲线。图 5－5(a)是 3 挡变速器与 4 挡变速器的 C 曲线，变速器均具有直接挡，从图中可以看出，由于 4 挡变速器的变速范围广，汽车的动力性较好。图 5－5(b)是 4 挡变速器与 5 挡变速器的 C 曲线，5 挡变速器的挡位多，有超速挡，汽车的燃油经济性与动力性均有显著提高。因此，选用 5 挡变速器比较合适。图 5－5(c)是装用三种不同传动比的 5 挡变速器 A、B、C 时汽车的 C 曲线，可以根据设计汽车的主要指标来选用其中的一种变速器，并确定主减速比。图 5－5(c)上还作出了 3 条 C 曲线的包络线，称为"最佳燃油经济性－动力性曲线"。它表示三种五挡变速器与不同传动比主减速器匹配时，在一定加速时间的要求下燃油经济性的极限值。

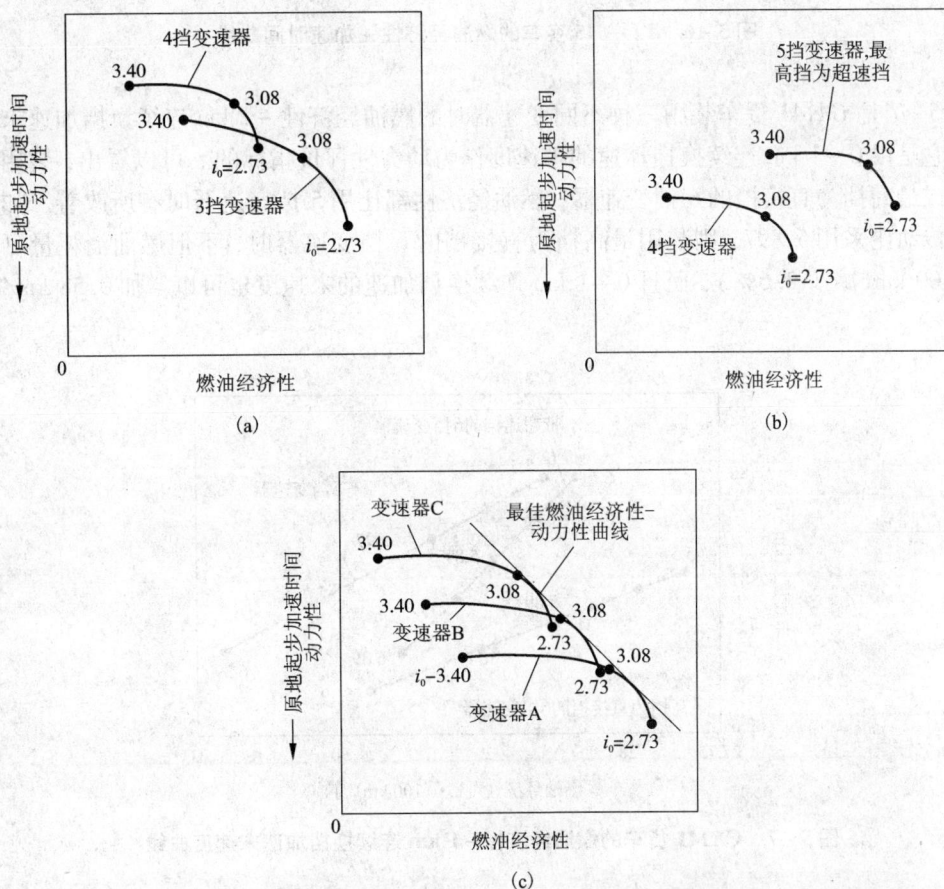

图 5－5　装用不同变速器时的燃油经济性－加速时间曲线

图 5－6 是 TJ－645 客车装用两种不同传动比的 5 挡变速器与不同传动比的主减速器时的燃油经济性－加速时间曲线。可以看出，以变速器 2 和主减速器的传动比为 8.6 时的匹配

关系得到的燃油经济性与动力性最佳。

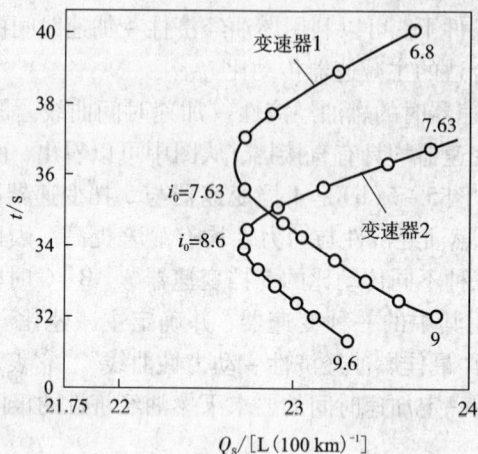

图 5 - 6　TJ - 645 客车的燃油经济性 - 加速时间曲线

图 5 - 7 是 CA141 货车装用三种不同变速器时的燃油经济性 - 1 km 连续换挡加速末速度曲线。它是以 0 ~ 1 km 连续换挡加速的末速度作为动力性评价指标的。可以看出，装用带超速挡的或最高挡为直接挡的 6 挡变速器，燃油经济性都比用 5 挡变速器时有所改善。如果驱动桥的传动比采用 5.897，则装用最高挡为直接挡的 6 挡变速器时，不但燃油消耗量可减少 1.08/ 100 km(减少 3.6%)，而且 0→1 km 连续换挡加速的末速度也可以增加 0.58 km/h(增加 0.7%)。

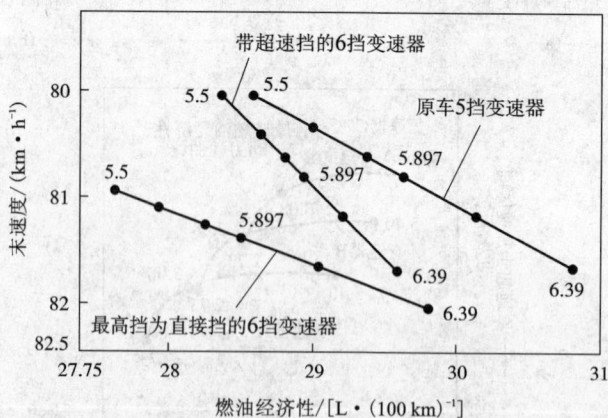

图 5 - 7　CA141 货车的燃油经济性 - 1 km 连续换挡加速末速度曲线

根据上述分析可总结确定变速器的步骤如下：

①发动机不变，动力装置其他参数不变，先选定主减速器传动比 i_0 范围，然后从大到小改变 i_0，每对应一个 i_0 值，计算出装有该变速器的加速时间和单位燃油行驶里程数或循环工况油耗 Q_s。

②选择另一待选用的变速器，用上述步骤中一系列同样的 i_0 值，计算出装有该变速器的加速时间和单位燃油行驶里程数或循环工况油耗 Q_s。如果有多个待选用的变速器，则重复上述步骤。

③根据计算结果在燃油经济性 – 加速时间图上找出计算点，按变速器归属用光滑曲线连接各点，可得到不同的变速器的燃油经济性 – 加速时间曲线，以及同一变速器不同的 i_0 的燃油经济性 – 加速时间曲线。

④根据作出的燃油经济性 – 加速时间曲线图，按预定目标选择变速器的类型及 i_0 值。

5.5.3　发动机、变速器与主减速器传动比的确定

下面是一个考虑不同排量发动机、不同变速器与不同主减速器传动比的动力装置参数确定的实例。

图 5 – 8(a)是一辆轿车在同一变速器条件下，选用三种不同排量发动机时的燃油经济性 – 加速时间曲线。若要求的加速时间为 13.5 s，则只能选用大或中排量发动机，因为中排量发动机的燃油经济性较好，所以应选用中排量发动机，然后利用中排量发动机的 C 曲线确定最佳主减速器传动比。

为了便于进行不同变速器的选定，图 5 – 8(a)上还画出一条三种不同排量发动机燃油经济性 – 加速时间曲线的包络线，也称作"最佳燃油经济性和动力性曲线"。它表明该轿车装用一种变速器、不同排量发动机与匹配不同主减速器传动比时，在一定加速时间的动力性要求下所能达到的燃油经济性的极限值。图 5 – 8(b)上画出了该轿车装用三种具有不同传动比的 4 挡变速器时的"最佳燃油经济性和动力性曲线"。可以看出，在加速时间要求为 13.5 s 的条件下，变速器 C 的燃油经济性最好，比变速器 A 提高了 4.4%。

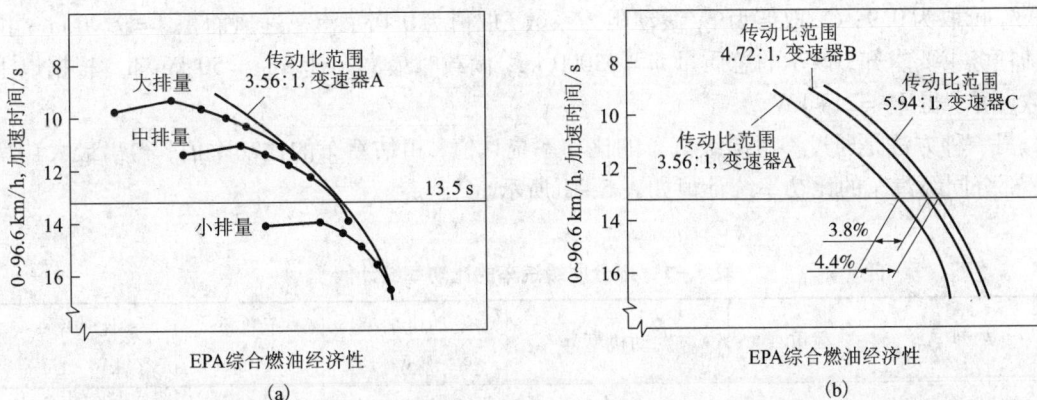

图 5 – 8　不同排量发动机的 C 曲线与不同变速器的最佳燃油经济性和动力性曲线

根据上述分析可总结确定发动机种类的步骤如下：

①选择一待选用发动机，动力装置其他参数不变，先选定主减速器传动比范围，然后从大到小改变 i_0，每对应一个 i_0 值，计算出装有该发动机的加速时间和 EPA 综合燃油经济性。

②选择另一待选用的发动机，用步骤 1 中一系列同样的值，计算出该发动机对应不 i_0 值的加速时间和 EPA 综合燃油经济性，如果有多个待选用的发动机，则重复上述步骤。

③根据计算结果在 EPA 综合燃油经济性 - 加速时间图上找出计算点,按发动机归属用曲线连接各点,可得到不同的发动机的 EPA 综合燃油经济性 - 加速时间曲线,以及同一发动机不同的 i_0 的 EPA 综合燃油经济性 - 加速时间曲线。

④根据作出的 EPA 综合燃油经济性 - 加速时间曲线图,按预定目标选择发动机的类型及 i_0 值。

5.6 汽车的动力性能参数选择案例

举一个汽车的动力性能参数的例子,以加强对汽车发动机功率选择和传动系传动比选择的理解。

发动机作为整车的心脏部分,其性能的优劣将会直接影响整车的性能、可靠性、寿命和价格。发动机的选型一般应重点考虑以下指标:①动力性指标;②耐久性指标;③经济性指标;④重量指标;⑤先进性指标。

汽车的动力性主要取决于发动机功率的大小。发动机功率越大,整车的动力性也越好。但发动机功率选择的太大,会造成不必要的功率浪费和燃油消耗,导致经济性能下降。

发动机功率可以通过下列两种方法初步估算。

一种方法是根据公式 $P_e = \dfrac{1}{\eta_T}\left(\dfrac{mgfu_{amax}}{3600} + \dfrac{C_D Au_{amax}^3}{76140}\right)$ 估算,设计任务书一般给出 m、u_{amax} 值,C_D、A 可用类比的方法确定,或者根据三维建模、虚拟试验的方法初步确定,f、η_T 可通过查阅相关参数标准确定。

现设计一辆矿用自卸汽车,各参数取值如下:该矿用自卸汽车为 4×2 单级主减速器驱动桥,η_T 可取为 0.9;C_D 取值为 1;滚动阻力系数 f 取值为 0.03;汽车迎风面积 $A = 9.90\ \mathrm{m}^2$;由设计任务书要求知,该车的总质量 $m = 43000\ \mathrm{kg}$;满载时最高车速 $u_{max} = 50\ \mathrm{km/h}$。根据以上参数,可求得 $P_e = 214\ \mathrm{kW}$。

另一种方法是通过参考同级汽车的比功率统计值,粗估新车的比功率值,得出最大功率值,部分同级汽车的比功率统计值如表 5 - 1 所示。

表 5 - 1 部分同级汽车的比功率统计值

车型	载重/t	发动机型号	发动机功率 /kW	车总重 /t	比功率 /(kW·t⁻¹)
沃尔沃 425c	22.5	沃尔沃 TD121G	204	39.6	5.13
卡特 D25D	22.8	卡特 3306	194	42.3	4.59
佩尔利尼 DP255	30	底特律 6V - 92TA	225	47.8	4.70
小松 HD - 200	20	康明斯 NTC - 743	209	38.5	5.43
尤克里德 R - 25	25	康明斯 N - 855C	164	42	3.80
别拉斯 540A	27	亚姆斯 - 240	265	49	5.60

求表 5 - 1 中的比功率值平均值：$X = (5.13 + 4.59 + 4.70 + 5.43 + 3.80 + 5.60)/6 =$ 4.88，因此粗估新车发动机功率 $P_e = 210$ kW。

通过调研发现国有生产此功率范围内的发动机厂家及型号有重庆康明斯公司的 M11 - C300、NTA855 - C，潍坊柴油机厂和杭州发动机厂的斯太尔 WD615. 67/77 和 WD615. 68/78。但是按照 GB 1105—1974 规定，康明斯发动机应用在重型汽车上的功率标定分为最大工况和连续工况。最大工况标定适用于间隙负荷，全负荷、全节气门运行不超过 1 h。连续工况标定适用于连续负荷，全负荷、全节气门运行 12 h。因此，如果按照连续工况标定功率，康明斯发动机完全能够满足在矿用汽车上的使用性能要求。

另外，从使用角度考虑，康明斯发动机有很大的灵活性，同一部件可以根据具体情况有不同的选择，而且同一部件采用可更换式结构设计。这样，就给安装、使用、保养和维修带来很大的方便，减少停机时间，易于操作者掌握。

其次，PT 燃油系统作为康明斯发动机专利也是一个突出的优点，PT 燃油系统虽然也有燃油泵和喷油器，但其燃油泵只是一个低压输油泵，只起油量调节的作用，而喷油器则产生高压和保证供油时刻。由于没有高压油管，喷油压力可以很高，各缸喷油量比较均匀稳定且容易调整。喷油压力高，燃油雾化较好，燃烧完全，这样可以提高柴油机的性能。由输油泵送至喷油器的柴油只有少量喷入气缸，大部分柴油对喷油器进行冷却和润滑后回到油箱，同时还可带走油路中的气泡，有利于提高喷油器的工作可靠性和寿命。综上所述，最终选择康明斯系列发动机作为新车的动力。

康明斯系列发动机的 NTA - 855C 和 M11 - C300 这两种发动机的功率都在所选范围内，NTA - 855C 在矿用自卸汽车上使用也很成熟，但作为康明斯公司的老机型，NTA - 855C 已不能满足日益严格的排放标准，以及用户对发动机经济性、动力性越来越苛刻的要求。另外，同等功率的 NTA - 855C 和 M11 - C300 相比，首先在体积上就有明显的差距。NTA - 855C 的缸径为 140 mm，M11 - C300 为 125 mm。NTA - 855C 的活塞行程为 152 mm，M11 - C300 为 147 mm。可以看出 M11 - C300 比 NTA - 855C 升功率明显提高了，同时也表明其强化程度和经济性能有了较大的提高。另外 NTA - 855C 湿重为 1348kg，而 M11 - C300 湿重为 981kg，质量减轻了 367kg，这有利于提高汽车的动力性。M11 - C300 和 NTA - 855C 相比，对涡轮增压器做了重新调整，采用 Holset HX50 涡轮增压器提供了更强劲的低速转矩。使用铰接式钢制活塞，提高了活塞工作的可靠性且使活塞的使用寿命延长了 30%。改进了进气管形式，采用涡流式气道缸盖，使油气混合更加充分，提高了低速动力，降低了废气排放。采用组合式全流和旁通机油滤清器，改善了滤清效果，大大降低了更换费用。燃油系统采用 STC 带分级可变正时的 PT 燃油系统，更精确地控制了燃油喷射量。可选装的 CELECTTM 电控系统满足欧洲 II 排放标准，可对发动机进行实时监控和故障诊断实现步进换挡，道路行驶速度控制和减挡保护。

综上所述，选择 M11 - C300 发动机完全能够满足对发动机动力性指标、耐久性指标、经济性指标、重量指标和先进性指标的要求。而且，作为选装件的硅油风扇离合器、冷启动装置和杰克勃发动机制动器为各种用户提供了方便。

主减速器传动比一经确定，变速器的传动比范围即随之而定。选择主减速器传动比时，应考虑使用 I 挡时的爬坡能力以及其他挡位的动力性和燃油经济性。为考察主减速器传动比参数值变化对矿用自卸汽车性能的影响，将该车原主减速器传动比作上下 20% 浮动，其余参数均不变,在矿用自卸汽车性能仿真软件平台上进行计算、对比(表5-2)。

表5-2 主减速器传动比对矿用自卸汽车的动力性和燃油经济性的影响

试验项目	主减速器传动比	燃油经济性[1] /[L·(100 t·km)$^{-1}$] 25 /(km·h^{-1})	动力性	
			加速时间[2] /s	最高车速 /(km·h^{-1})
方案1	2.0	2.61	26.7	65.6
方案2	2.25	2.62	26.6	60.9
方案3(原方案)	2.50	2.65	26.5	55.6
方案4	2.75	2.66	26.4	50.6
方案5	3.0	2.67	26.3	46.4

注:[1]燃油经济性为CBDTRUCK工况百公里柴油油耗。[2]测得的加速时间为额定功率载荷时0~40 km/h原地起步连续换挡加速时间。

从表5-2可以看出,0~40 km/h原地起步连续换挡加速时间随主减速器传动比增大而单调减小;最高车速单调减小;CBDTRUCK工况柴油百公里油耗随主减速器传动比增大而增大。

把CBDTRUCK工况柴油百公里油耗和0~40 km/h原地起步连续换挡加速时间的关系表示于图5-9矿用自卸汽车的动力性-燃油经济性曲线中,可以直观地对其变化趋势作出判断。

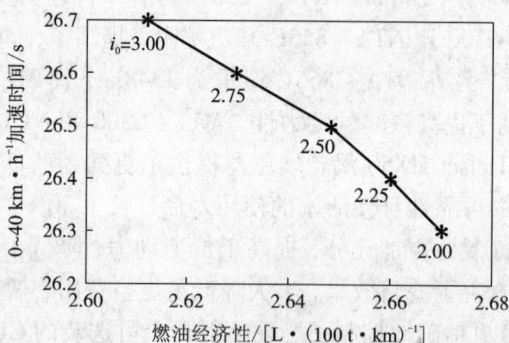

图5-9 矿用自卸汽车的动力性-燃油经济性曲线

图中曲线的"拐点"对应于最佳的主减速器传动比。对几何相似的不同排量的发动机重复以上过程,就可以在同一坐标中获得类似的曲线。它们的公切线称为"最佳动力性与燃油经济性曲线",该曲线包含了所有可能的理想主减速器传动比值。

选择不同的变速器参数,计算得到另一条最佳曲线。对这些曲线作比较,就可以判断在相同的动力性水平上,各组变速器参数对应的燃油经济性的优劣,或保持燃油经济性不变,哪一个变速器方案可以使矿用自卸汽车的动力性变好。

图 5 – 9 所示曲线及最佳主减速器传动比是在已知变速器参数的前提下求出的。如果在设计初期阶段变速器传动比尚未确定，也就无从确定主减速器传动比、甚至传动系总传动比范围。所以，最佳设计方案只能在大量的重复性匹配试验对比中产生，其方法遵循下列步骤：

①根据经验值初步给定传动系总传动比范围和主减速器传动比，从而确定变速器参数，其中各挡传动比按等比级数或偏置等比级数分布。

②对不同主减速器传动比、不同的发动机计算得到最佳动力性与燃油经济性曲线。

③对各种变速器方案进行比较寻优。

本例采用对各种变速器方案进行比较寻优方法，通过调节变速器传动比，寻求最佳匹配方案。

变速器挡位数是由车辆的使用条件和性能要求决定的，与汽车的动力性、燃油经济性有密切的关系。就理论而言，一般倾向于增加变速器挡位数。但是，挡位数越多意味着变速器的机构越复杂，故在确定挡位数时，必须综合考虑矿用自卸汽车的动力性、燃油经济性、变速器结构安排、制造成本和操纵使用等方面的可行性。

考虑到总传动比与矿用自卸汽车极端行驶工况的设计要求有关，因此，表 5 – 2 所示各方案均保持总传动比范围不变，主减速器的传动比也不改变，但变速器挡位数作调整。虚拟试验结果如表 5 – 3 所示。

表 5 – 3　变速器挡位数对汽车的动力性和燃油经济性的影响

试验项目	挡位数	主减速器传动比值	燃油经济性 /[L·(100t·km)⁻¹]	动力性
			CBDTRUCK 工况	加速时间/s[①]
方案 1	8	10.67/7.05/5.18/3.83/2.78/1.84/1.35/1.00	4.17	26.5
方案 2	7	10.67/7.19/4.85/3.27/2.20/1.48/1.00	4.18	27.1
方案 3	6	10.67/6.65/4.12/2.58/1.60/1.00	4.19	28.0
方案 4	5	10.67/5.90/3.27/1.81/1.00	4.26	30.2
方案 5	9	10.67/7.76/5.79/4.32/3.22/2.41/1.80/1.34/1.00	4.17	26.3

注：①测得的加速时间为空载时 0 ~ 40 km/h 原地起步连续换挡加速时间。

原车变速器为 8 挡，各挡传动比如表 5 – 3 中方案 1。方案 2 把变速器由 8 挡调整为 7 挡，但最高挡和最低挡的传动比与原方案中最高挡和最低挡的传动比相同，各挡传动比按等比级数分布，各挡传动比如表中方案 2。按照同样的处理方法，得到方案 3（6 挡），方案 4（5 挡），方案 5（9 挡），各方案的各挡传动比如表所示。因为各方案最高挡和最低挡的传动比均相同，所以动力性指标中最大爬坡度、最高车速没有变化。从虚拟试验结果来看，随着变速器挡位数的减少(方案 2、方案 3、方案 4),汽车的燃油经济性逐渐变差。方案 5 把变速器由 8 挡调整为 9 挡,从计算结果来看,与方案 1(原车)相比,燃油经济性有所提高,动力性也提高了 0.75%。但是,挡位数越多意味着变速箱的机构越复杂。方案 1(原车)既满足了汽车的动力性要求,同时经济性较方案 2、方案 3、方案 4 要好。方案 1 较好地兼顾了动力性和燃油经济性的要求,其变速箱挡位数的选择是合理的。

5.7 汽车自动换挡规律的确定

5.7.1 纯电动汽车 2/3 挡变速器速比选定

与传统汽车相同,增加电动汽车变速器的挡位数,有利于增大利用电动机最大功率的机会,提高汽车的动力性能;同时也可以增大电动机在最佳效率区工作的机会,改善整车经济性,提高了汽车续驶里程。但是,由于电动机具有较好的调速特性,电动汽车传动系的挡位数不宜过多,一般情况下不超过三个挡位,否则会使结构变得复杂,增大体积,增大整车的质量,同时也会降低传动系的效率,降低整车的性能。

电动机的驱动力图与内燃机汽车相比有其特殊性,所以在选择挡位数和速比、确定最高车速时也与内燃机汽车不同。下面对可能出现的几种情况进行分析:

①电动机从额定转速向上调速的范围足够大,即 $n_{max}/n'_M \geq 2.5$ 时,选择一个挡位即可,即采用固定速比。

②电动机从额定转速向上调速的范围不够宽,即电动机最高转速不能满足 $n_{max}/n'_M \geq 2.5$ 时,应考虑再加一个挡位。

③电动机从额定转速向上调速的范围较窄,满足 $1.8 \leq n_{max}/n'_M \leq 2.5$,此时增加一个挡位后车速无法衔接起来,可考虑再增加挡位或说明电动机参数与整车性能要求不匹配,应考虑重新选择电动机的参数。

在装有 2/3 挡变速器的电动汽车中,动力系统的总传动比 $i = i_0 i_g$,其中 i_0 是主减速器传动比,i_g 是变速器传动比。当主减速器的传动比确定以后,对变速器的传动比优化过程也就变成了对总传动比的优化过程。

传动系的最大传动比对汽车的最大爬坡度影响较大,所以可以根据电动机的最大转矩和车辆的最大爬坡度确定传动系的最大传动比的大致范围。

$$i_{max} \geq \frac{r_r}{\eta_T T_{max}} \left(mgf\cos\alpha_{max} + \frac{C_D A u_a^2}{21.15} \right) \tag{5-17}$$

汽车大多数时间是以最高挡行驶的,即用最小传动比的挡位行驶。因此,最小传动比的选择是很重要的。应考虑满足最高车速的要求和行驶在最高车速时的动力性要求。

①由最高车速和电动机的最高转速确定传动系最小传动比的上限,即

$$i_{min} \leq \frac{0.377 n_{Mmax} r_r}{u_{amax}} \tag{5-18}$$

②由电动机最高转速对应的最大输出转矩和最高车速对应的行驶阻力确定传动系最小传动比的下限,即

$$i_{min} \geqslant \frac{F_{vmax} r_r}{\eta_T T_{vmax}} \qquad (5-19)$$

式中：F_{vmax} 为最高车速对应的行驶阻力，N；T_{vmax} 为电动机最高转速对应的最大输出转矩，N·m。

　　确定了最大传动比和最小传动比的大致范围之后，针对特定的换挡策略就可以对各个挡位的速比进行优化，优化的目标是使电动机的工作点尽量向高效区域集中，从而提高车辆的经济性。目前对电动汽车的速比进行优化的方法主要有拟合函数法、正交优化法、基于模型的多次仿真法等，通过优化找到能使车辆满足动力性要求，同时经济性最优的速比就是目标速比。如图 5-10 所示是用基于模型的多次仿真法对某款纯电动汽车动力系统进行速比优化的结果。图 5-10 中可以看到随着 I 挡、II 挡传动比的变化，整车的能耗也会变化，找到能够满足整车动力性指标并使车辆的能耗最小的传动比就是我们要寻找的最优传动比。

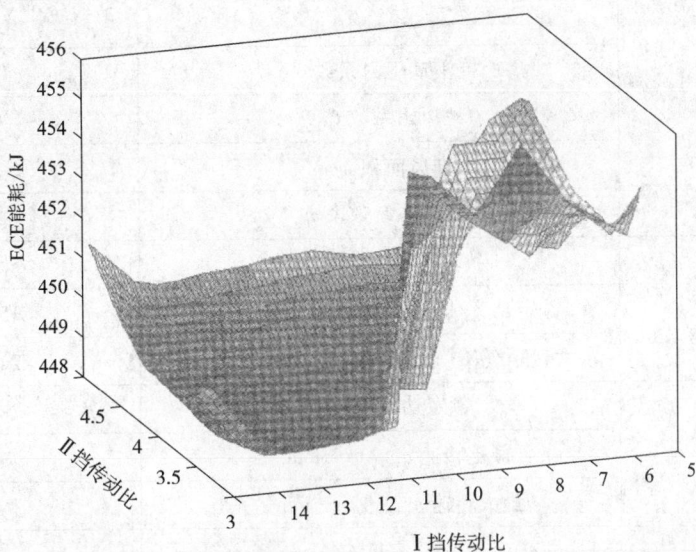

图 5-10　某款纯电动汽车不同传动比时 ECE 工况下的耗能

5.7.2　混合动力汽车的动力性换挡规律的制定

　　动力性是汽车各种性能中最基本、最重要的性能，在很大程度上决定了汽车运输效率的高低。最佳动力性换挡规律就是使自动变速器能够以使汽车具有最佳动力的换挡点进行换挡操作，以达到提高汽车的动力性的目的。对传统常规车辆而言，最佳动力性换挡规律广泛采用的是二参数换挡规律和动态三参数换挡规律。动态三参数最佳动力性换挡规律考虑了发动机的动态特性，试验表明，这种换挡规律可获得明显优于两参数换挡规律的汽车性能。

　　(1) 一、二参数换挡规律

　　两参数换挡规律仅以油门开度 α_g 和车速 u 反映驾驶意图和车辆状态，并以发动机的稳态试验数据作为求解换挡规律的前提，混合动力汽车与传统汽车有很多不同，其动力性换挡规律也有所不同，以同济大学自主研发的弱混合动力汽车为例来说明其动力性换挡规律，其整车参数及变速器速比参数分别见表 5 - 4 和表 5 - 5。

　　动力源包括两个部分，发动机和 ISG 电机，需要确定发动机和 ISG 动力总成的转矩输出特性，这里简化为发动机和 ISG 电机转矩的叠加，叠加转矩原理框图如图 5 - 11 所示，通过节气门开度 α 和发动机转速 n 查发动机的转矩 MAPI 图，得到发动机的输出转矩 T_{ENG}；通过电油门开度 β 和 ISC，转速 n 查电机转矩 MAP2 图，得到 ISG 电机输出转矩，两者叠加后为总的转矩 T_{total}，输出。因此，最佳动力性换挡规律应当是指在当前发动机节气门开度和电机"加速踏板位置"下，选择能够提供最佳动力性的挡位。

表 5 - 4　整车及零部件参数

	参数	参数值
整车	整车质量 m/kg	1550
	车轮半径 r/m	0.308
	滚动阻力系数 f	0.0137
	风阻系数 C_D	0.293
	迎风面积 A/m^2	2.095
	传动系统效率 η_T	0.92
发动机	排量 L_e/L	1.8
	额定功率/kW；转速 $P_e/(\mathrm{r}\cdot\mathrm{min}^{-1})$	150/6500
	最大转矩/$(\mathrm{N}\cdot\mathrm{m})$；转速 $T_{tgmax}/(\mathrm{r}\cdot\mathrm{min}^{-1})$	240/3000
ISG 电机	额定功率 P'_{ISG}/kW	10
	额定转速 $n'_{ISG}/(\mathrm{r}\cdot\mathrm{min}^{-1})$	2000
	最大转速 $n_{ISGmax}/(\mathrm{r}\cdot\mathrm{min}^{-1})$	6500
动力蓄电池	公称容量 C/Ah	8

表 5 - 5　变速器速比参数

参数名称	I 挡	II 挡	III 挡	IV 挡	V 挡	VI 挡	倒挡
传动比 i_g	3.615	2.042	1.257	0.909	0.902	0.773	4.298
主减速比 i_0	3.894				3.083		

　　发动机 - ISG 电动机动力总成的转矩输出特性为相同车速下，发动机输出转矩和 ISG 输出转矩的叠加。一挡时，转矩输出特性如图 5 - 12 所示，其中最上面的曲线为发动机与 ISG 合成输出驱动力，中间曲线为发动机全油门开度下的输出驱动力，最下面的曲线为 ISG 输出驱动力。在节气门全开和电油门全开情况下，考虑所有挡位可以得到完整的发动机 - ISG 合成输出驱动力特性图，如图 5 - 13 所示，F_{t1}、F_{t2}、F_{t3}、F_{t4}、F_{t5}、F_{t6} 分别为 1 ~ 6 挡下的输出驱动力曲线。

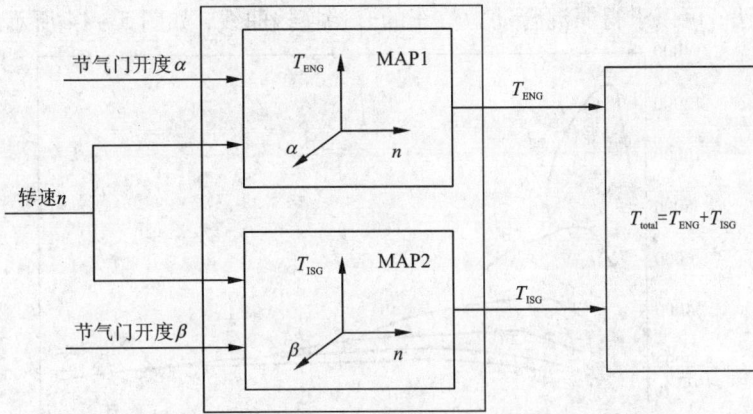

图 5 - 11　叠加转矩原理框图

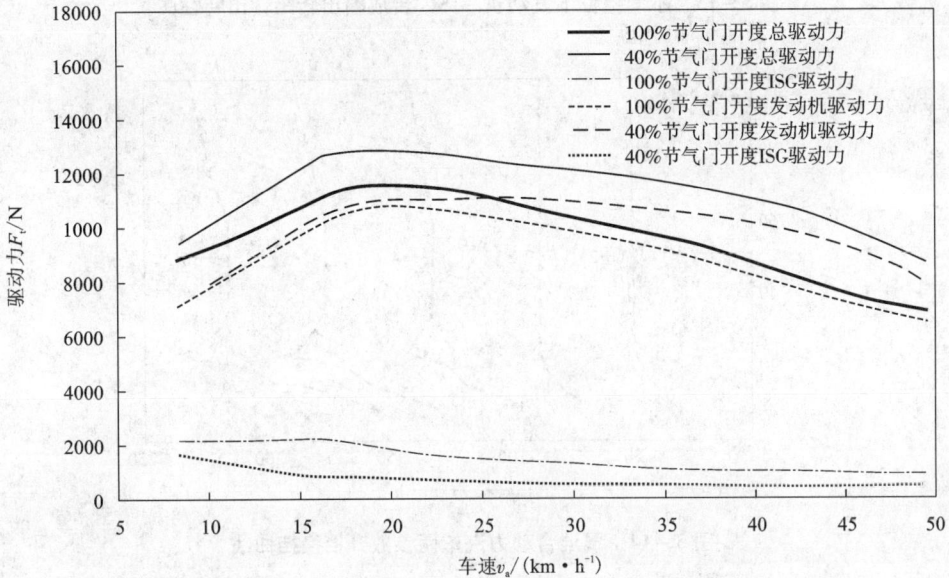

图 5 - 12　一挡发动机 - ISG 输出驱动力输出特性图

同理,根据图 5 - 11 的转矩叠加原理和整车参数,可以比较容易得到不同节气门开度下,不同电油门开度下,不同挡位整车的输出驱动力曲线,这里不再描述。根据以上的驱动力曲线,可以通过以下步骤得到混合动力汽车两参数换挡规律曲线:

①根据发动机 - ISG 转矩输出特性绘制不同节气门开度下,不同挡位动力总成的驱动力曲线。

②找出相邻两挡在同一节气门开度下的驱动力交点。

③根据交点坐标将求得的换挡点拟合成车速和节气门开度的关系曲线,即为此相邻两挡之间的两参数最佳动力性换挡规律曲线。

④按照同样的方法,可求得其他挡位间的两参数最佳动力性换挡规律,作出完整的若干

条升挡曲线。

采用此方法，可以求得弱混合动力汽车的升挡换挡曲线，如图 5-14 所示。

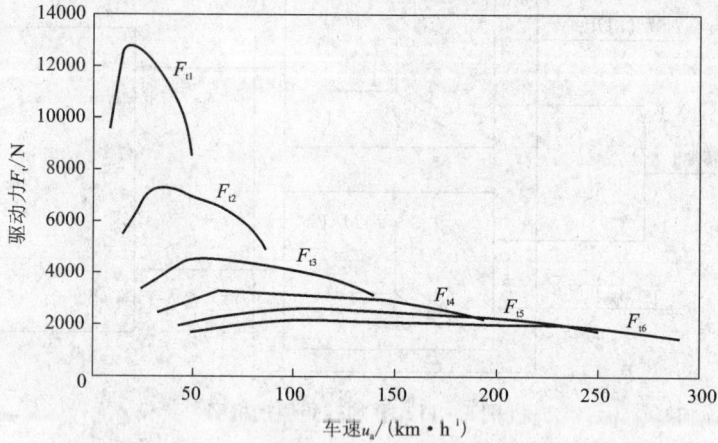

图 5-13 不同挡位下发动机-ISG 合成输出转矩输出特性图

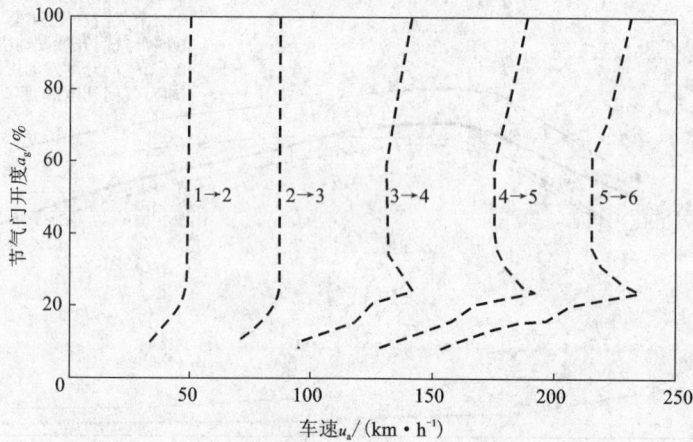

图 5-14 弱混合动力汽车两参数升挡换挡曲线

（2）二、三参数换挡规律

两参数换挡规律以稳定行驶为前提，实际上车辆在起步、加减速、换挡时均处于非稳定状态。此时，发动机的工作状态与稳态时有很大区别，使用基于发动机稳态工况的两参数换挡规律就会在车辆的动力性和经济性指标分析时带来一定误差，使车辆不能达到最佳工作状态。动态三参数换挡规律增加了一个反映真实动态的参数——汽车加速度，故三参数换挡规律的控制参数为加速度、速度和节气门开度。该换挡规律能够较好地反映车辆的实际工作过程，较好地解决了两参数换挡规律所遇到的问题。

与两参数最佳动力性换挡规律制定方法不同，动态三参数最佳动力性换挡规律是以同一节气门下相邻两挡的加速度曲线的交点为换挡点。其制定方法可以分为图解法和解析法两种，以下分别对其进行介绍。

1）解析法

解析法通过计算机编程，既节省时间，又可以直接获得准确的换挡点车速，而且可以预先求出确切的加速时间 t。

$$\frac{\mathrm{d}u_{an}}{\mathrm{d}t} = \frac{g}{\delta_n G}(F_{tn} - F_{\psi} - F_w) \qquad (5-20)$$

$$\delta_n = 1 + \frac{g}{G}\left(\frac{\sum I_w}{r^2}\right) + \frac{g(I_e + \lambda)i_0^2 i_{gn}^2 \eta_r}{Gr^2} \qquad (5-21)$$

$$F_{\psi} + F_w = C + Bu_a + Au_a^2 \qquad (5-22)$$

式中：G 为汽车重力，N；F_{tn} 为相应于变速器底 n 挡的驱动力，N；δ_n 为汽车旋转质量换算系数；I_w 为车轮的转动惯量，$kg \cdot m^2$；I_e 为与发动机刚性相关的转动惯量；$F_{\psi} + F_w$ 为道路阻力与空气阻力之和，N；λ 为发动机非稳定状态下转矩的下降系数；A、B、C 为系数。

根据同一油门开度下相邻两挡加速度相等的条件得到

$$\frac{F_{tn} - F_{\psi} - F_w}{\delta_n} = \frac{F_{t(n+1)} - F_{\psi} - F_w}{\delta_{n+1}} \qquad (5-23)$$

发动机转矩特性 $T_{tq} = f(n)$ 可拟合成为二次曲线，精度已经可以满足换挡曲线的计算需要。

$$T_{tq} = e_0 + e_1 n_1 + e_2 n_2^2 \qquad (5-24)$$

$$F_{tn} = \frac{T_{tq} i_g i_0 \eta_T}{r} = C_{en} + B_{en} u_a + A_{en} u_a^2 \qquad (5-25)$$

将上式简化得到：

$$\delta_{n+1}(C_n + B_n u_a + A_n u_a^2) = \delta_n(C_{n+1} + B_{n+1} u_a + A_{n+1} u_a^2) \qquad (5-26)$$

$$a_n u_a^2 + b_n u_a + c_n = 0 \qquad (5-27)$$

则相邻两挡的最佳动力性换挡点速度为

$$u_{an} = (-b_n \pm \sqrt{b_n^2 - 4a_n c_n})/2a_n \qquad (5-28)$$

对求出的两个与该挡下相应的最大速度 $u_{a\max}$ 与下一挡的最小速度 $u_{a(n+1)\min}$ 比较，u_{an} 满足以下两个条件即为所求

$$\left.\begin{array}{c} u_{an} > 0 \\ u_{a(n+1)\min} < u_{an} < u_{an\max} \end{array}\right\} \qquad (5-29)$$

从原地起步连续换 i 挡位的加速时间 t 为

$$t = \sum_{n=1}^{i} \int_0^{u_{an}} \frac{\delta_n}{g[F_{tn} - (F_{\psi} + F_w)]} \mathrm{d}u_a \qquad (5-30)$$

求出的时间是车辆的最短加速时间。

2）作图法

要保证车辆具有最佳的动力性，则应该在汽车的行驶加速度 $\mathrm{d}u_a/\mathrm{d}t$ - 速度 u 曲线图上取同一节气门开度下相邻两挡加速度曲线的交点，即满足关系式

$$\frac{\mathrm{d}u_a}{\mathrm{d}t_n} = \frac{\mathrm{d}u_{an+1}}{\mathrm{d}t_{n+1}} \qquad (5-31)$$

作图法的具体实施步骤如下：

① 根据发动机 - ISG 转矩输出特性绘制不同节气门开度下，不同挡位动力总成的驱动力曲线，在此基础上，获得各挡位下的加速度特性。

②求解同一油门开度下相邻两挡加速度曲线的交点。

③将同一挡位下求得的若干个换挡点转换到 $a_g - u_a$ 坐标中，拟合各点即可得到该挡的动态三参数最佳动力性换挡规律曲线。为反映加速度 du_a/dt 对换挡规律的影响，可在 du_a/dt、u_a 和 a_g 所确定的空间坐标中表达所求得的换挡规律。

混合动力的动态三参数控制的各油门开度下的换挡车速如图 5-15 所示。图 5-16 为 $du_a/dt - a_g - u_a$ 空间坐标中的表达形式，从而反映了加速度对换挡规律的影响。图 5-17 给出了三参数求解的换挡规律与两参数换挡规律的比较结果。不难发现，三参数控制的各挡位换挡车速小于两参数控制的各挡位换挡参数，且Ⅰ挡最为显著，其他挡位较不明显，这是由于Ⅱ挡及Ⅱ挡以上所对应的旋转质量换算系数均接近于 1。

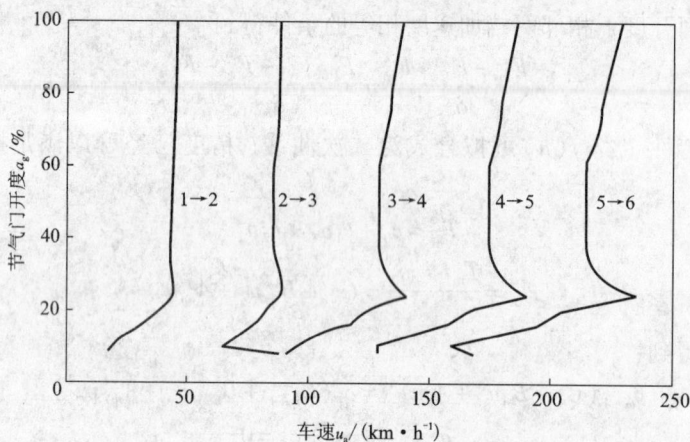

图 5-15　弱混合动力汽车三参数升挡曲线

本章小结

1. 发动机功率的初步选择：$P_e = \dfrac{1}{\eta_T}\left(\dfrac{Gf}{3600}u_{max} + \dfrac{C_D A}{76140}u_{amax}^3\right)$。

2. 汽车比功率指单位汽车总质量具有的发动机功率（kW/t）：汽车比功率 $= \dfrac{1000 P_e}{m} = \dfrac{fg}{3.6\eta_T}u_{amax} + \dfrac{C_D A}{76.14\, m\eta_T}u_{amax}^3$。

3. 主减速器传动比 i_0 的选择应考虑：最高车速、汽车的后备功率与燃油经济性、驾驶性能。

4. 确定最大传动比时应主要考虑最大爬坡度、附着条件和汽车的最低稳定车速。考虑最大爬坡度时，Ⅰ挡传动比 i_{g1} 应为：$i_{g1} \geqslant \dfrac{G(f\cos\alpha_{max} + \sin\alpha_{max})r}{T_{tqmax} i_0 \eta_T}$；并验证是否满足附着条件：$F_{tmax} = \dfrac{T_{tqmax} i_{g1} i_0 \eta_T}{r} \leqslant F_{Z\varphi}\varphi$，$i_{tmax}$ 同时应保证汽车能在极低车速下稳定行驶。这时最大传动比

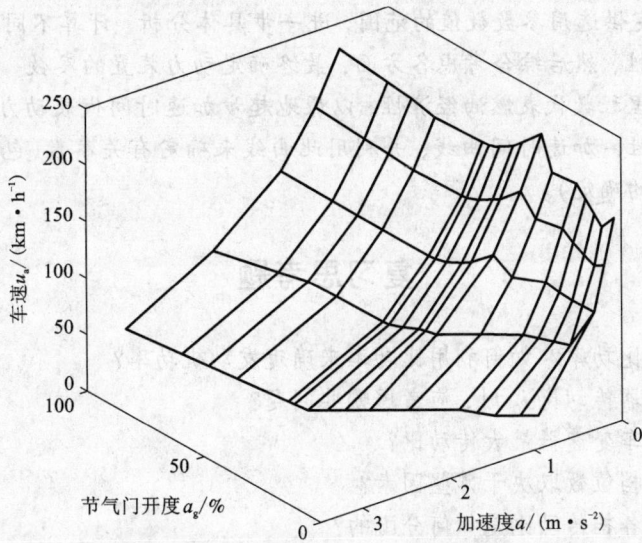

图 5 – 16 弱混合动力汽车三参数动力性换挡规律的空间表达

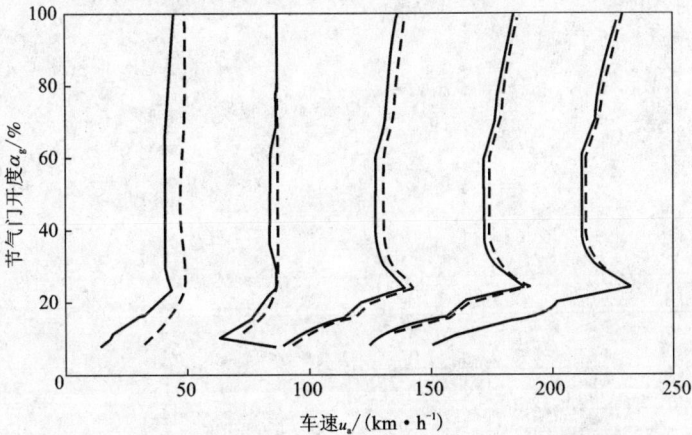

图 5 – 17 两参数、三参数动力性升挡曲线的比较

注：图中虚线所示为两参数升挡曲线，实线为三参数升挡曲线

i_{tmax} 应为：$i_{tmax} = 0.377 \dfrac{n_{min} r}{u_{amin}}$。

5. 传动系挡位数的选择：汽车的动力性、燃油经济性和汽车传动系的挡位数有着密切的关系。传动系挡位数的增加会改善汽车的动力性和燃油经济性。但挡位数增多，会使变速器结构复杂化。

6. 理论上汽车变速器各挡的传动比应该按等比级数分配。实际上各挡传动比分布关系

应为：$\dfrac{i_{g1}}{i_{g2}} \geqslant \dfrac{i_{g2}}{i_{g3}} \geqslant \cdots \geqslant \dfrac{i_{gn-1}}{i_{gn}}$。

7. 利用燃油经济性 – 加速时间曲线（C 曲线）确定动力装置参数：初步选择汽车动力装置参数之后，可拟定供选用参数数值的范围，进一步具体分析、计算不同参数匹配下汽车的燃油经济性与动力性，然后综合考虑各方面，最终确定动力装置的参数。通常以循环工况油耗或单位燃油行驶里程数代表燃油经济性，以原地起步加速时间代表动力性，做出不同参数匹配下的燃油经济性 – 加速时间曲线，并利用此曲线来确定有关参数（包括发动机、变速器与主减速器传动比的确定）。

复习思考题

1. 什么叫汽车比功率？如何利用比功率来确定发动机功率？

2. 选择主减速器传动比 i_0 时，应考虑哪些问题？

3. 如何选取汽车变速器最大传动比？

4. 汽车变速器挡位数取决于哪些因素？

5. 汽车变速器各挡传动比是如何分配的？

6. 已知某汽车总质量 $m = 1200$ kg，滚动阻力系数 $f = 0.012$，传动系机械效率为 $\eta_T = 0.85$，$C_D A = 0.70$ m^2，现要求最高车速 $u_{max} = 140$ km/h。试求发动机应有的功率数值。

7. 什么是燃油经济性 – 加速时间曲线（C 曲线）？如何使用 C 曲线确定汽车动力装置参数？

第6章 汽车的制动性

为了保证汽车行驶安全和使汽车的动力性得以发挥,汽车必须具有良好的制动性。

对于行车制动而言,汽车的制动性是指汽车行驶时,能在短距离内停车且维持行驶方向稳定性和在下长坡时能维持一定车速的能力。

汽车的制动性是汽车的主要性能之一。制动性直接关系到交通安全,重大交通事故往往与制动距离太长、紧急制动时发生侧滑等情况有关。故汽车的制动性是汽车安全行驶的重要保障。改善汽车的制动性始终是汽车设计制造和使用部门的重要任务。

6.1 汽车的制动性评价指标

汽车的制动性主要从以下三个方面来评价:

(1)制动效能

制动效能是指在良好路面上,汽车以一定初速制动到停车的制动距离或制动时汽车的减速度,它是制动性能最基本的评价指标。制动效能包括制动减速度、制动距离、制动时间及制动力等。

(2)制动效能的恒定性

制动效能的恒定性包括抗热衰退和水衰退的能力。汽车高速行驶或下长坡连续制动时制动效能保持的程度,称为抗热衰退性能。因为制动过程实际上是把汽车行驶的动能通过制动器吸收转换为热能,所以制动器温度升高后,能否保持在冷状态时的制动效能已成为设计制动器时要考虑的一个重要问题。此外,涉水行驶后,制动器还存在水衰退问题。

(3)制动时的方向稳定性

制动时的方向稳定性指制动时汽车按照驾驶员给定方向行驶的能力,即是否会发生制动跑偏、侧滑和失去转向能力等。

制动时汽车的方向稳定性,常用制动时汽车按给定路径行驶的能力来评价。若制动时发生跑偏、侧滑或失去转向能力,则汽车将偏离原来的路径。

表6-1列出了一些国家乘用车制动规范对行车制动器制动性的部分要求。

表 6 – 1　乘用车制动规范对行车制动器制动性的部分要求

项目	欧洲共同体(EEC) 71/320	中国 GB 7258—2012	美国联邦 135
试验路面	附着良好	$\varphi \geqslant 0.7$	Skid no81
载重	一个驾驶员或满载	任何载荷	轻、满载
制动初速度/$(km \cdot h^{-1})$	80	50	96.5
制动时的稳定性	不抱死跑偏	不许偏出 2.5 m 通道	不抱死偏出 3.66 m(12 ft)
制动距离或制动减速度	$\leqslant 50.7$ m, $\geqslant 5.8$ m/s^2	$\leqslant 20$ m, $\geqslant 5.9$ m/s^2	$\leqslant 65.8$ m(216 ft)
踏板力/N	<490	$\leqslant 500$	66.7 ~ 667

6.2　制动时车轮的受力

6.2.1　制动器制动力

在轮胎周缘克服制动器摩擦力矩 $T_\mu(N \cdot m)$ 所需的力,称为制动器制动力,用 $F_\mu(N)$ 表示,显然

$$F_\mu = \frac{T_\mu}{r} \tag{6-1}$$

式中:r 为车轮半径, m。

由式(6-1)可知,制动器制动力仅由制动系的设计参数所决定的,即取决于制动器形式、结构尺寸、制动器摩擦副的摩擦因数以及车轮半径等,与制动系的液压或气压成正比。

6.2.2　地面制动力

图 6 – 1 为在良好的硬路面上制动时车轮的受力情况。图中滚动阻力偶矩和减速时的惯性力、惯性力偶矩均忽略不计。F_{Xb} 为地面制动力,W 为车轮垂直载荷,T_P 为车轴对车轮的推力,F_Z 为地面对车轮的法向反作用力。从力矩平衡得

$$F_{Xb} = \frac{T_\mu}{r} = T_P \tag{6-2}$$

地面制动力是使汽车制动而减速行驶的外力,但是,地面制动力取决于两个摩擦副的摩擦力:一个是制动器摩擦副间的摩擦力;另一个是轮胎与地面间的摩擦力——附着力。

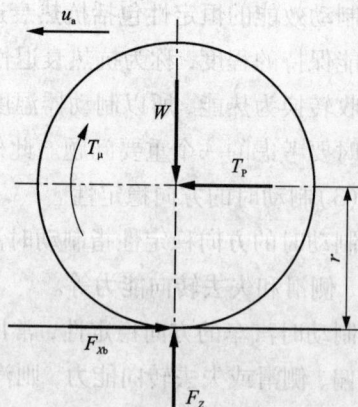

图 6 – 1　车轮在制动时的受力情况

6.2.3　制动器制动力、地面制动力及附着力之间的关系

制动时，若只考虑车轮的运动为滚动与抱死拖滑两种状况，当制动踏板力较小时，制动器制动力随制动系液压的增大而增大，此时车轮仍滚动，地面制动力 F_{Xb} 等于制动器制动力 F_μ；而当地面制动力 F_{Xb} 达到附着力 F_φ 的值时（图 6 - 2 中制动系液压力 p_a 处），车轮即抱死不转而出现拖滑现象。此后制动器制动力仍按直线关系继续上升，而若作用在车轮上的法向载荷为常数，地面制动力就不再增加了。此时若想提高地面制动力，以使汽车具有更好的制动效能，只有提高附着系数。制动器制动力、地面制动力及附着力三者的关系如图 6 - 2 所示。

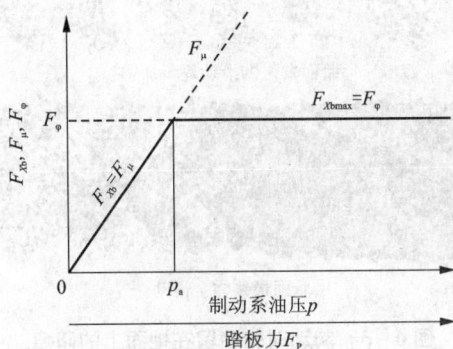

图 6 - 2　制动过程中地面制动力、制动器制动力及附着力的关系

由此可见，汽车的地面制动力首先取决于制动器制动力，但同时又受到地面附着条件的限制。所以，只有汽车具有足够的制动器制动力，同时地面又能提供高的附着力时，才能获得足够的地面制动力。

6.2.4　附着系数 φ 与滑动率 s 的关系

前面假设车轮的运动只有滚动与抱死拖滑两种状况，附着系数在此过程中是常数。但实际上，汽车在制动过程中，从车轮滚动到抱死拖滑是一个渐变的过程。这个渐变过程可通过轮胎胎面留在地面上的印痕反映出来。

汽车制动过程中逐渐增大踏板力时轮胎留在地面上的印痕基本可分三段，如图 6 - 3 所示。

第一阶段内，印痕的形状与轮胎胎面花纹基本一致，车轮接近纯滚动，即

$$u_w \approx r_{r0}\omega_w$$

式中：u_w 为车轮中心的速度，m/s；r_{r0} 为没有地面制动力时的车轮滚动半径，m；ω_w 为车轮的角速度，rad/s。

第二阶段内，轮胎花纹的印痕可以辨别出来，但花纹逐渐模糊，轮胎不只是单纯的滚动，胎面与地面间发生了一定程度的相对滑动，即车轮处于边滚边滑的状态，此时

$$u_w > r_{r0}\omega_w$$

且随着制动强度的增大，滑动成分的比例越来越大。

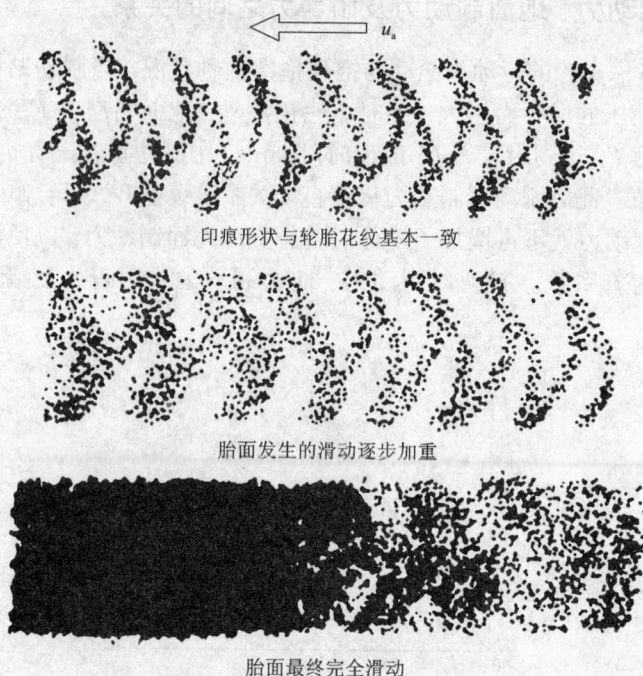

印痕形状与轮胎花纹基本一致

胎面发生的滑动逐步加重

胎面最终完全滑动

图6-3 制动时轮胎留在地面上的印痕

第三阶段形成一条粗黑的印痕，辨别不出花纹，车轮被制动器抱死，在路面上做完全的拖滑，此时

$$\omega_w = 0$$

可以看出，随着制动强度的增加，车轮滚动成分越来越少，而滑动成分越来越多。可用滑动率来说明这个过程中滑动所占的比例。滑动率的表达式是

$$s = \frac{u_w - r_{r0}\omega_w}{u_w} \times 100\% \tag{6-3}$$

纯滚动时，$u_w = r_{r0}\omega_w$，滑动率 $s = 0$；在纯拖滑时，$\omega_w = 0$，$s = 100\%$；边滚边滑时，$0 < s < 100\%$。所以，滑动率的数值说明了车轮运动中滑动成分所占的比例。滑动率越大，滑动成分越多。

令地面制动力与垂直载荷之比为制动力系数 φ_b，即 $\varphi_b = \dfrac{F_{Xb}}{F_Z}$。制动力系数随滑动率而变化，图6-4给出了试验所得的制动力系数曲线，即 $\varphi_b - s$ 曲线。曲线在 OA 段近似于直线，随 s 的增加而迅速增大；过 A 点后上升缓慢，至 B 点达到最大值。制动力系数的最大值称为峰值附着系数 φ_p，一般出现在 $s = 15\% \sim 20\%$。滑动率再增加，制动力系数有所下降，直至滑动率为 100%。$s = 100\%$ 的制动力系数称为滑动附着系数 φ_s。在干燥路面上，φ_p 与 φ_s 差别较小，而在湿路面差别较大，如表6-2所示。

图6-4中 OA 段，轮胎并没有与地面发生真正的相对滑动，滑动率大于零的原因是受地面制动力的作用，轮胎前面即将与地面接触的胎面受到拉伸而微量伸长，使得轮胎的滚动半径随地面制动力呈正比地增大，故 $u_w = r_r\omega_w > r_{r0}\omega_w$，或 $s > 0$，且 OA 段近似直线。至 A 点后，

轮胎接地面积中出现局部相对滑动，φ_b 值的增大速度减缓。因为摩擦副间的动摩擦因数小于静摩擦因数，故 φ_b 值在 B 点达到最大值后又逐渐降低。

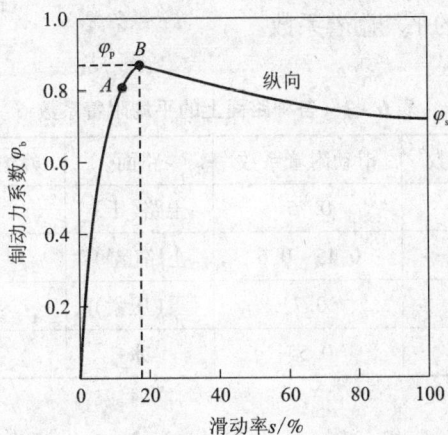

图 6-4　制动力系数 φ_b 随滑动率 s 的变化关系

图 6-4 是在轮胎没有受到侧向力的条件下测得的。实际行驶中制动时，轮胎常受到侧向力而侧偏或发生侧滑现象（侧偏现象将在第 7 章中介绍）。图 6-5 中给出了试验得到的、有侧向力作用而发生侧偏时的制动力系数 φ_b、侧向力系数 φ_l 与滑动率 s 的关系曲线。侧向力系数为侧向力与垂直载荷之比。曲线表明，滑动率越低，同一侧偏角条件下的侧向力系数越大，即轮胎保持转向、防止侧滑的能力越大。近年来发展起来的 ABS 制动时能使滑动率保持在较低值（$s = 15 \sim 20\%$），便可获得较大的制动力系数与较高的侧向力系数。这样，显著地改善汽车在制动时的制动效能与方向稳定性。

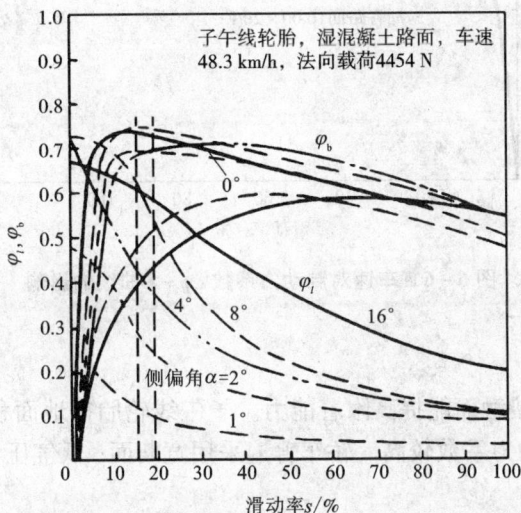

图 6-5　有侧偏时的 $\varphi_b - s$、$\varphi_l - s$ 曲线

6.2.5 影响制动力系数的因素

(1)路面

表6-2是各种路面上的平均附着系数。

表6-2 各种路面上的平均附着系数

路面	峰值附着系数	滑动附着系数	路面	峰值附着系数	滑动附着系数
沥青或混凝土	0.8~0.9	0.75	土路(干)	0.68	0.65
沥青(湿)	0.5~0.7	0.45~0.6	土路(湿)	0.55	0.4~0.5
混凝土(湿)	0.7	0.7	雪(压紧)	0.2	0.15
砾石	0.6	0.55	冰	0.1	0.07

(2)车速

图6-6是车速对货车轮胎 φ_b-s 曲线的影响。可以看出,车速越高,制动力系数通常越小。

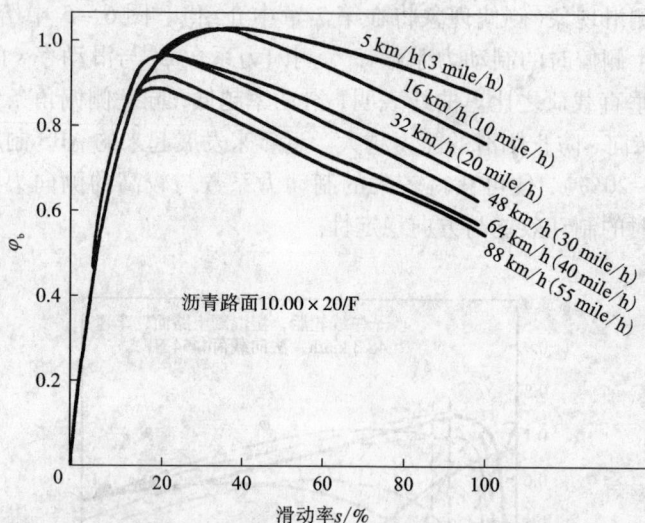

图6-6 车速对制动力系数 φ_b-s 曲线的影响

(3)轮胎结构

增大轮胎与地面的接触面能提高附着能力。子午线轮胎接地面积大、单位压力小、滑移小、胎面不易损耗,制动力系数较高。轿车普遍采用宽断面、低气压、子午线轮胎。

(4)胎面花纹

在良好、平整的沥青路面上,对于有胎面花纹的轮胎,其附着性能比无胎面花纹光整的轮胎要好很多。轮胎的磨损会影响其附着能力。随着胎面花纹深度的减小,其附着系数将显著下降。需要指出的是,胎面花纹对附着性能的影响应结合路面类型来考虑。

（5）路面的结构

为了增加潮湿时的附着能力，路面的宏观结构应具有一定的不平度而有自动排水的能力；路面的微观结构应是粗糙且有一定的尖锐菱角，以穿透水膜，让路面与胎面直接接触。

汽车行驶时可能遇到两种附着能力很小的危险情况：一是刚下雨不久，路面上只有少量雨水时，雨水与路面上的尘土、油污相混合，形成黏度高的水液，滚动的轮胎无法排挤出胎面与路面间的水液膜，由于水液膜的润滑作用，附着性能大大减低，平滑的路面有时会同冰雪路面一样滑溜；另外一种情况是高速行驶的汽车经过有积水层的路面，出现了滑水现象。轮胎在有积水层的路面上滚动时，其接触面如图 6 – 7 所示分为三个区域：水膜区（A）、过渡区（B）、直接接触区（C）。C 区是胎面与路面直接接触产生附着力的主要区域，B 区是部分穿透的水膜区，路面的突出部分与胎面接触，提供部分附着力。由于水的黏滞性和惯性，随着车速的增加，A 区水膜在接触区中向后扩展，B、C 区相对缩小；在某一车速下，在胎面下的动水压力的升力等于垂直载荷时，轮胎将完全漂浮在水膜上面而与路面毫不接触，B、C 区将不复存在。这就是滑水现象。

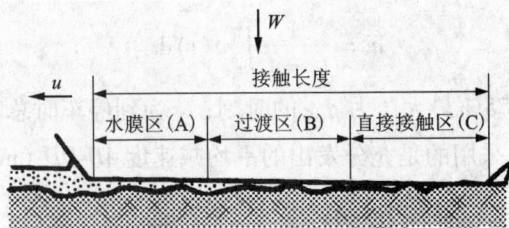

图 6 – 7　路面有积水层时轮胎接地面中的三个区域

对于光滑胎面、细花纹胎面等胎面无排水沟槽的轮胎以及一般花纹轮胎，当路面水层深度超过沟槽深度时，可根据流体力学的原理确定发生滑水现象的车速。通常按经验公式估算滑水车速

$$u_h = 6.34 \sqrt{p_i} \qquad (6-4)$$

式中：u_h 为滑水车速，km/h；p_i 为轮胎充气气压，kPa。

对于一般花纹轮胎，当路面水层深度小于胎面沟深时，滑水车速的估算更为复杂。

滑水现象减小了胎面与地面的附着能力，影响汽车的制动、转向等性能。

6.3　汽车的制动效能及其恒定性

汽车的制动效能是指汽车迅速降低车速直至停车的能力。评定制动效能的指标是制动减速度 a_b 和制动距离 s。

6.3.1　制动减速度

制动减速度是制动时车速对时间的导数，即 $a_b = \dfrac{du}{dt}$。它反映了地面制动力的大小，因此与制动器制动力(车轮滚动时)及附着力(车轮抱死拖滑时)有关。

假设 $F_w = 0$、$F_f = 0$,即不计空气阻力和滚动阻力对汽车制动减速的作用,则制动时总的地面制动力

$$F_{Xb} = \frac{G}{g} \frac{du}{dt} = \varphi_b G$$

因此汽车制动时的减速度 $a_b(\text{m/s}^{-2})$ 为

$$a_b = \frac{du}{dt} = \varphi_b g$$

若允许汽车的前、后轮同时抱死时,则

$$a_{bmax} = \varphi_s g$$

若汽车装有防抱死系统(ABS)时,则

$$a_{bmax} = \varphi_p g$$

由于瞬时制动减速度曲线的形状复杂,不好用某一点的值来代表,因此我国行业标准采用平均减速度的概念,即

$$\bar{a} = \frac{1}{t_2 - t_1} \int_{t_1}^{t_2} a(t) dt$$

式中: t_1 为制动压力达到75%最大压力 p_{max} 的时刻; t_2 为到停车时总时间的2/3的时刻。

ECE R13 和 GB 7258 采用的是充分发出的平均减速度 $MFDD$ (m/s^{-2})

$$MFDD = \frac{u_b^2 - u_e^2}{25.92(s_e - s_b)}$$

式中: u_b 为 $0.8u_0$ 的车速, km/h, u_0 为起始制动车速, km/h; u_e 为 $0.1u_0$ 的车速, km/h; s_b 为 u_0 到 u_b 车辆经过的距离, m; s_e 为 u_0 到 u_e 车辆经过的距离, m。

6.3.2 制动过程分析

图 6-8 是驾驶员在接受了紧急制动信号后,制动踏板力、汽车制动减速度与制动时间的关系曲线。其中图 6-8(a) 是实际测得的,图 6-8(b) 是经过简化的。

可将一次制动过程分成如下四个阶段:

①驾驶员反应时间 τ_1(图 6-8 中 ab 段),指从驾驶员识别障碍,到把踏板力 F_p 加到制动踏板上所经历的时间。其中包括驾驶员发现、识别障碍并作出决定的时间 τ_1' 和把右脚从加速踏板换到制动踏板上的时间 τ_1''。这段时间一般为 $0.3 \sim 1.0$ s。

②制动器作用时间 τ_2(图 6-8 中 be 段),指从施加制动踏板力到产生制动力,从而产生最大制动减速度的时间。其中包括消除间隙时间 τ_2' 和制动减速度增长时间 τ_2''。制动器作用时间一方面取决于驾驶员踩踏板的速度,另外更重要的是受制动系结构形式的影响。τ_2 一般在 $0.2 \sim 0.9$ s 之间。

③持续制动时间 τ_3(图 6-8 中 ef 段),该时间段内制动减速度基本不变。

④放松制动器时间 τ_4(图 6-8 中 fg 段),驾驶员松开制动踏板后,制动力的消除还需要一段时间,τ_4 一般为 $0.2 \sim 1.0$ s。τ_4 过长会延后随后起步行驶的时间。另外,如果因车轮抱死而使汽车失去控制,驾驶员采取措施放松制动踏板时,又会使制动力不能立即释放。

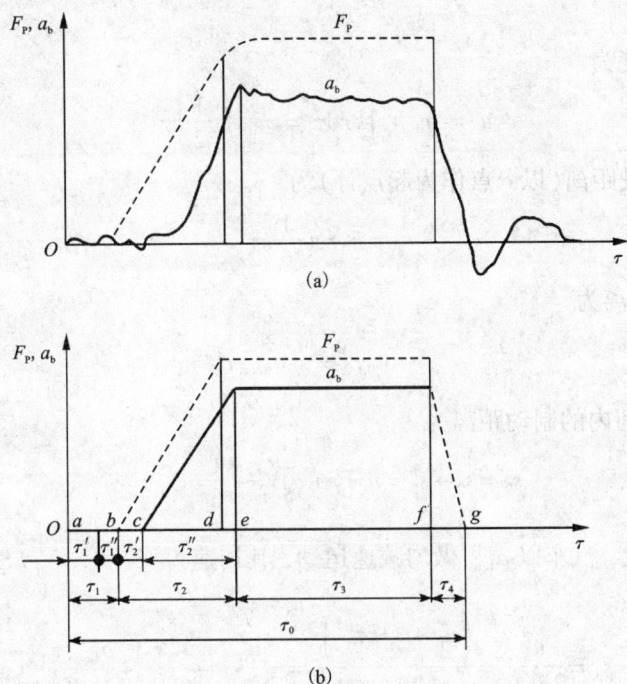

图 6-8　汽车的制动过程

6.3.3　制动距离

制动距离与汽车的行驶安全有直接的关系，它指的是汽车速度为 u_{a0} 时，从驾驶员开始操纵制动控制装置（制动踏板）到汽车完全停住为止所行驶过的距离。在测试制动距离时，应对踏板力或制动系压力、路面附着系数以及车辆的状态做统一规定。制动距离与制动器的热状况也有密切关系，一般制动距离是在冷试验的条件下测得的。此时，起始制动制动器温度应在 100℃ 以下。

由于各种汽车的动力性不同，对制动效能也提出了不同要求：一般轿车、轻型货车行驶车速高，所以要求制动效能也高；重型货车行驶车速低，要求稍低一些。

根据对制动过程的分析，一般所指制动距离包括制动器作用和持续制动两个阶段中汽车驶过的距离 $s_2 + s_3$。

在制动器作用阶段，分别估算消除间隙阶段 τ_2' 和制动减速度增长阶段 τ_2'' 汽车驶过的距离 s_2' 和 s_2''。

在 τ_2' 时间内

$$s_2' = u_0 \tau_2'$$

式中：u_0 为起始制动车速，m/s。

在 τ_2'' 时间内，制动减速度线性增长，在图 6-8 中 c 点（$\tau=0$）后的任意时刻的减速度为

$$a_b = -\frac{a_{bmax}}{\tau_2''}\tau = k\tau$$

式中：$k = -\dfrac{a_{\text{bmax}}}{\tau_2''}$。

任意时刻的速度为

$$u = u_0 + \int k\tau \mathrm{d}\tau = u_0 + \frac{1}{2}k\tau^2$$

任意时刻的行驶距离（以 c 点作为起点计）为

$$s = u_0\tau + \frac{1}{6}k\tau^3$$

故 $\tau = \tau_2''$ 时的距离为

$$s_2'' = u_0\tau_2'' - \frac{1}{6}a_{\text{bmax}}\tau_2''^2$$

因此，在 τ_2 时间内的制动距离为

$$s_2 = s_2' + s_2'' = u_0\tau_2' + u_0\tau_2'' - \frac{1}{6}a_{\text{bmax}}\tau_2''^2$$

在持续制动阶段，汽车以 a_{bmax} 做匀减速运动，其初速为 $u_e = u_0 + \dfrac{1}{2}k\tau_2''^2$，末速为零，故

$$s_3 = \frac{u_e^2}{2a_{\text{bmax}}} = \frac{\left(u_0 + \dfrac{1}{2}k\tau_2''^2\right)^2}{2a_{\text{bmax}}} = \frac{u_0^2}{2a_{\text{bmax}}} - \frac{u_0\tau_2''}{2} + \frac{a_{\text{bmax}}\tau_2''^2}{8}$$

因为 τ_2'' 很小，略去 $\tau_2''^2$ 项，且车速单位以 km/h 计，则制动距离 $s = s_2 + s_3$ 可由下式计算得到

$$s = \frac{1}{3.6}\left(\tau_2' + \frac{\tau_2''}{2}\right)u_{a0} + \frac{u_{a0}^2}{25.92a_{\text{bmax}}} \tag{6-5}$$

式中：s 为制动距离，m；u_{a0} 为起始制动车速，km/h。

从式（6-5）可以看出，决定制动距离 s 的主要因素包括：制动器作用时间、最大制动减速度即附着力以及起始制动车速。特别是起始制动车速与制动距离是平方关系，影响尤甚。显然，制动器作用时间越短、最大制动减速度即附着力越大，起始制动车速越低，制动距离越短。

下面对制动器作用时间加以分析。制动器作用时间与制动系的结构形式有密切的关系。

紧急制动时，液压制动系的制动器作用时间可短至 0.1 s 或更短；真空助力制动系和气压制动系为 0.3~0.9 s；货车有挂车时，汽车列车的制动器作用时间有时长达 2 s，但精心设计的汽车列车制动系可缩短至 0.4 s。

国外相关机构通过对 48 辆装有真空助力器的各种轿车在干燥、良好的路面上进行制动试验的结果，拟合得到的公式为

$$s = 0.0034u_{a0} + 0.00451u_{a0}^2 \tag{6-6}$$

式（6-6）代表了 20 世纪 90 年代轿车制动效能的水平。

6.3.4 制动效能的恒定性

前述制动效能指标，是在冷制动下，即制动器起始温度在 100℃ 以下讨论的。汽车下长坡制动以及汽车高速制动的情况下，制动器的工作温度常在 300℃ 以上，有时竟高达

$600 \sim 700\,℃$。制动器温度上升后，制动器的摩擦力矩显著下降，汽车的制动效能会显著降低，这种现象称为制动效能的热衰退。热衰退是目前制动器不可避免的现象，只是程度上有所差别。制动效能的恒定性主要指的是抗热衰退性能。

抗热衰退性能一般用一系列连续制动后制动效能的保持程度来衡量。根据国家行业标准 ZBT 24007—1989，要求以一定车速连续制动 15 次，每次的制动强度为 $3\ \mathrm{m\cdot s^{-2}}$，最后的制动效能应不低于规定的冷试验制动效能（$5.9\ \mathrm{m\cdot s^{-2}}$）的 60%（相同制动踏板力条件下）。

山区行驶的货车和高速行驶的轿车，对抗热衰退性能有更高的要求。一些国家规定，大型货车必须装备辅助制动器，以保持山区行驶的制动效能。

抗热衰退性能与制动器摩擦副材料以及制动器结构有关。

一般制动器是以铸铁做制动鼓、制动盘，石棉、半金属和无石棉等几种摩擦材料做摩擦片组成的。由于石棉对人体健康有害，现已不允许使用含石棉摩擦片。在正常制动时，摩擦副的摩擦系数为 $0.3 \sim 0.4$。但在更高的温度时，有些摩擦片的摩擦因数会大幅下降而出现热衰退现象。

制动器的结构形式对抗热衰退性能有较大的影响。常用制动器效能因数与摩擦因数的关系曲线来说明各种类型制动器的效能及其稳定程度。制动器效能因数 K_{ef} 是单位制动轮缸推力 F_{Pu} 所产生的制动器摩擦力 F，即

$$K_{\mathrm{ef}} = \frac{F}{F_{\mathrm{Pu}}} = \frac{T_{\mu}}{F_{\mathrm{Pu}}r}，r\text{ 为制动鼓半径。图 }6-9\text{ 是}$$

具有典型尺寸的各种形式制动器制动效能因数与摩擦因数的关系曲线。

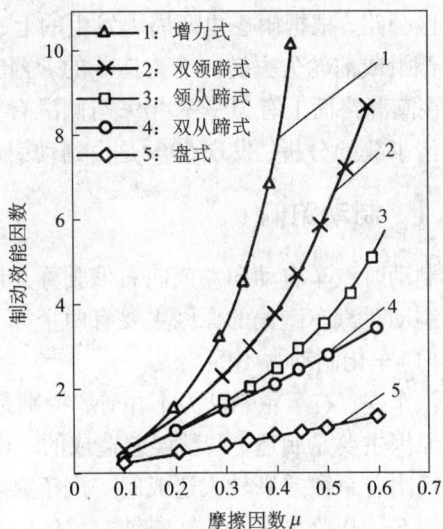

图 6 - 9　制动效能因数曲线

由图 6 - 9 可知，双向自动增力蹄及双领蹄制动器，由于结构上的几何力学关系产生增力作用，具有较大的制动效能因数。摩擦因数变大时，制动效能按非线性关系迅速增加。故摩擦因数的微小变化，便能引起制动效能的大幅度改变，即制动器的稳定性差。双从蹄式制动器因为有减力作用，制动效能因数低，但制动效能因数随摩擦因数变化而改变的量很小，即稳定性较好。领从蹄式制动器介于两者之间。特别要指出的是盘式制动器，其制动效能没有鼓式的大，但其稳定性最好。高强度制动时摩擦因数虽因热衰退而有所下降，但对制动效能的影响却不大。制动盘容易散热、热膨胀后摩擦片与制动盘压得更紧、涉水后恢复性能好是盘式制动器能够保持较恒定的制动效能的原因。因此，轿车制动系统的配置通常是前通风盘、后实心盘式。目前各种吨位的货车，包括重型货车、牵引车采用盘式制动器的也日益增多。总之，盘式制动器越来越广泛地用于高速轿车、重型矿用车。

汽车涉水后，由于制动器被水浸湿，制动效能也会降低，这种现象称为制动效能的水衰退。为缓解这种现象，汽车涉水后，应踩几脚制动踏板，通过制动副之间因摩擦而产生的热量，使制动器迅速干燥，使制动效能恢复正常。

6.4 制动时汽车的方向稳定性

制动过程中有时会出现制动跑偏、后轴侧滑或前轮失去转向能力而使汽车失去控制而离开规定行驶方向，甚至发生撞入对向车辆行驶轨道、下沟、滑下山坡的危险情况。汽车在制动过程中维持直线行驶或按预定弯道行驶的能力，称为制动时汽车的方向稳定性。

汽车试验中常规定一定宽度的试验通道（如 1.5 倍车宽或 3.7 m），制动时方向稳定性合格的车辆，在试验过程中不允许产生不可控制的效应使它离开该通道。

制动跑偏、侧滑与前轮失去转向能力是造成交通事故的重要原因。例如，我国某市市郊一山区公路，根据雨季里两周内发生的七起交通事故分析，发现其中六起是由于制动时后轴发生侧滑或前轮失去转向能力造成的。西方一些国家的统计表明，发生人身伤亡的交通事故中，在潮湿路面上有 30% ~ 40% 与侧滑有关；在冰雪路面上有 70% ~ 80% 与侧滑有关。根据对侧滑事故的分析，发现 50% 是由制动引起的。

6.4.1 制动跑偏

制动时汽车自动向左或向右偏驶称为制动跑偏。

制动时汽车跑偏的原因主要有两个如下所述。

（1）车化制动力不等

汽车左、右车轮制动力不相等，特别是前轴左、右车轮（转向轮）制动器制动力不相等。这一原因主要是制造、调整误差造成的，经过维修调整是可以消除的。也有可能是左、右车轮地面附着系数差别较大造成的。汽车究竟向左或向右跑偏，要根据具体情况而定。

图 6 - 10 给出了由于转向轴左、右车轮制动力不相等而引起的跑偏的受力分析。为了简化，假定车速较低，跑偏不严重，且跑偏过程中转向盘不动，在制动过程中也没有发生侧滑，并忽略汽车做圆周运动时产生的离心力及车身绕质心的惯性力偶矩。

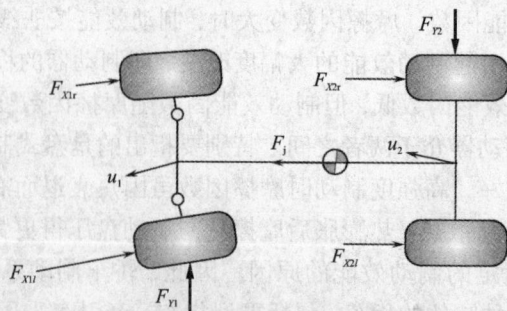

图 6 - 10 制动跑偏时的受力图

设前左轮的制动器制动力大于前右轮，故地面制动力 $F_{X1l} > F_{X1r}$。此时，前、后轴分别受到的地面侧向反作用力为 F_{Y1} 和 F_{Y2}。显然，F_{X1l} 绕主销的力矩大于 F_{X1r} 绕主销的力矩。虽然转向盘不动，但由于转向系各处的间隙及零部件的弹性变形，转向轮仍产生一向左转动的角度而使汽车有轻微的转弯行驶，即跑偏。同时，由于主销后倾，也使 F_n 对转向轮产生向左的偏转力矩，也增大了向左跑偏的角度。

通过在轿车上做的专门试验来观察左、右车轮制动力不相等的程度对制动跑偏的影响。试验车的前轴左、右车轮制动泵装有可以调节液压的限压阀，以产生不同的制动器制动力。后轴上也装有可改变前、后轴制动力之比的可调限压阀，使汽车在制动时产生后轴车轮抱死与不抱死两种工况。转向盘可以锁住。左、右车轮制动力之差用不相等度表示，即

$$\Delta F_{\mu r} = \frac{F_{\mu b} - F_{\mu l}}{F_{\mu b}}$$

式中：$\Delta F_{\mu r}$ 为（前轴或后轴）左、右车轮制动力之差；$F_{\mu b}$ 为（前轴或后轴）大的制动器制动力；$F_{\mu l}$ 为（前轴或后轴）小的制动器制动力。

我国 GB 7258—2012 规定，前轴的不相等度不应大于 20%，后轴的不应大于 24%。

试验结果用车身横向位移和汽车的纵轴线转角来表示。纵轴线转角为制动时汽车纵轴线与原定行驶方向的夹角。试验结果如图 6 – 11 和图 6 – 12 所示。由图可见，制动跑偏随着 $\Delta F_{\mu r}$ 的增加而增大；后轮抱死时跑偏程度加大。

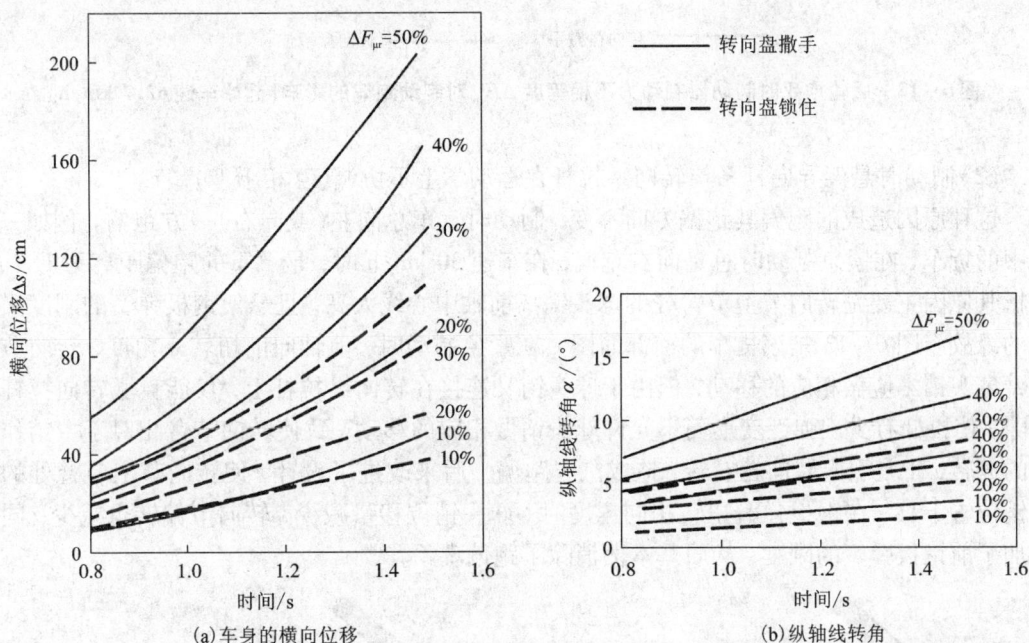

(a) 车身的横向位移　　　　　　　　　(b) 纵轴线转角

图 6 – 11　后轮未抱死时制动器制动力不相等度 $\Delta F_{\mu r}$ 对制动跑偏的影响（起始车速 62.7 km/h）

造成汽车左、右车轮制动力不等的原因主要有：

①同轴两侧车轮的制动摩擦片接触情况不同。

②同轴两侧车轮制动副间隙不一致。

③同轴两侧车轮的胎压不一致或胎面磨损不均。

④前轮定位参数失准。

⑤左、右轴距不等。

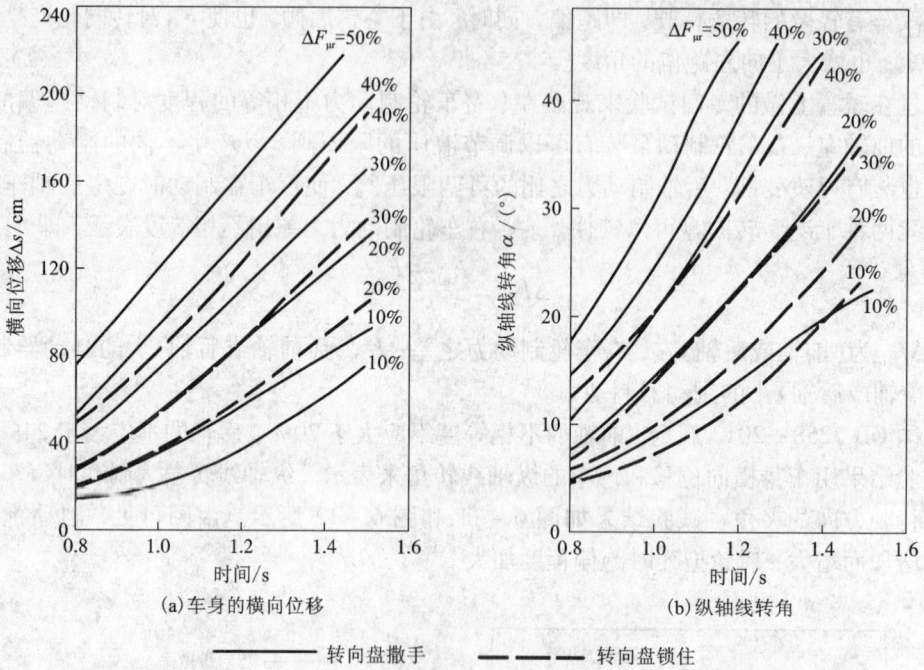

(a) 车身的横向位移

(b) 纵轴线转角

——————— 转向盘撒手　　－－－－－－ 转向盘锁住

图 6 – 12　后轮抱死时制动器制动力不相等度 $\Delta F_{\mu r}$ 对制动跑偏的影响（起始车速 62.7 km/h）

（2）制动时悬架导向杆系与转向系拉杆在运动学上不协调（互相干涉）

这种原因造成的跑偏其跑偏方向不变，制动时汽车总向左（或向右）一方跑偏。例如一试制中的货车，在紧急制动时总是向右跑偏，在车速 30 km/h 时，最严重的跑偏距离为 1.7 m。分析其原因主要是转向节上节臂处的球头销离前轴中心线太高，且悬架钢板弹簧的刚度又太小的缘故。图 6 – 13 是该货车的前部简图。在紧急制动时，前轴向前扭转一角度，转向节上节臂球头销本应做相应的移动，但由于球头销又连接在转向纵拉杆上，仅能克服转向拉杆的间隙，使拉杆有少许弹性变形而不允许球头销做相应的移动，致使转向节臂相对于主销作向右的偏转，于是引起转向轮右转，造成汽车跑偏。后来改进了设计，使转向节上节臂处的球头销位置下移，在钢板弹簧扭转相同角度时，球头销位移量减少，转向节偏转也减少；同时增加了前钢板弹簧的刚度，从而基本上消除了跑偏现象。

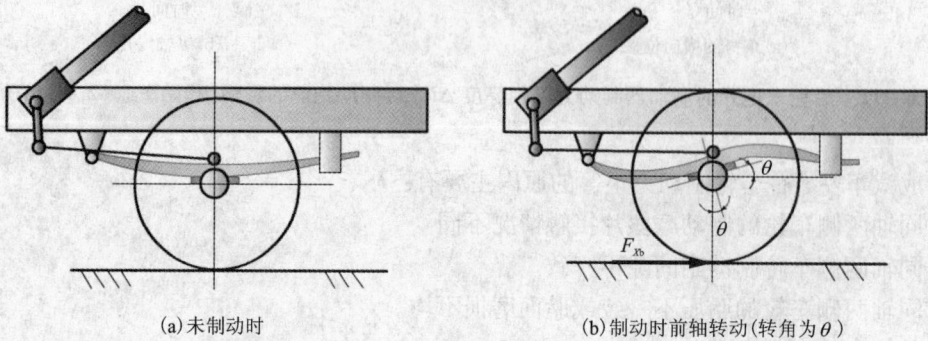

(a) 未制动时　　　　　　　　　　　(b) 制动时前轴转动（转角为 θ）

图 6 – 13　悬架导向杆系与转向系拉杆在运动学上不协调引起的制动跑偏

6.4.2　制动侧滑

制动侧滑是指汽车制动时汽车的某一轴或两轴发生横向移动的现象。最危险的情况是在高速制动时后轴发生侧滑，这时汽车常发生不规则的急剧回转运动，严重时可使汽车调头从而失去控制。

跑偏与侧滑是有联系的，严重的跑偏有时会引起后轴侧滑；易于发生侧滑的汽车也有加剧跑偏的趋势。图 6 - 14 为单纯制动跑偏和由制动跑偏引起后轴侧滑时轮胎留在地面上的印迹示意图。

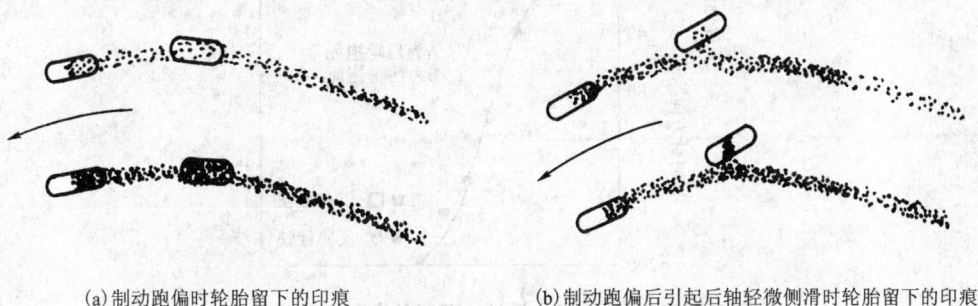

(a)制动跑偏时轮胎留下的印痕　　　　　(b)制动跑偏后引起后轴轻微侧滑时轮胎留下的印痕

图 6 - 14　制动跑偏和侧滑

由试验与理论分析得知，制动时若后轴车轮比前轴车轮先抱死拖滑，就可能发生后轴侧滑。若前、后轴车轮同时抱死或前轴车轮先抱死，后轴车轮再抱死或不抱死，则能防止后轴侧滑。当然前轴车轮抱死后将失去转向能力。

下面先通过试验结果来说明上述结论。

试验是在一条一侧有 2.5% 的横向坡(设定正向行驶时左侧为坡下)的平直混凝土路面上进行的。在地面上洒水降低地面附着系数使汽车容易发生侧滑。试验用的轿车有调节各个车轮制动器液压的装置，以控制每根车轴的制动力，达到改变前、后车轮抱死拖滑次序的目的。调节装置甚至可使车轮制动器液压为零，即该车轮根本不制动。试验结果如下所述。

(1)前轮无制动力而后轮有足够制动力

试验结果如图 6 - 15 曲线 A 所示。曲线 A 说明，随着车速的提高，侧滑程度更加剧烈。车速在 48 km/h 时，汽车纵轴线转角可达 180°。

(2)后轮无制动力而前轮有足够制动力

试验结果如图 6 - 15 曲线 B 所示。曲线 B 说明，即使车速达到 65 km/h，汽车的纵轴线转角也不大，最大值只有 10°，即汽车基本上维持直线行驶。不过应指出的是，前轴车轮抱死后，汽车将失去转向能力，若遇到障碍，只有放松制动踏板，才能绕开行驶。

(3)前、后车轮都有足够制动力，但抱死拖滑的次序和时间间隔不同

试验时利用制动器液压调节装置，使前、后车轮在制动到抱死拖滑时有不同的先后次序和时间间隔。以 64.4 km/h 起始车速制动，若前轮比后轮先抱死拖滑，或后轮比前轮先抱死拖滑且时间间隔在 0.5 s 以内，则汽车基本按直线行驶；若后轮比前轮先抱死拖滑超过 0.5 s，则后轴将发生严重的侧滑。

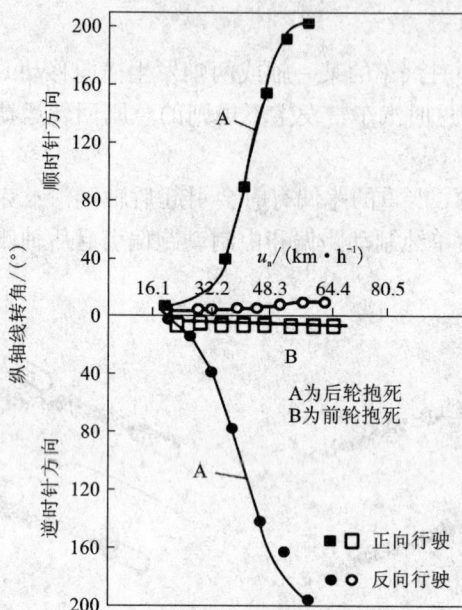

图 6-15 前轮抱死或后轮抱死时的汽车纵轴线转角

试验时还发现，前轴或后轴的两个车轮也不是同时抱死的。如果只有一个后轮抱死，也不会发生侧滑，侧滑程度取决于先抱死的后轮与晚抱死的前轮的时间间隔。

（4）起始车速和附着系数的影响

试验时还做了起始车速为 48.2 km/h 及 72.3 km/h 的制动。试验表明，起始车速为 48.2 km/h 时，即使后轮比前轮先抱死拖滑在 0.5 s 以上，汽车纵轴线转角也只有 25°；起始车速为 72.3 km/h 时，侧滑的情况与 64.4 km/h 时一样。这说明只有在起始车速超过一定值时，后轴侧滑才成为一种危险的侧滑。

在干燥路面上做同样的试验。试验时前轮无制动力，后轮可制动到抱死拖滑。干燥路面的制动距离是湿路面的 70%，就是说在湿路面上制动时的制动时间要长些。在干燥路面上，汽车纵轴线转角比湿路面上要小。每次试验还记录后轮开始拖滑的时间，在同样的时间内，干、湿路面的汽车纵轴线转角相差不多。因此，在低附着系数路面上制动，侧滑程度的增加主要是由于制动时间的增加。

以上试验结果可以总结为：

①制动过程中，若只有前轮抱死或前轮先抱死拖滑，汽车基本沿直线向前行驶（减速停车）；汽车处于稳定状态，但丧失转向能力。

②若后轮比前轮提前一定时间（如试验中的汽车为 0.5 s 以上）先抱死拖滑，且车速超过某一数值（如试验中的汽车车速超过 48 km/h）时，汽车在轻微侧向力作用下就会发生侧滑。路面越滑、制动距离和制动时间越长，后轴侧滑越剧烈。

下面从受力情况来分析前轮抱死拖滑和后轮抱死拖滑。

当车轮抱死拖滑时，该车轮侧向力系数接近零，即该轮抵抗侧向干扰的能力为零。这时，即使车轮受到任何一点侧向力，都会引起沿侧向力方向的滑动。

图 6-16(a) 为前轮抱死而后轮滚动。设转向盘不动，汽车受到偶然并短暂的侧向外力作用，前轴将发生侧向滑动，前轴中心点 A 的速度 u_A 与汽车纵轴的夹角为 α，后轴未发生侧向滑动，后轴中心点的速度 u_B 与汽车纵轴方向一致。此时汽车发生类似转弯的行驶运动，其瞬时转动中心为速度 u_A、u_B 垂线的交点 O，产生了作用于质心 C 的惯性力 F_j。显然，惯性力 F_j 的方向与前轴侧滑的方向相反，即 F_j 能起减少或阻止前轴侧滑的作用，因此汽车处于一种稳定状态。

图 6-16(b) 为后轮抱死而前轮滚动。如有侧向外力作用，后轴将发生侧向滑动，u_B 与汽车纵轴夹角为 α，u_A 的方向与汽车纵轴方向一致。此时汽车也发生类似转弯的行驶运动，作用于质心 C 的惯性力 F_j 却与后轴侧滑方向一致。于是惯性力 F_j 加剧后轴侧滑；后轴侧滑又加剧惯性力 F_j，汽车将急剧转动。因此后轴侧滑是一种不稳定、危险的工况。

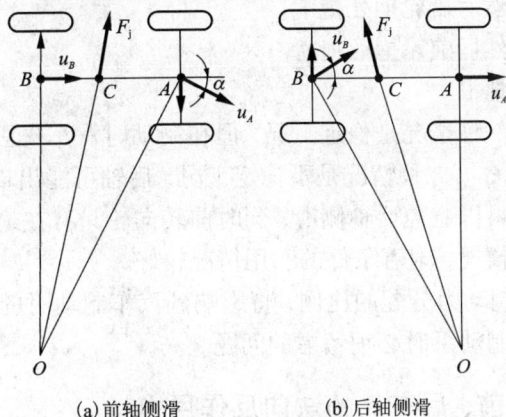

(a)前轴侧滑　　　　　(b)后轴侧滑

图 6-16　汽车侧滑时的运动状况

上面是直线行驶条件下的制动试验，在弯道行驶时进行的制动试验也会得到类似的结果，即只有后轮抱死或后轮提前抱死，在一定车速条件下，后轴才将发生侧滑。

6.4.3　前轮失去转向能力

前轮失去转向能力，是指弯道制动时汽车不再按原来的弯道行驶而是沿弯道切线方向驶出；直线行驶制动时，转动方向盘汽车仍按直线方向行驶的现象。失去转向能力和后轴侧滑也是有联系的，一般如果汽车后轴不会侧滑，前轮就可能失去转向能力；后轴侧滑，前轮常仍有转向能力。

在前面对制动侧滑的分析中，分析过直线行驶条件下前轮抱死而后轮滚动的情形，汽车将处于一种稳定状态，但前轮失去转向能力。而在弯道行驶条件下，前轮抱死或前轮先抱死时，因侧向力系数接近零，不能产生任何地面侧向反作用力，汽车无法按原弯道方向行驶而沿与弯道相切的切线方向驶出，即失去了转向能力。

因此，从保证汽车方向稳定性的角度出发，首先不能出现只有后轴车轮抱死或后轴车轮比前轴车轮先抱死的情况，以防止危险的后轴侧滑。其次，尽量少出现只有前轴车轮抱死或前、后车轮都抱死的情况,以维持汽车的转向能力。最理想的情况就是防止任何车轮抱死,前、后车轮都处于滚动状态,这样就可以确保制动时的方向稳定性。目前汽车上普遍采用的ABS就基本解决了制动时车轮的抱死问题(6.6节将详细阐述)。

以上讨论了评价汽车的制动性三项指标,即制动效能、制动效能的恒定性以及制动时的方向稳定性,并分析了各种影响因素。下面讨论与制动效能和方向稳定性密切相关的制动器制动力在前、后轴间的分配和调节问题。

6.5   前、后制动器制动力的比例关系

对于一般汽车而言,根据其前、后制动器制动力的分配情况、载荷情况及道路附着系数和坡度等因素,当制动器制动力足够时,制动过程中可能出现以下三种情况:

①前轮先抱死拖滑,然后后轮抱死拖滑。

②后轮先抱死拖滑,然后前轮抱死拖滑。

③前、后轮同时抱死拖滑。

由上节分析可知,第一种情况是稳定工况,但在制动时汽车失去转向能力,附着条件没有充分利用(分析详见后);第二种情况是不稳定工况,后轴可能出现侧滑,附着条件同样没有充分利用;第三种情况可以避免后轴侧滑,同时前转向轮只有在最大制动强度下才使汽车失去转向能力,较前两种情况,附着条件的利用情况较好。

所以,前、后制动器制动力分配的比例,将影响到汽车制动时的方向稳定性和附着条件的利用程度,是设计汽车制动系时必须考虑的问题。

6.5.1   制动时地面对前、后车轮的法向反作用力

在分析前、后制动器制动力分配比例之前,必须先了解制动时地面作用于前、后车轮的法向反作用力。

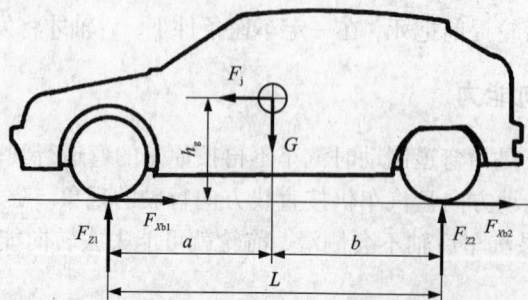

图 6 - 17   制动时汽车受力图

图 6 - 17 是汽车在水平路面制动时的受力情况分析。图中忽略了汽车的滚动阻力偶矩、空气阻力以及旋转质量减速时产生的惯性力偶矩。此外,下面的分析中还忽略制动时车轮边滚边滑的过程,附着系数只取一个定值 φ。

对图 6 – 17 中后轮接地点取力矩，得

$$F_{Z1}L = Gb + F_j h_g = Gb + m\frac{\mathrm{d}u}{\mathrm{d}t}h_g$$

式中：F_{Z1} 为地面对前轮的法向反作用力，N；L 为汽车轴距，m；G 为汽车重力，N；b 为汽车质心至后轴中心线的距离，m；F_j 为汽车的惯性力，N；h_g 为汽车质心高度，m；m 为汽车质量，kg；$\frac{\mathrm{d}u}{\mathrm{d}t}$ 为汽车减速度，$\mathrm{m/s^2}$。

对图 6 – 17 中前轮接地点取力矩，得

$$F_{Z2}L = Ga - m\frac{\mathrm{d}u}{\mathrm{d}t}h_g$$

式中：F_{Z2} 为地面对后轮的法向反作用力，N；a 为汽车质心至前轴中心线的距离，m。

令 $\mathrm{d}u/\mathrm{d}t = zg$，$z$ 称为制动强度，则可求得地面法向反作用力为

$$\begin{cases} F_{Z1} = \dfrac{G}{L}(b + zh_g) \\ F_{Z2} = \dfrac{G}{L}(a - zh_g) \end{cases} \tag{6-7}$$

若在不同附着系数路面上制动，前、后轮都抱死（不论是同时抱死或分别先后抱死），此时，$F_{Xb} = F_\varphi = G\varphi$ 或 $\mathrm{d}u/\mathrm{d}t = \varphi g$。则地面作用于前、后轮的法向反作用力为

$$\begin{cases} F_{Z1} = \dfrac{G}{L}(b + \varphi h_g) \\ F_{Z2} = \dfrac{G}{L}(a - \varphi h_g) \end{cases} \tag{6-8}$$

式(6 – 7)和式(6 – 8)均为直线方程，图 6 – 18 为 BJ 1041（实线）和 BJ 2021（虚线）汽车前、后轮法向反作用力随制动减速度以及四轮均抱死前后、后轮的法向反作用力随地面附着系数变化的情况。由图 6 – 18 可知，当制动强度或附着系数改变时，前、后车轮的法向反作用力变化是很大的。

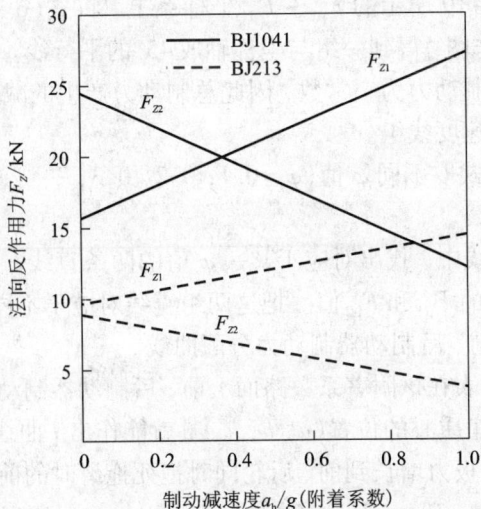

图 6 – 18　制动时地面对前、后轮法向反作用力的变化

6.5.2 理想的前、后轮制动器制动力分配曲线

前已指出,制动时前、后车轮同时抱死,对附着条件的利用、制动时汽车的方向稳定性均较为有利。此时的前、后制动器制动力 $F_{\mu 1}$ 和 $F_{\mu 2}$ 的关系曲线,常称为理想的前、后轮制动器制动力分配曲线。

在任意附着系数 φ 的路面上,前、后车轮同时抱死的条件是:前、后车轮制动器制动力之和等于附着力,并且前、后车轮制动器制动力分别等于各自的附着力。即

$$\left.\begin{array}{l} F_{\mu 1} + F_{\mu 2} = \varphi G \\ F_{\mu 1} = \varphi F_{Z1} \\ F_{\mu 2} = \varphi F_{Z2} \end{array}\right\}$$

或

$$\left.\begin{array}{l} F_{\mu 1} + F_{\mu 2} = \varphi G \\ \dfrac{F_{\mu 1}}{F_{\mu 2}} = \dfrac{F_{Z1}}{F_{Z2}} \end{array}\right\}$$

将式(6-8)代入上式,得

$$\left.\begin{array}{l} F_{\mu 1} + F_{\mu 2} = \varphi G \\ \dfrac{F_{\mu 1}}{F_{\mu 2}} = \dfrac{b + \varphi h_{\mathrm{g}}}{a - \varphi h_{\mathrm{g}}} \end{array}\right\} \tag{6-9}$$

式(6-9)中消去参变量 φ,即得

$$F_{\mu 2} = \dfrac{1}{2}\left[\dfrac{G}{h_{\mathrm{g}}}\sqrt{b^2 + \dfrac{4h_{\mathrm{g}}L}{G}F_{\mu 1}} - \left(\dfrac{Gb}{h_{\mathrm{g}}} + 2F_{\mu 1}\right)\right] \tag{6-10}$$

由式(6-10)画成的曲线,即为前、后车轮同时抱死时前、后制动器制动力的关系曲线——理想的前、后制动器制动力分配曲线,简称 I 曲线。

I 曲线可用作图法直接获得。方法如下:

①在已建立的如图6-19所示的 $F_{\mu 2}$ - $F_{\mu 1}$ 坐标系上,将式(6-9)中第一式取不同 φ 值($\varphi = 0.1, 0.2, 0.3, \cdots$)作图,得到一组与坐标轴成45°的平行线。每根直线上任意一点的纵坐标与横坐标之和——总制动力为一常数,因此总制动力产生的减速度也是常数。故此线组称为等制动力线组或等减速度线组。

②将式(6-9)中第二式取不同 φ 值($\varphi = 0.1, 0.2, 0.3, \cdots,$)代入作图,得到一组通过坐标原点但斜率不同的射线。

③分别在上述两组直线中,找出对应于某一 φ 值的两条直线。这两条直线的交点,便是同时满足式(6-9)中两式的 $F_{\mu 1}$ 和 $F_{\mu 2}$ 值。把这两组直线对应于不同 φ 值的交点 A, B, C, $\cdots$ 连接起来,便得到理想的前、后制动器制动力分配曲线。

I 曲线上任意一点,代表在该附着系数路面上前、后制动器制动力应有的数据。因此,只要给定汽车总质量以及汽车质心的位置(a、b、h_{g}),就能作出 I 曲线。

可以看出,I 曲线是踏板力增长到前、后轮同时抱死拖滑时的前、后制动器制动力分配曲线。前、后车轮同时抱死时,$F_{\mu 1} = F_{Xb1} = F_{\varphi 1}$,$F_{\mu 2} = F_{Xb2} = F_{\varphi 2}$,所以 I 曲线也是车轮同时抱死时的 $F_{\varphi 1}$ 和 $F_{\varphi 2}$ 的关系曲线。

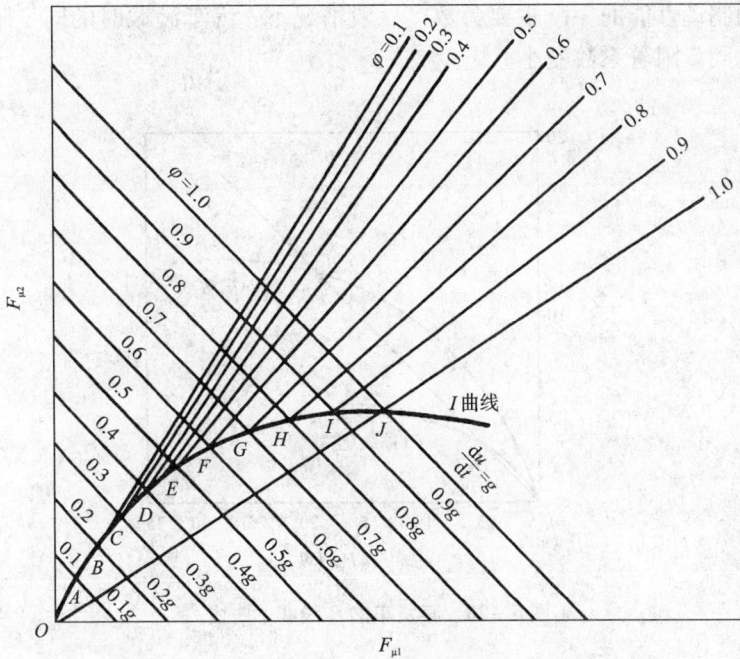

图 6 - 19　理想的前、后制动器制动力分配曲线

应当指出，汽车前、后制动器制动力常不能按 I 曲线的要求来分配。制动过程中常是一根车轴的车轮先抱死，随着踏板力的进一步增加，接着另一根车轴的车轮抱死。显然，I 曲线还是前、后轮都抱死后的地面制动力 F_{Xb1} 和 F_{Xb2}，即 $F_{\varphi1}$ 和 $F_{\varphi2}$ 的关系曲线。

6.5.3　具有固定比值的前、后制动器制动力及同步附着系数

不少两轴汽车的前、后制动器制动力之比为一固定值。常用前制动器制动力与汽车总制动器制动力之比——制动器制动力分配系数 β 来表明分配的比例。即

$$\beta = \frac{F_{\mu1}}{F_{\mu}}$$

式中：$F_{\mu1}$ 为前制动器制动力；F_{μ} 为汽车总制动器制动力，$F_{\mu} = F_{\mu1} + F_{\mu2}$，$F_{\mu2}$ 为后制动器制动力。

故

$$\frac{F_{\mu1}}{F_{\mu2}} = \frac{\beta}{1 - \beta} \tag{6-11}$$

则 $F_{\mu2} = \beta(F_{\mu1})$ 为一直线，此直线通过坐标原点，且其斜率为

$$\tan\theta = \frac{1 - \beta}{\beta}$$

这条直线称为实际前、后制动器制动力分配线，简称 β 线。

图 6 - 20 为某轻型货车的 β 线与空载和满载两种情况下的 I 曲线。图中 β 线与满载时 I 曲线交于 B 点，此时的附着系数值为 0.786。将 β 线与 I 曲线交点处的附着系数，称为同步附着系数 φ_0，所对应的制动减速度称为临界减速度。同步附着系数是由汽车结构参数决定

的、反映汽车的制动性能的一个重要参数。一般情况下，汽车满载时的同步附着系数最大，随着载荷减小，同步附着系数变小。

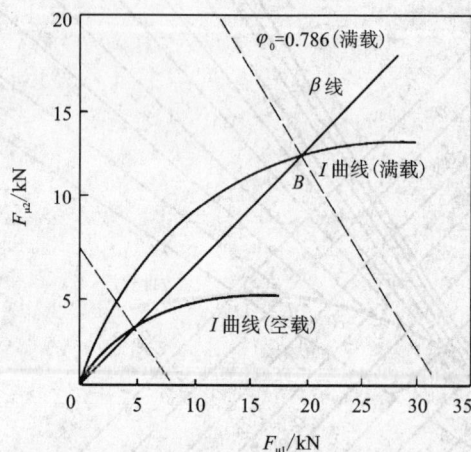

图 6 – 20　某货车的 β 线和 I 曲线

同步附着系数说明：前、后制动器制动力为固定比值的汽车，只有在同步附着系数的路面上制动时才能使前、后车轮同时抱死。

设汽车在同步附着系数为 φ_0 的路面上制动，此时前、后轮同时抱死拖滑，则将式(6 – 9)代入式(6 – 11)，得

$$\frac{F_{\mu 1}}{F_{\mu 2}} = \frac{b + \varphi_0 h_{\mathrm{g}}}{a - \varphi_0 h_{\mathrm{g}}} = \frac{\beta}{1 - \beta}$$

经整理，得

$$\varphi_0 = \frac{L\beta - b}{h_{\mathrm{g}}} \tag{6 – 12}$$

可见，确定了制动器制动力分配系数 β，就能确定同步附着系数 φ_0；反过来如给出同步附着系数 φ_0，就能得到制动器制动力在前、后轴上的分配情况。

6.5.4　f 线组与 r 线组

f 线组是在各种 φ 值路面上，后轮没有抱死前轮抱死时的前、后轮地面制动力的分配关系曲线。r 线组是前轮没有抱死后轮抱死时的前、后轮地面制动力的分配关系曲线。

（1）先求 f 线组

当前轮抱死时，前轮地面制动力等于前轮附着力，即

$$F_{Xb1} = \varphi F_{Z1} = \varphi \left(\frac{Gb}{L} + \frac{F_{Xb} h_{\mathrm{g}}}{L} \right)$$

由于

$$F_{Xb} = F_{Xb1} + F_{Xb2}$$

故

$$F_{Xb1} = \varphi \left(\frac{Gb}{L} + \frac{F_{Xb1} + F_{Xb2}}{L} h_{\mathrm{g}} \right)$$

整理得

$$F_{Xb2} = \frac{L - \varphi h_g}{\varphi h_g} F_{Xb1} - \frac{Gb}{h_g} \qquad (6-13)$$

显然,当前、后都抱死后,式(6-13)也成立,只是此时的后轮地面制动力也达到后轮附着力的数值。

以不同 φ 值代入式(6-13),即得到 f 线组,如图 6-21 所示。可见,f 线组与纵坐标交点为 $(0, -\dfrac{Gb}{h_g})$,与 φ 值无关。

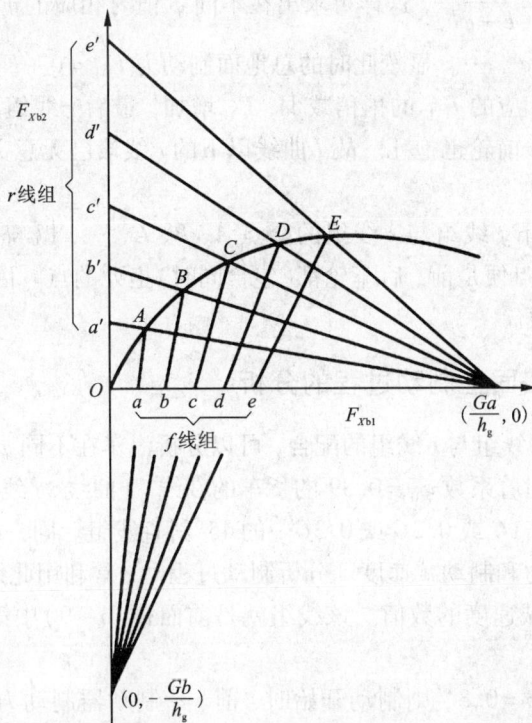

图 6-21　f 线组与 r 线组

当 $F_{Xb2} = 0$ 时,$F_{Xb1} = \dfrac{\varphi Gb}{L - \varphi h_g}$,这样可求出在不同 φ 值时相应的 F_{Xb1} 值,即 f 线组与横坐标的交点依次为 a,b,c,$\cdots$。显然此时的总地面制动力 $F_{Xb} = F_{Xb1} + F_{Xb2} = F_{Xb1} + 0$,$F_{Xb} < \varphi G$,即后轮没有抱死。随着 F_{Xb1}、F_{Xb2} 的增加 F_{Xb} 也增加,最后 f 线组与 I 曲线相交。前已述及,I 曲线也是车轮同时都抱死时的 $F_{\varphi1}$ 和 $F_{\varphi2}$ 的关系曲线。故相交点处后轮也抱死,即 $F_{Xb} = F_{Xb1} + F_{Xb2} = F_{\varphi1} + F_{\varphi2} = \varphi G$。由此可见,$I$ 曲线以上的 f 线段已无意义(横轴下方的 f 线段也无意义,因为此时 F_{Xb2} 为负值时已是地面驱动力,参见图 6-22)。

(2)再求 r 线组

当后轮抱死时,后轮地面制动力等于后轮附着力,即

$$F_{Xb2} = \varphi F_{Z2} = \varphi \left(\frac{Ga}{L} - \frac{F_{Xb} h_g}{L} \right)$$

代入 $F_{Xb} = F_{Xb1} + F_{Xb2}$，整理得

$$F_{Xb2} = \frac{-\varphi h_g}{L + \varphi h_g} F_{Xb1} + \frac{\varphi Ga}{L + \varphi h_g} \qquad (6-14)$$

显然，当前、后都抱死后，式(6-14)也成立，只是此时的前轮地面制动力也达到前轮附着力的数值。

以不同 φ 值代入式(6-14)，即得到 r 线组，如图6-21所示。可见，r 线组与横坐标交点为 $(\frac{Ga}{h_g}, 0)$，与 φ 值无关。

当 $F_{Xb1} = 0$ 时，$F_{Xb2} = \frac{\varphi Ga}{L + \varphi h_g}$，这样可求出在不同 φ 值时相应的 F_{Xb2} 值，即 r 线组与纵坐标的交点依次为 a'、b'、c'、…。显然此时的总地面制动力 $F_{Xb} = 0 + F_{Xb2} < G\varphi$，即前轮没有抱死。随着 F_{Xb1} 的增加与相应的 F_{Xb2} 的稍稍减少，F_{Xb} 增加，最后 r 线组与 I 曲线相交。相交点处 $F_{Xb} = F_{Xb1} + F_{Xb2} = \varphi G$，前轮也抱死。故 I 曲线以下的 r 线段已无意义（纵轴左侧的 r 线段也无意义，参见图6-22）。

显然对于同一 φ 值下 f 线组与 r 线组的交点 A、B、C、…，既符合 $F_{Xb1} = \varphi F_{Z1}$，又符合 $F_{Xb2} = \varphi F_{Z2}$，所以这些交点便是前、后车轮都（包含同时）抱死的点。因此，连接 A、B、C、… 各点的曲线也就是 I 曲线。

6.5.5 汽车在各种路面上制动过程的分析

利用 β 线、I 曲线、f 线组与 r 线组的配合，可以分析汽车在不同 φ 值路面上的制动过程。

图6-22为一同步附着系数 $\varphi_0 = 0.39$ 的货车的 β 线、I 曲线、f 线组与 r 线组。图中还画出了 F_{Xb1} 与 F_{Xb2} 之和为 $0.1G$ 或 $0.2G$ 或 $0.3G$… 的45°斜直线组。同一根斜直线上的点均具有相同大小的总地面制动力和制动减速度。分析制动过程时，常利用此线组来确定制动过程中的总地面制动力和制动减速度的数值。该线组就是前面式(6-9)中第一式按不同 φ 值作出的45°斜直线组。

①当 $\varphi < \varphi_0$ 时，设 $\varphi = 0.3$，则制动开始时，前、后制动器制动力 $F_{\mu 1}$、$F_{\mu 2}$ 按 β 线上升。因前、后车轮均未抱死，故地面制动力 F_{Xb1}、F_{Xb2} 也按 β 线上升。到 A 点时，β 线与 $\varphi = 0.3$ 的 f 线相交，前轮开始抱死，制动减速度为 $0.27G$。此时的地面制动力 F_{Xb1}、F_{Xb2} 符合后轮没有抱死而前轮抱死的状况。驾驶员继续增加踏板力，F_{Xb1}、F_{Xb2} 将沿 f 线变化，前轮的地面制动力 F_{Xb1} 将不再等于前轮制动器制动力 $F_{\mu 1}$，但继续制动，前轮法向反作用力增加，故 F_{Xb1} 沿 f 线稍有增加。但因后轮未抱死，所以当踏板力增大，$F_{\mu 1}$、$F_{\mu 2}$ 沿 β 线上升时，F_{Xb2} 继续等于 $F_{\mu 2}$。当 $F_{\mu 1}$、$F_{\mu 2}$ 至 A' 点时，f 线与 I 曲线相交，后轮达到抱死所需的地面制动力 F_{Xb2}（也就是后轴的附着力），于是前、后车轮均抱死拖滑，汽车获得最大减速度为 $0.3g$。

可见，β 线位于 I 曲线下方，制动时总是前轮先抱死，这是一种稳定工况，但失去转向能力。

②当 $\varphi > \varphi_0$ 时，设 $\varphi = 0.7$，则制动开始时，前、后车轮均未抱死，前、后制动器制动力 $F_{\mu 1}$、$F_{\mu 2}$，前、后地面制动力 F_{Xb1}、F_{Xb2} 均按 β 线上升。到 B 点时，β 线与 $\varphi = 0.7$ 的 r 线相交，后轮开始抱死，此时制动减速度为 $0.6g$。此时的地面制动力 F_{Xb1}、F_{Xb2} 符合前轮没有抱死而后轮抱死的状况。驾驶员继续增加踏板力，F_{Xb1}、F_{Xb2} 将沿 r 线变化，后轮的地面制动力 F_{Xb}

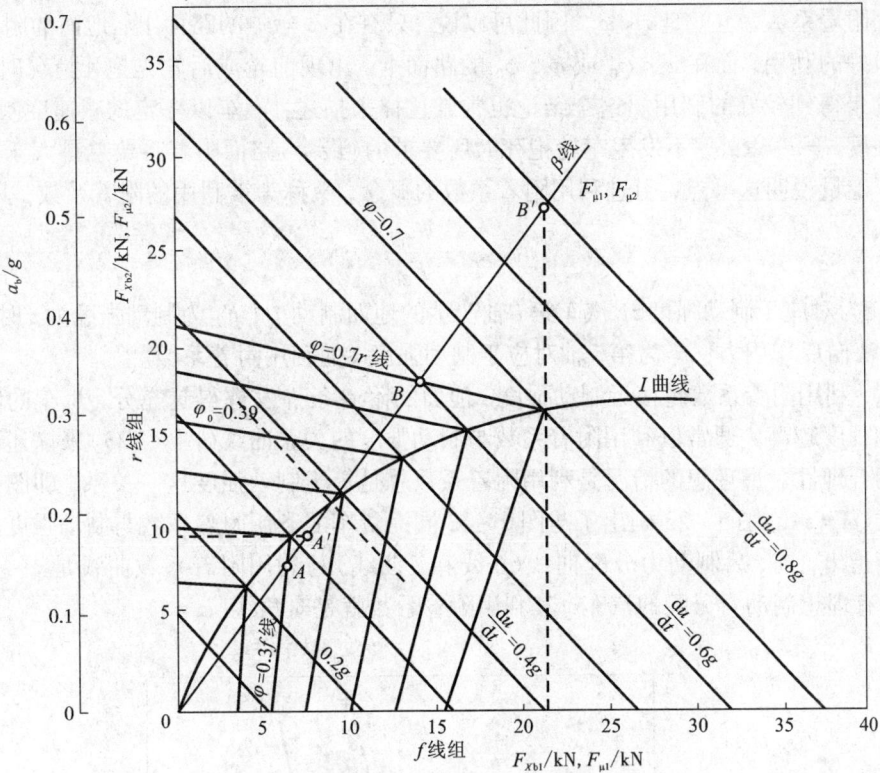

图 6 – 22　不同 φ 值路面上制动过程的分析

将不再等于后轮制动器制动力 $F_{\mu 2}$，但继续制动，后轮法向反作用力有所减少，故 F_{Xb2} 沿 r 线稍有下降。但因前轮未抱死，所以当踏板力增大，$F_{\mu 1}$、$F_{\mu 2}$ 沿 β 线上升时，F_{Xb1} 始终等于 $F_{\mu 1}$。当 $F_{\mu 1}$、$F_{\mu 2}$ 至 B' 点时，r 线与 I 曲线相交，前轮达到抱死所需的地面制动力 F_{Xb1}（也就是前轴的附着力），于是前、后车轮均抱死拖滑，汽车获得最大减速度为 $0.7g$。

可见，β 线位于 I 曲线上方，制动时总是后轮先抱死，因而容易发生后轴侧滑使汽车失去方向稳定性。

③当 $\varphi = \varphi_0$ 时，显然，汽车在制动时，前、后轮将同时抱死，此时的制动减速度为 $\varphi_0 g$，即 $0.39g$，也是一种稳定工况，但也失去转向能力。

6.5.6　利用附着系数与制动效率

（1）利用附着系数

为了防止后轴侧滑和前轮失去转向能力，汽车在制动过程中最好既不出现后轴车轮先抱死的危险工况，也不出现前轴车轮先抱死或前、后轴车轮都抱死的工况。这就是说，应当以即将出现车轮抱死但还没有任何车轮抱死时的制动减速度作为汽车能产生的最高制动减速度。

从上面的分析可知，若在同步附着系数的路面上制动，则汽车的前、后车轮将同时达到抱死的工况，此时的制动强度 $z = \varphi_0$，φ_0 为同步附着系数。在其他附着系数的路面上制动时，

115

达到前轮或后轮抱死前的制动强度比路面附着系数都要小，即不出现车轮抱死的制动强度必小于地面附着系数，也就是 $z < \varphi$。因此可以说，只有在 $\varphi = \varphi_0$ 的路面上，地面的附着条件才能得到较好的利用，而在 $\varphi < \varphi_0$ 或 $\varphi > \varphi_0$ 的路面上，出现前轮或后轮先抱死情况时，地面附着条件均未得到较好的利用。这个结论也常常这样来描述：汽车以一定的减速度制动时，除去制动强度 $z = \varphi_0$ 以外，不发生车轮抱死时所要求的（最小）路面附着系数总是大于其制动强度。为了定量说明这一点，引进利用附着系数的概念，又称为被利用的附着系数，其定义为

$$\varphi_i = \frac{F_{Xbi}}{F_{Zi}}$$

式中：F_{Xbi} 为对应于制动强度 z，汽车第 i 轴产生的地面制动力；F_{Zi} 为制动强度为 z 时，地面对第 i 轴的法向反作用力；φ_i 为第 i 轴对应于制动强度 z 的利用附着系数。

显然，利用附着系数越接近制动强度，地面的附着条件发挥得越充分，汽车的制动力分配的合理程度越高。通常以利用附着系数与制动强度的关系曲线（图 6-23）来描述汽车制动力分配的合理性。最理想的情况是利用附着系数总是等于制动强度这一关系，即图 6-23 中的对角线（$\varphi = z$）。图 6-23 画出了与图 6-22 同一货车的利用附着系数与制动强度的关系曲线。应当指出，前、后制动力分配曲线（β 线和 I 曲线）与利用附着系数曲线是一一对应的。例如，具有理想制动力分配的汽车，其利用附着系数就是对角线（$\varphi = z$）。

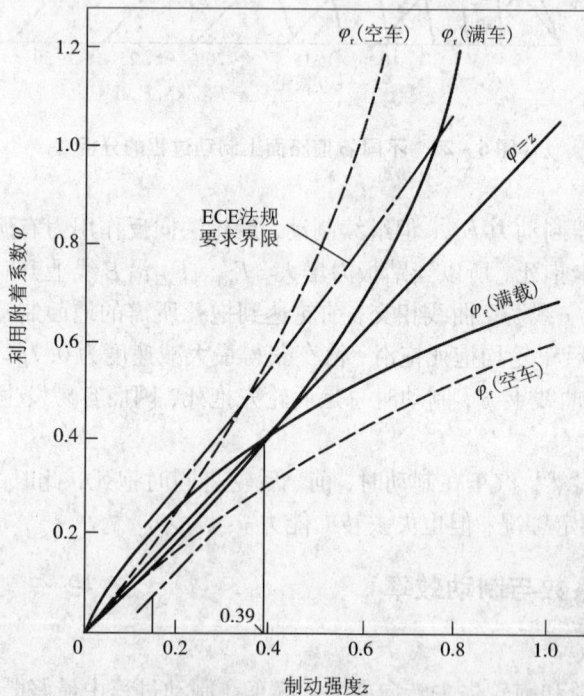

图 6-23 利用附着系数与制动强度的关系曲线

下面分别求出前轮或后轮先抱死时，前轴和后轴的利用附着系数。

设汽车前轮刚要抱死或前、后轮同时刚要抱死时产生的减速度为 $du/dt = zg$，则

$$F_{\mu 1} = F_{Xb1} = \beta \frac{G}{g} \frac{du}{dt} = \beta G z$$

而

$$F_{Z1} = \frac{G}{L}(b + zh_g)$$

故

$$\varphi_f = \frac{F_{Xb1}}{F_{Z1}} = \frac{\beta z}{\dfrac{1}{L}(b + zh_g)} \tag{6-15}$$

同理,后轴的利用附着系数可求得如下

$$F_{Xb2} = (1 - \beta) \frac{G}{g} \frac{du}{dt} = (1 - \beta) G z$$

$$F_{Z2} = \frac{G}{L}(a - zh_g)$$

故

$$\varphi_r = \frac{F_{Xb2}}{F_{Z2}} = \frac{(1 - \beta) z}{\dfrac{1}{L}(a - zh_g)} \tag{6-16}$$

由图 6-23 可以看出,$z = 0.39$ 时,前、后轴利用附着系数均为 0.39,即无任何车轮抱死所要求的(最小)路面附着系数(实际上为刚要抱死)为 0.39,就是该车的同步附着系数。在 $\varphi < \varphi_0$ 的路面上,前轮先抱死;在 $\varphi > \varphi_0$ 的路面上,后轮先抱死。

由图 6-23 中还可以看出,空车时 φ_r 全在 45°对角线之上,说明实际上汽车总是出现后轮先抱死的工况,φ_r 曲线就是汽车的利用附着系数曲线,而且此时利用附着系数远远大于制动强度,汽车制动力分配是不合理的。

(2)制动效率

还可以用制动效率的概念来描述地面附着条件的利用程度,并说明实际制动力分配的合理性。

制动效率的定义为车轮不抱死的最大制动强度与车轮和地面间附着系数的比值。也就是车轮将要抱死时的制动强度与被利用的附着系数之比。显然,由式(6-15)和式(6-16)即可得到前、后轴的制动效率分别为

$$E_f = \frac{z}{\varphi_f} = \frac{b/L}{\beta - \varphi_f h_g/L} \tag{6-17}$$

$$E_r = \frac{z}{\varphi_r} = \frac{a/L}{(1 - \beta) + \varphi_r h_g/L} \tag{6-18}$$

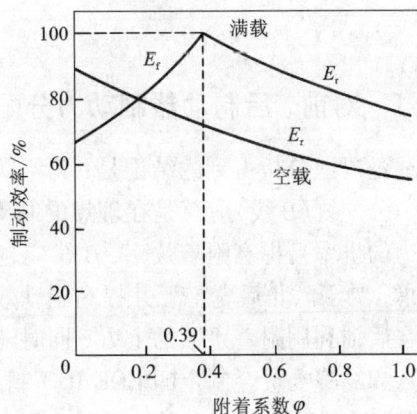

图 6-24　前、后制动效率曲线

图 6-24 为制动效率曲线。由图可知,当 $\varphi = 0.6$ 时,空载时后轴制动效率约等于 0.67。这说明后轮不抱死时,汽车最多只利用可供制动的附着力的 67%,即其制动减速度不是 $0.6g$,而只有 $0.67 \times 0.6g = 0.402g$。

6.5.7 同步附着系数 φ_0 的选择

由以上分析可知,同步附着系数对汽车制动时的方向稳定性有着重要影响。

汽车的总质量及质心位置给定后,即可作出 I 曲线。β 线则是由制动器制动力在前、后轴上的分配确定的。所以设计中可调整 β 值,可以得到 β 线与 I 曲线的恰当配合,保证合适的同步附着系数。

β 线的斜率为 $\tan\theta = \dfrac{1-\beta}{\beta}$,$\beta$ 值越大,β 线的斜率越小,则同步附着系数 φ_0 越大。

同步附着系数是根据车型和使用条件来选择的。

轿车的行驶车速较高,高速下后轴侧滑是十分危险的。因此一般采用较高的同步附着系数。

对货车而言,由于车速较低,制动时后轴侧滑的危险性较少,但在较滑的路面上制动时,汽车可能丧失转向能力。因此同步附着系数一般不超过 0.6。但是由于道路条件的改善和汽车行驶速度的提高,货车同步附着系数呈现提高的趋势。

轻型越野汽车常选择较高的同步附着系数。这样,即使在很低的附着系数路面上制动,也不会发生后轴侧滑。但是在多数路面上制动时,前轮先抱死可能失去转向能力。

使用条件也影响 φ_0 的选择。在多雨的山区,坡路弯道多,下急弯坡道制动时,如果汽车失去转向能力,将是十分危险的。因此,经常在山区使用的车辆,同步附着系数应取低值。一些山区的运输单位,为了安全行车,宁愿调小前轮制动器制动力。前轮制动器制动力调小后,还带来另外一个好处,就是基本消除了由于左、右前轮制动器制动力不等而引起的制动跑偏。

6.6 制动力的调节和车轮防抱死

6.6.1 对前、后制动器制动力分配的要求

通过以上分析得到的结论是:为了防止后轮抱死而发生侧滑,汽车制动系的实际前、后制动力分配线(β 线)应总是在理想的制动力分配线(I 曲线)下方;为了减少前轮抱死失去转向能力的机率且提高附着效率,β 线应越接近 I 曲线越好。同样,若按利用附着系数曲线图来考虑,为了防止后轮抱死并提高制动效率,前轴利用附着系数曲线应总在 45°对角线上方,即总在后轴利用附着系数的上方,同时还应靠近图中的 45°对角线($\varphi = z$)。

欧洲经济委员会制定的 ECE R13 制动法规和我国的行业标准 ZBT 240007—1989 对双轴汽车前、后制动器制动力提出了明确要求。下面以轿车和最大总质量大于 3.5 t 的货车为例予以说明。法规规定:

对于 $\varphi = 0.2 \sim 0.8$ 的各种车辆,要求制动强度

$$z \geqslant 0.1 + 0.85(\varphi - 0.2) \left(\text{即 } \varphi \leqslant \frac{z + 0.07}{0.85} \right)$$

车辆在各种装载状态时,前轴利用附着系数曲线应在后轴利用附着系数曲线之上。对于

最大总质量大于 3.5 t 的货车，在制动强度 $z = 0.15 \sim 0.3$，每根轴的利用附着系数曲线位于 $\varphi = z \pm 0.08$ 两条平行于理想附着系数直线的平行线之间；而制动强度 $z \geq 0.3$ 时，后轴的利用附着系数满足关系式 $z \geq 0.3 + 0.74(\varphi - 0.38)$，则认为也满足了法规的要求，如图 6-25 所示。但是对于轿车而言，制动强度为 $0.3 \sim 0.4$，后轴利用附着系数曲线不超过直线 $\varphi = z + 0.05$ 的条件下，允许后轴利用系数曲线在前轴利用附着系数曲线的上方，如图 6-26 所示。

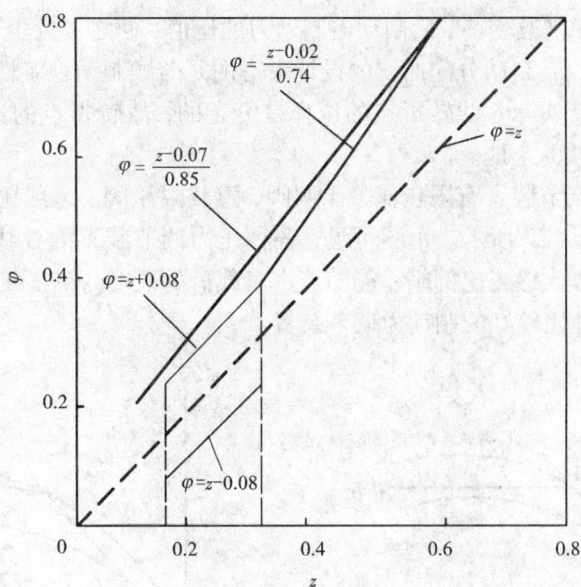

图 6-25　ECE 法规货车的制动力分配

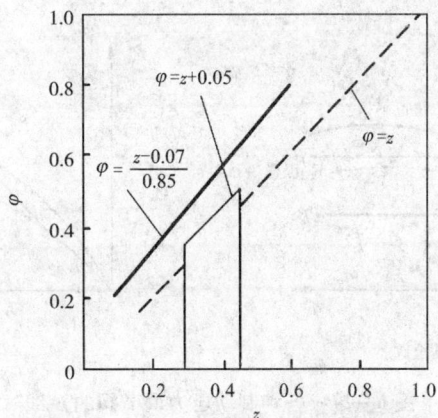

图 6-26　ECE 法规轿车的制动力分配

图 6-26 中还画出了 ECE 法规对货车利用附着系数与制动强度关系曲线要求的区域。它表明这辆中型货车在空载时不能满足法规的要求。实际上，一般具有固定比值制动力分配

制动系的货车,若不配备恰当的制动力调节装置,使其具有变化值的制动力分配特性,则无法满足法规提出的要求。

6.5.2 制动力的调节

从上述分析可知,对于具有固定比值的前、后轮制动器制动力的制动系统,其实际制动力分配曲线与理想的制动力分配曲线相差较大,可能出现因前轮抱死而失去转向能力,或因后轮抱死而发生后轴侧滑的危险情况。因此,现代汽车均装有各种制动力调节装置,可根据制动强度、载荷等因素来改变前、后制动器制动力的比值,使之接近于理想制动力分配曲线,满足制动法规的要求。其制动分配曲线的设计考虑的是兼顾制动稳定性和最短制动距离但优先稳定性的原则。由于实际 β 线转折点的选择是复杂的,故转折点的选择一般低于 I 曲线,以保证有一定的稳定性的余地。

常用的制动压力调节装置有限压阀、比例阀、感载限压阀、感载比例阀等,它们的 β 线与 I 曲线的配合如图 6-27 所示。由图可见,各种压力调节装置的 β 线,都较接近于 I 曲线且大都在 I 曲线的下方。感载比例阀还能随着汽车载荷的改变,使 β 线接近该载荷下的理想分配曲线,曾经是一种比较好的制动力调节装置。

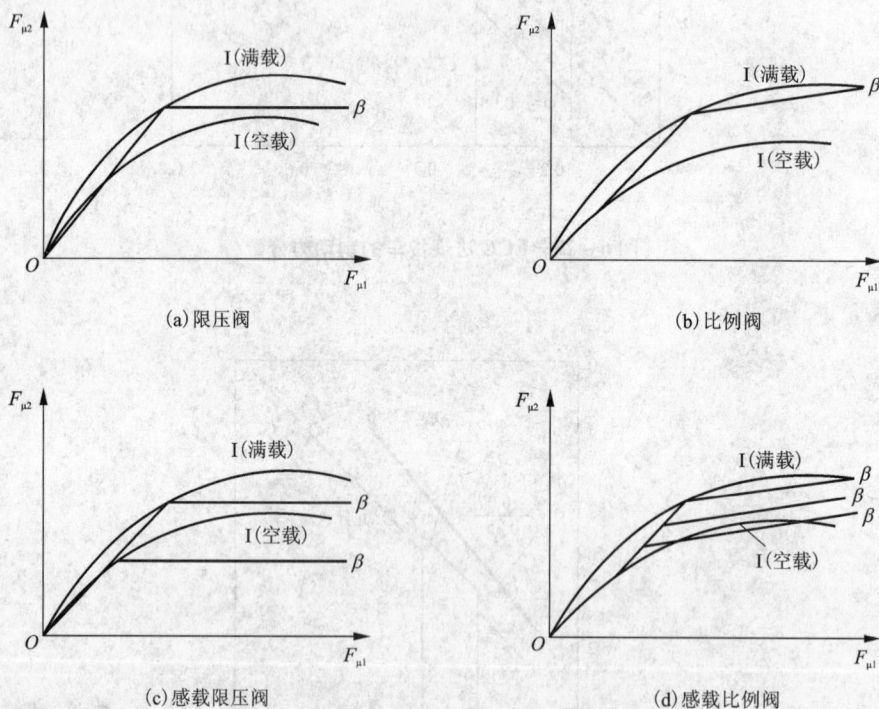

(a) 限压阀 (b) 比例阀 (c) 感载限压阀 (d) 感载比例阀

图 6-27 各种制动压力调节阀的 β 线

6.5.3 ABS

ABS 是在制动过程中防止车轮被制动抱死,提高汽车的方向稳定性和转向操纵能力,缩短制动距离的安全装置。

（1）ABS 的理论依据和优点

在汽车的制动系统中加装制动力调节装置，能基本保证 β 线在 I 曲线的下方，即能在一定程度上避免后轮先抱死造成的后轴侧滑的危险工况。但前轮在制动过程中仍将抱死而使汽车失去转向能力。

从图 6 – 5 中的 $\varphi_b - s$、$\varphi_l - s$ 曲线可知，汽车的附着能力与车轮的运动状况有关。当滑动率 $s = 15\% \sim 20\%$ 时，制动力系数出现最大值即峰值附着系数 φ_P，此时地面制动力也获得较大值，而此时侧向力系数也较大，即同时具有一定的防侧滑能力。车轮抱死即 $s = 100\%$ 时，制动力系数有所下降，而此时的侧向力系数很小，即汽车防侧滑能力很差。ABS 将制动时的滑动率控制在 $15\% \sim 20\%$ 之间，因此具有如下优点：

①制动力系数大，地面制动力大，制动距离短。

②侧向力系数大，地面可作用于车轮的侧向力大，方向稳定性好。

③由于车轮不抱死，减轻了轮胎磨损。

除 ABS 外，还有驱动过程中防止驱动车轮发生滑转的控制系统（acceleration slip regulation，ASR），因其是通过牵引力控制系统来实现驱动车轮滑转控制，又称为牵引力控制系统（traction control system，TCS）。现代高级轿车，一般把 ABS 和 ASR 结合为一体，组成汽车统一的防滑控制系统。

（2）ABS 的基本结构

图 6 – 28 为一个典型的 ABS 系统，系统通常由三部分组成：传感器、电子控制单元和液压执行元件。它具有三个独立进行压力调节的管路，所以称为三通道系统。传感器 1 检测车轮运动状态，并将车轮旋转信号传给 ECU 5，ECU 经过对轮速信号的处理判断，发出指令送到液压调节器 3，使之调节制动管路的压力，保证车轮不抱死。

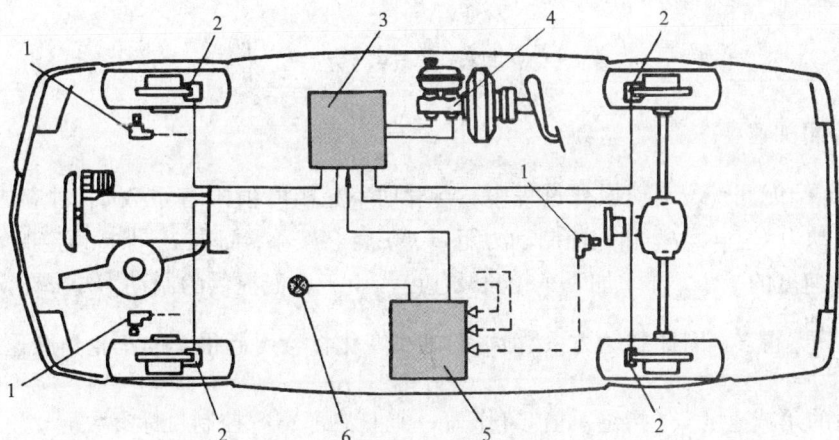

图 6 – 28　ABS 示意图

1—轮速传感器；2—轮缸；3—液压调节器；4—制动主缸；5—ECU；6—警报灯

对于制动压力的调节，目前大多采用 2 位 2 通电磁阀，图 6 – 29 是 Bosch 公司 ABS 5.3 型的液压原理图。关闭出油阀打开进油阀，压力增加；进油阀和出油阀同时关闭，保持压力不变；关闭进油阀，打开出油阀，压力减小。

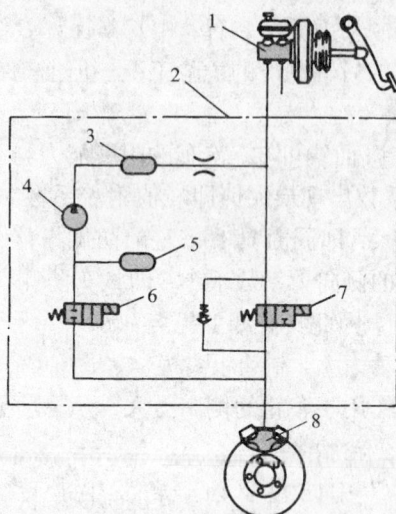

图 6－29　Bosch 公司 ABS 5.3 型的液压原理图
1—制动主缸；2—液压调节器；3—阻尼器；4—回油泵；
5—蓄能器；6—出油阀；7—进油阀；8—轮缸

（3）ABS 的工作原理

从上面分析可知，车轮滑动率能较好地反映车轮制动状况，但由于滑动率不易直接测量得到，因此必须采用其他参数作为 ABS 的控制目标参数。

由图 6－1 所示的制动车轮受力情况，如考虑车轮的惯性力矩，根据力矩平衡方程可得出车轮抱死过程中车轮制动器制动力矩 T_μ 为

$$T_\mu = F_{Xb}r - I_w\frac{\mathrm{d}\omega}{\mathrm{d}t} = \varphi_b F_Z r - I_w\frac{\mathrm{d}\omega}{\mathrm{d}t} \tag{6-19}$$

式中：$\dfrac{\mathrm{d}\omega}{\mathrm{d}t}$ 为角加速度。

由式（6－19）可见，制动抱死过程中，当滑动率超出峰值附着系数 φ_p 对应的滑动率 s_p 后，地面制动力 $F_{Xb} = \varphi_b F_Z$ 和地面制动力矩 $\varphi_b F_Z r$ 将会减小，而当 T_μ 保持恒定时，将必然导致车轮角加速度的减小，即增加了车轮角减速度。由于地面提供的制动力矩 $\varphi_b F_Z r$ 比车轮惯性力矩 $I_w\dfrac{\mathrm{d}\omega}{\mathrm{d}t}$ 大得多，因此制动力系数 φ_b 的微小变化将会引起很大的车轮角减速度的变化。

因此，车轮的角减速度 $\dfrac{\mathrm{d}\omega}{\mathrm{d}t}$（指绝对值）可作为一个主要的 ABS 控制目标参数。

电子控制的 ABS 通常采用轮速传感器测量车轮转速信号，通过车轮转速信号的微分来得到车轮的角减速度。若要准确地控制制动强度，还需要更多的控制目标参数。

通常的方法是采用"相对滑动率"作为第二控制目标参数，根据每个车轮的实际转速，通过一定关系推算出一个理想的参考车速，它对应于当前时刻的最佳附着情况。比较该参考车速与实际车速，即可得出相对滑动率的目标值。

图 6－30 为 Bosch 公司采用的一种典型的逻辑门限值控制的制动过程。制动开始时，如

果车轮的角减速度低于门限值 $-a$（指绝对值），则取此刻车轮速度作为初始的参考车速 u_{ref0}，此后，参考车速 $u_{ref} = u_{ref0} - a_b t$，$a_b$ 为由车轮减速度计算得到的汽车减速度。根据 u_{ref} 就可以计算出车轮的滑动率 s。当车轮的角减速度达到 $-a$ 而 s 小于滑动率的门限值 s_1 时，则使制动压力进入保持阶段（第2阶段）；当 s 大于 s_1 时，使制动压力减小（第3阶段）；这时车轮的角减速度也会减小，恢复到 $-a$ 值时，就使之保持制动压力（第4阶段）；这时车轮因惯性会进一步加速，越过门限值 $+a$（是用来判断低附着系数路面的），一直达到门限值 $+A_k$（表明是高附着系数路面），这时使制动压力再次增加（第5阶段）；当车轮角加速度

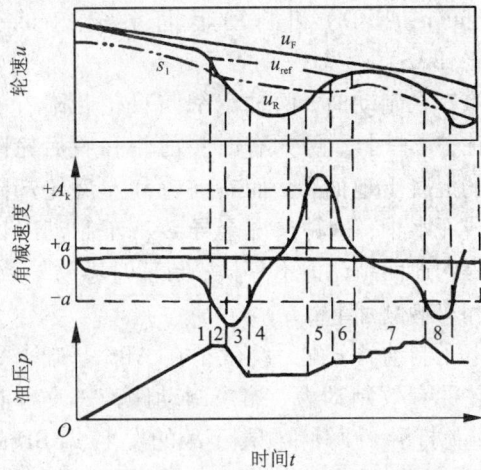

图6-30　在高附着系数路面上的制动防抱死过程
u_F—汽车实际速度；u_{ref}—汽车参考速度；u_R—车轮速度

再回到 $+A_k$ 时，保持制动压力（第6阶段）；车轮角加速度值回落到 $+a$ 值，说明此时是在峰值附着系数附近，使制动压力进入缓慢升压阶段，以便保持在峰值附着系数附近，直到车轮减速度再次达到 $-a$ 值，构成一个循环。以后循环往复一直到汽车停止。

　　另一种方法是将可测的车辆减速度作为第二个控制目标参数，并为车轮角减速提供参考。采用这种方法需在车上加装一个加速度传感器。

　　对于防抱死系统来说，根据哪些运动参数来判断车轮即将抱死应该减压或抱死现象已消失须重新加压制动是很重要的。上面介绍了两种方法，一般常用来作判断的参数有：车轮角减（加）速度和滑动率、车轮角加速度与半径的乘积、汽车的参考车速和汽车的减速度等。

　　Benz 轿车装有以车轮角减速度作为参量的 ABS，其道路试验结果如表6-3所示。

表6-3　Benz 轿车的道路制动试验结果

试验条件		装有 ABS			无 ABS		
混凝土路面	起始车速 /(km·h⁻¹)	制动距离 /m	平均减速度 /(m·s⁻²)	制动距离减小量 /m	制动距离 /m	平均减速度 /(m·s⁻²)	残余速度 /(km·h⁻¹)
干	100	41.8	9.25	8.2	50	7.73	40
湿	100	62.8	6.71	37.2	100	3.9	60
干	130	81.2	8.0	12.5	93.7	7.0	47.5
湿	130	97.1	6.71	41.1	138.2	4.72	70.9

　　以上试验是在直线行驶制动时测得的。图6-31还给出了车速为80 km/h，装和不装 ABS 的转弯制动试验。结果表明，装有 ABS 的汽车能准确地按弯道行驶，而不装 ABS 的汽车未能按弯道行驶。装有 ABS 汽车的制动距离可缩短3.9 m（干路面）和7.3 m（湿路面）。

（4）电子制动力分配系统（electric brakeforce distribution，EBD）和制动辅助系统（brake assist system，BAS）

汽车在制动时，两轴汽车四只轮胎附着的地面条件往往不一样，例如有时左前轮和右后轮附着在干燥的混凝土地面上，而右前轮和左后轮却附着在水中或泥水中，这种情况会导致汽车制动时四只车轮获得的地面制动力不一样，制动时容易导致打滑、倾斜和车辆侧翻事故。

电子制动力分配系统就是在 ABS 基础上平衡每个车轮的有效制动力，缩短制动距离，改善制动平衡，避免打滑、倾斜和侧翻事故的发生。EBD 的工作原理是：高速 ECU 在汽车制动的瞬间，利用传感器分别对汽车 4 只车轮的不同地面附着状态进行感应、计算，得出不同的附着力数值，进而控制 4 只车轮的制动装置以不同的方式和力度实施制动，并在运动中快速调整，使制动力与附着力相匹配，从而保证车辆制动过程中的平稳、安全行驶。EBD 是 ABS 的附加装置（一般由设计软件来实现），采用滑动率，不采用车轮减速度来检测车轮的抱死趋势，相对传统的 ABS 来说，EBD 的滑动率门限值更低一些，制动压力调节的升压及降压梯度明显较低。由于电磁阀工作少，液压泵不工作，因而噪声小，制动舒适性好。配备 EBD 的 ABS 各车轮由于有最理想的制动力分配，可进一步缩短汽车的制动距离。

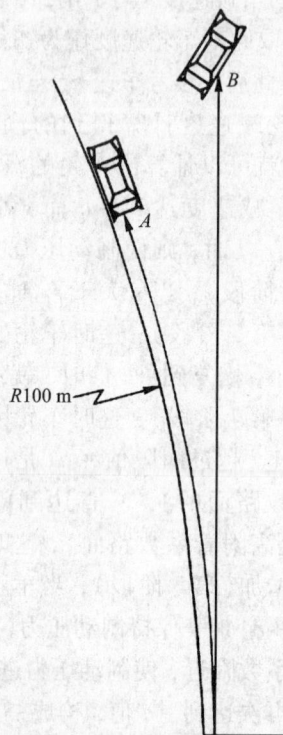

图 6-31 转弯试验的对比

A—装有 ABS 的汽车制动距离：干路面上为 31.1 m，湿路面上为 33.9 m；B—未装 ABS 的汽车制动距离：干路面上为 35.0 m，湿路面上为 41.2 m；侧向偏离：前轴 2.4 m（干路面），7.3 m（湿路面）；后轴 0.9 m（干路面），4.8 m（湿路面）

据统计，在紧急情况下有 90% 的汽车驾驶员制动时缺乏果断，制动辅助系统正是针对这一情况而设计的。它可以从驾驶员踩制动踏板的速度中探测到车辆行驶中遇到的情况，当驾驶员在紧急情况下迅速踩制动踏板，但踩踏力又不足时，BAS 系统便会在不到 1 s 的时间内把制动力增至最大，缩短紧急制动情况下的制动距离。

ABS 能缩短制动距离，并能防止车轮制动时失控，从而减少了事故发生的可能性。但如果采用点刹或制动力度不够，车轮就没有抱死倾向，ABS 也没有机会发挥作用，从而达不到预期的效果。制动辅助系统 BAS 为有效的制动提供了必要的支持。通过持续地比较踩下制动踏板的速度，系统就会识别出紧急制动情况。如果驾驶者受惊吓反应踩下制动踏板时速度比在控制单元中储存的正常值要快，那么制动辅助系统就自动起作用，建立最大的制动压力，使制动减速度很快上升到最大值。早期使用的机械式 BAS 实际上是在普通制动加力器的基础上稍加修改而成，在制动力度不大时，它起到加力器的作用，随着制动力度的增加，加力器压力室的压力增大，启动 ABS。电子控制式 BAS 的制动加力器上有一个传感器，向 ABS 的 ECU 输送有关制动踏板行程和移动速度的信息，如果 ABS 的 ECU 判断是紧急制动，它就让加力器内电磁阀开启，加大压力室内的气压，以提供足够的助力。

6.7　汽车的制动性影响因素

汽车的制动性与汽车的结构及其使用条件有关。如汽车轴间载荷的分配、载质量、制动系的结构、利用发动机制动、行驶速度、道路情况、驾驶方法等，均对制动过程有很大影响。

6.7.1　轴间载荷分配

汽车制动时，前轴载荷增加，后轴载荷减小。如果根据轴间载荷的变化分配前、后轮制动器制动力，符合理想分配的条件，则前、后轮同时抱死。如果前、后轮制动器制动力的比例为定值，则只有在具有同步附着系数的路面上，前、后轮才能同时抱死。当 $\varphi > \varphi_0$ 时，后轮先抱死；当 $\varphi < \varphi_0$ 时，前轮先抱死；空载时通常是后轮先抱死。

6.7.2　制动力的调节和车轮防抱死

（1）制动力的调节

为了防止制动时后轮抱死而发生危险的侧滑，汽车制动系的前、后轮制动器制动力的实际分配线（β 线）应当总在理想的前后轮制动器制动力分配曲线（I 曲线）下方。同时为了减少前轮失去转向能力的倾向和提高制动系效率，β 线越接近 I 曲线越好。如果能按需要改变 β 线使之达到上述目的，将比前、后轮制动器制动力具有固定比值的汽车具有更大的优越性。为此，在现代汽车制动系中装有各种压力调节装置。

常见的压力调节装置有限压阀、比例阀、感载限压阀、感载比例阀等。

（2）车轮的防抱死

采用按理想制动器制动力分配曲线来改变 β 线的制动系能提高汽车制动时的方向稳定性，且制动系效率也较高。但各种调节装置的 β 线常在 I 曲线的下方，因此不管在什么 φ 值的路面上制动时，前轮仍将抱死而可能使汽车失去转向能力。另外，从 $\varphi_{\mathrm{b}} - s$ 曲线可知，汽车的附着能力和车轮的运动状况有关。当滑动率 $s = 15\% \sim 20\%$ 时，制动力系数最大；而车轮完全抱死，$s = 100\%$ 时，制动力系数反而下降。一般汽车的制动系，包括装有调节阀能改变 β 线的制动系都无法利用峰值附着系数，在紧急制动时，常常是利用较小的滑动附着系数使车轮抱死。

为了充分发挥轮胎与地面间的潜在附着能力，全面满足对汽车的制动性要求，已采用了多种形式的 ABS。采用 ABS，在紧急制动时，能防止车轮完全抱死，而使车轮处于滑动率为 $15\% \sim 20\%$ 的状态。此时，制动力系数最大，侧向力系数也很大，从而使汽车在制动时不仅有较强的抗后轴侧滑能力，保证汽车的行驶方向稳定性，而且有良好的转向操纵性。由于利用了峰值附着系数，也能充分发挥制动效能，提高制动减速度和缩短制动距离。

6.7.3　汽车载质量

对于载质量较大的汽车，制动减速度增长时间会增大，导致平均制动减速度减小，制动距离增大。同时，前、后轮的制动器设计，一般不能保证在任何道路条件下都使其制动力同时达到附着极限，所以汽车的制动距离就会由于载质量的不同而发生差异。实践证明，对于载质量为 3 t 以上的汽车，大约载质量每增加 1 t，其制动距离平均要增加 1.0 m。即使是同一辆汽车，在装载质量和方式不同时，由于质心位置变动，也会影响汽车的制动距离。

6.7.4　车轮制动器

车轮制动器的摩擦副、制动鼓的构造和材料，对于制动器的摩擦力矩和制动效能的恒定性有很大影响。在设计制造中应选用优良的结构形式及材料，在使用维修中也应注意摩擦片的选用。

前已述及，双向自动增力蹄具有较大的制动效能因数，但制动器的稳定性差。双从蹄式制动器制动效能因数低，但稳定性较好。领从蹄式制动器介于两者之间。盘式制动器的制动效能没有鼓式的大，但其稳定性最好。

制动器的技术状况不仅和设计制造有关，而且和使用维修情况有密切关系。制动摩擦片和制动鼓的接触面积不足或接触不均匀，将降低制动摩擦力矩。而且局部接触的面积和部位不同，也将引起制动性能的差异。

制动摩擦片的表面不清洁，如沾有油污、水或污泥，则摩擦系数将减小，制动力矩随之降低。如汽车涉水之后水渗入制动器，其摩擦系数将急剧下降 20% ~30%。

6.7.5　制动初速度

制动初速度高时，需要通过制动消耗的运动能量也大，故制动距离会延长。制动初速度越高，通过制动器转化产生的热量也越多，制动器的温度也越高。制动蹄片的摩擦性能会随温度的升高而降低，导致制动力衰减，制动距离增长。

6.7.6　利用发动机制动

发动机的内摩擦力矩和泵气损耗可用来作为制动时的阻力矩，而且发动机的散热能力要比制动器强很多。一台发动机，在单位时间内大约有相当于其功率 1/3 的热量必须散发到冷却介质中去。因此，可把发动机当作辅助制动器。

发动机常用作减速制动和下坡时保持车速不变的惯性制动，一般用上坡的挡位来下坡。必须注意的是，在紧急制动时，发动机不仅无助于制动，反而需要消耗一部分制动力去克服发动机旋转质量的惯性力。因此，这时应脱开发动机与传动系的连接。

发动机的制动效果对汽车的制动性影响很大。它不仅能在较长的时间内发挥制动作用，减轻车轮制动器的负担，而且由于传动系中差速器的作用，可将制动力矩平均地分配在左、右车轮上，以减少侧滑甩尾的可能性。在光滑的路面上，这种作用就显得更为重要。此外由于发动机的制动作用，在行车中可显著地减少车轮制动器的使用次数，对改善驾驶条件十分有利。同时，又能经常保持车轮制动器处于低温而能发挥最大制动效果的状态，以备紧急制动时使用。

有些适合山区使用的柴油车，为了加强发动机的制动效果，在排气歧管的末端安装有排气制动器。排气制动器中设有阀门，制动时将阀门关闭，以增大排气歧管中的反压力，从而产生制动作用。这种方法称为排气制动。这时发动机作为耗功机（压缩机）。特别是在下长坡时，用发动机进行辅助制动，更能发挥其特殊的优越性。应用这种方法，一般可使发动机制动时所吸收的功率达到发动机有效功率的 50% 以上。

6.7.7　驾驶技术

驾驶技术对汽车的制动性有很大影响。制动时，如能保持车轮接近抱死而未抱死的状态，便可获得最佳的制动效果。经验证明，在制动时，如迅速交替地踩下和放松制动踏板（非紧急情况），即可提高其制动效果。因为，此时车轮边滚边滑，轮胎着地部分不断变换，故可避免由于轮胎局部剧烈发热胎面温度上升而降低制动效果。在紧急制动时，驾驶员如能急速踩下制动踏板，则制动系的起作用时间将缩短，从而缩短制动距离。在光滑路面上不可猛烈踩制动踏板，以免因制动力过大而超过附着极限，导致汽车侧滑。当然装备有 ABS 系统的汽车紧急制动时应将制动踏板快速踩到底直至汽车减速或停车。

6.7.8　道路条件

道路的附着系数 φ 限制了最大制动力，故它对汽车的制动性有很大的影响。当制动的初速度相同时，随着 φ 值的减小，制动距离随之增加。

由于冰雪路面上的附着系数特别小，所以制动距离增大。特别要注意冰雪坡道上的制动距离，并应利用发动机制动。有计算表明，在冰雪路面上，利用发动机制动的辅助作用可使制动距离缩短 20%～30%。

在冰雪路面上制动时方向稳定性变差，当车轮被制动到抱死时侧滑的危险程度将更大。汽车在冰雪路面上行驶时，应加装防滑链。

本章小结

1. 汽车的制动性评价：①制动效能，包括制动减速度、制动距离、制动时间及制动力等。②制动效能的恒定性，包括抗热衰退和水衰退的能力。③制动时的方向稳定性，指制动时是否会发生制动跑偏、侧滑和失去转向能力等。

2. 制动器制动力 F_μ、地面制动力 F_{Xb} 及附着力 F_φ 之间的关系：制动器制动力 F_μ 随制动系油压的增大而增大，而地面制动力 F_{Xb} 首先取决于制动器制动力 F_μ，但同时又受到地面附着力 F_φ 的限制。

3. 制动力系数 φ_b 与滑动率 s 的关系：制动力系数 φ_b 先随滑动率 s 的增大迅速增大，当 $s = 15\% \sim 20\%$ 时制动力系数达到峰值附着系数 φ_P，之后随滑动率 s 的增大略有下降，$s = 100\%$ 时为滑动附着系数 φ_s；

侧向力系数 φ_l 与滑动率 s 的关系：侧向力系数 φ_l 随滑动率 s 的增大逐渐减小，$s = 100\%$ 时侧向力系数较小。

4. 影响制动力系数的因素：路面、车速、轮胎结构、胎面花纹、路面的结构。

5. 制动过程的阶段：驾驶员反应时间、制动器作用时间、持续制动时间、放松制动器时间。

6. 制动距离的概念：指的是汽车速度为 u_{a0} 时，从驾驶员开始操纵制动控制装置（制动踏板）到汽车完全停住为止所驶过的距离。

制动距离计算公式：$s = \dfrac{1}{3.6}\left(\tau_2' + \dfrac{\tau_2''}{2}\right)u_{a0} + \dfrac{u_{a0}^2}{25.92 a_{b\max}}$。

决定制动距离 s 的主要因素：制动器作用时间、最大制动减速度即附着力以及起始制动车速。

7. 制动效能的恒定性主要指的是抗热衰退性能。抵抗热衰退的能力，常用一系列连续制动后，制动效能与冷制动时相比较下降的程度来表示。制动器的热衰退和制动器摩擦副材料以及制动器结构有关。

8. 制动时汽车跑偏的原因主要有：①汽车左、右车轮制动力不相等，特别是前轴左、右车轮（转向轮）制动器的制动力不相等。②制动时悬架导向杆系与转向系拉杆在运动学上不协调（互相干涉）。

9. 制动侧滑是指汽车制动时汽车的某一轴或两轴的发生横向移动的现象。后轴侧滑是一种不稳定、危险的工况。

10. 制动时，前、后轮的地面法向反作用力为
$$\begin{cases} F_{Z1} = \dfrac{G}{L}(b + zh_g) \\ F_{Z2} = \dfrac{G}{L}(a - zh_g) \end{cases}$$

11. 理想的前、后轮制动器制动力分配曲线是指制动时前、后车轮同时抱死时的前、后制动器制动力 $F_{\mu 1}$ 和 $F_{\mu 2}$ 的关系曲线。只要给定汽车总质量以及汽车质心的位置，就能作出 I 曲线。I 曲线可通过解析法和作图法获得。

12. 制动器制动力分配系数是指前制动器制动力与汽车总制动器制动力之比，$\beta = \dfrac{F_{\mu 1}}{F_{\mu}}$

13. 同步附着系数 φ_0 为 β 线与 I 曲线交点处的附着系数，$\varphi_0 = \dfrac{L\beta - b}{h_g}$

同步附着系数说明：前、后制动器制动力为固定比值的汽车，只有在同步附着系数的路面上制动时才能使前、后车轮同时抱死。

14. f 线组是在各种 φ 值路面上，后轮没有抱死前轮抱死时的前、后轮地面制动力的分配关系曲线。r 线组是前轮没有抱死后轮抱死时的前、后轮地面制动力的分配关系曲线。

15. 利用 β 线、I 曲线、f 线组与 r 线组的配合，分析汽车在不同 φ 值路面上的制动过程。①当 $\varphi < \varphi_0$ 时，β 线位于 I 曲线下方，制动时总是前轮先抱死，这是一种稳定工况，但失去转向能力。②当 $\varphi > \varphi_0$ 时，β 线位于 I 曲线上方，制动时总是后轮先抱死，因而容易发生后轴侧滑使汽车失去方向稳定性。③当 $\varphi = \varphi_0$ 时，汽车在制动时，前、后轮将同时抱死，也是一种稳定工况，但也失去转向能力。

16. 利用附着系数：汽车以一定的减速度制动时，除去制动强度 $z = \varphi_0$ 以外，不发生车轮抱死所要求的（最小）路面附着系数总是大于其制动强度。这个要求的（最小）路面附着系数就是利用附着系数

前轴的利用附着系数：$\varphi_f = \dfrac{F_{Xb1}}{F_{Z1}} = \dfrac{\beta z}{\dfrac{1}{L}(b + zh_g)}$。

后轴的利用附着系数：$\varphi_r = \dfrac{F_{Xb2}}{F_{Z2}} = \dfrac{(1 - \beta)z}{\dfrac{1}{L}(a - zh_g)}$。

制动效率为车轮不抱死的最大制动强度与车轮和地面间附着系数的比值。也就是车轮将

要抱死时的制动强度与被利用的附着系数之比。

17. 常用的制动压力调节装置有限压阀、比例阀、感载限压阀、感载比例阀等。

18. ABS 的理论依据：当滑动率 $s = 15\% \sim 20\%$ 时，制动力系数出现峰值 φ_P，此时地面制动力也获得较大值，而此时侧向力系数也较大，即同时具有一定的防侧滑能力。ABS 是将制动时的滑动率控制在 $15\% \sim 20\%$ 之间起到其作用的。

ABS 的优点：①制动力系数大，地面制动力大，制动距离短；②侧向力系数大，地面可作用于车轮的侧向力大，方向稳定性好；③由于车轮不抱死，减轻了轮胎磨损。

19. 影响制动性的主要因素：轴间载荷分配，制动力的调节和车轮防抱死，汽车载质量，车轮制动器，制动初速度，利用发动机制动，驾驶技术，道路条件。

复习思考题

1. 什么是汽车的制动性？汽车的制动性能的评价指标有哪些？

2. 什么是制动器制动力、地面制动力和附着力？三者有什么联系和区别？作出车轮和整车制动时的受力简图。

3. 什么是车轮的滑动率？制动力系数、侧向力系数与滑动率的关系如何？

4. 汽车制动过程可分为几个阶段？什么是汽车的制动距离？它与哪些因素有关？

5. 什么是汽车制动效能的恒定性？影响汽车制动器热衰退性的主要因素是什么？

6. 什么是汽车制动时的跑偏和侧滑？各有何特点？造成跑偏或侧滑的原因是什么？

7. 什么是汽车的同步附着系数 φ_0？如何选择？

8. 已知某汽车总质量 $m = 8025 \text{ kg}$，轴距为 $L = 4 \text{ m}$，质心位置 $a = 3.03 \text{ m}$，$b = 0.97 \text{ m}$，$h_g = 1.15 \text{ m}$，在纵坡 $\alpha = 15°$ 的良好路面上等速下坡（低速）时，地面法向反作用力 F_{Z1}、F_{Z2} 是多少？如果该车在附着系数 $\varphi = 0.7$ 的水平沥青路面上紧急制动时，获得的最大减速度是多大？

9. 已知某汽车总质量 4000 kg，前轴荷为 1350 kg，质心高度 0.88 m，轴距 $L = 2.8 \text{ m}$，同步附着系数 $\varphi_0 = 0.5$，试确定该车前后制动器制动力分配比例是多少？

10. 某汽车同步附着系数 $\varphi_0 = 0.4$，试分析该车在良好的沥青路面上（$\varphi = 0.7$）的制动过程（利用 β 线、I 曲线、f 线组与 r 线组分析）。

11. 已知汽车车速为 30 km/h，质心高度 0.65 m，轴距 3.0 m，质心至前轴距离 1.6 m，制动力分配系数为 0.6，制动系反应时间为 0.02 s，制动减速度上升时间为 0.2 s，路面为压紧雪路，滑动附着系数为 0.15，峰值附着系数为 0.2，g 取 9.8 m/s^2。

(1) 如果该车无 ABS 装置，计算汽车在该路面上车轮不抱死的制动距离和制动效率。

(2) 如果该车装备 ABS，计算汽车在该路面上的制动距离。

12. 请分析 ABS 的理论依据和优点。

第7章　汽车的操纵稳定性

　　汽车在行驶过程中，会碰到各种复杂的情况，有时沿直线行驶，有时沿曲线行驶。在出现意外情况时，驾驶员还要作出紧急的转向操作，以求避免事故。此外，汽车还要经受来自地面不平、坡道、大风等各种外部因素的干扰。一辆操纵性能良好的汽车必须具备以下的能力：

　　①根据道路、地形和交通情况的限制，汽车能够正确地遵循驾驶员通过操纵机构所给定的方向行驶的能力——汽车的操纵性。

　　②汽车在行驶过程中具有抵抗力图改变其行驶方向的各种干扰，并保持稳定行驶的能力——汽车的稳定性。

　　汽车的操纵性和稳定性有紧密的关系：汽车的操纵性差，导致汽车侧滑、翻倾，汽车的稳定性就破坏了。如汽车的稳定性差，则会失去操纵性，因此，通常将两者统称为汽车的操纵稳定性。汽车的操纵稳定性是指在驾驶者不感到过分紧张、疲劳的情况下，汽车能遵循驾驶者通过转向系统及转向车轮给定的方向行驶，且当遭遇外界干扰时，汽车能抵抗干扰而保持稳定行驶的能力。

　　汽车的操纵稳定性，是汽车的主要使用性能之一，随着汽车平均速度的提高，操纵稳定性显得越来越重要。汽车的操纵稳定性是汽车主动安全性的重要评价指标，它不仅影响着汽车的行驶安全，而且与汽车运输生产率以及驾驶员的疲劳强度有关。

7.1　概述

7.1.1　汽车的操纵稳定性基本内容

　　汽车的操纵稳定性需要采用较多的物理参量从多方面来进行评价。表7-1给出了汽车的操纵稳定性基本内容及评价所用物理参量。

　　在汽车的操纵稳定性研究中，常把汽车作为一个控制系统，求出汽车曲线行驶的时域响应和频域响应，并以它们来表征汽车的操纵稳定性能。

　　汽车曲线行驶的时域响应，是指汽车在转向盘输入或外界侧向干扰输入下的侧向运动响应。转向盘输入有角输入和力输入两种形式。给转向盘作用一个角位移，称为角位移输入，简称角输入；给转向盘作用一个力矩，称为力矩输入，简称力输入。在实际驾驶车辆时，驾驶员对转向盘同时加入这两种输入。外界侧向干扰输入主要是指侧向风与路面不平产生的侧向力。

汽车是一个由若干部件组成的物理系统，具有惯性、弹性、阻尼等许多动力学的特点，是一个多自由度动力学系统。构成汽车动力学系统的元件，如轮胎、悬架、转向系等，具有非线性特性，描述汽车的微分方程应是非线性微分方程，即汽车为非线性系统。通常，汽车侧向加速度不超过 $0.4g$，若忽略一些次要因素，则可以近似地把汽车看作线性动力学系统。本章就是把汽车作为线性系统来分析讨论的。

表 7−1　汽车的操纵稳定性基本内容及评价所用物理参量

基本内容	主要评价参量
转向盘角阶跃输入下进入的稳态响应 – 转向特性 转向盘角阶跃输入下的瞬态响应	稳态横摆角速度增益 – 转向灵敏度 反应时间、横摆角速度波动的无阻尼圆频率
横摆角速度频率响应特性	共振峰频率、共振时振幅比、相位滞后角、稳态增益
转向盘中间位置操纵稳定性	转向灵敏度、转向盘力特性—转向盘转矩梯度、转向功灵敏度
回正性	回正后剩余横摆角速度与剩余横摆角、达到剩余横摆角速度的时间
转向半径	最小转向半径
转向轻便性 原地转向轻便性 低速行驶转向轻便性 高速行驶转向轻便性	转向力、转向功
直线行驶性能 直线行驶性 侧向风稳定性 路面不平度稳定性	转向盘转角和（累计值） 侧向偏移 侧向偏移
典型行驶工况性能 蛇行性能 移线性能 双移线性能——回避障碍性能	转向盘转角、转向力、侧向加速度、横摆角速度、侧偏角、车速等
极限行驶能力 圆周行驶极限侧向加速度 抗侧翻能力 发生侧滑时的控制性能	极限侧向加速度 极限车速 回至原来路径所需时间

7.1.2　人 – 汽车闭环系统

在汽车的操纵稳定性研究中可以将汽车仅作为一个开环系统进行分析和研究。在这种开环系统中，假定驾驶员只是机械地将转向盘做必要的转动，而不允许根据汽车的转向运动做任何操纵修正动作，即不存在任何反馈作用。因此将汽车当作开环系统来研究，汽车的响应完全取决于汽车的结构参数，能够较好地反映汽车本身的固有特性。这种开环系统的时域响应可以通过建立数学模型进行理论分析，也可用测试设备通过试验测量进行客观分析。

虽然汽车的开环系统研究可以为汽车的操纵稳定性提供可靠的分析手段，但是汽车的操纵稳定性是与汽车驾驶员相关的。因此汽车的操纵稳定性研究对象应把驾驶员与汽车作为一个统一的整体。图7-1概括地描述了人-汽车系统中驾驶员与汽车的关系。驾驶员根据需要，操纵转向盘使汽车做一定的转向行驶运动；路面凸凹不平、侧向风等干扰因素也影响汽车的行驶。驾驶员根据道路、交通等情况，通过身体器官感知到汽车运动的状态，经头脑的分析、判断，对转向盘进行操纵修正。如此不断地反复循环，驾驶员操纵汽车行驶前进。由此可知，在人-汽车系统中，通过驾驶员把系统的输出参数反馈到输入控制中去。因此，人-汽车系统是一个闭环系统。驾驶员的反馈作用十分复杂，目前理论研究尚不成熟，人-汽车系统的汽车的操纵稳定性借助试验进行测定。表7-1中的典型行驶工况性能就是人-汽车系统的操纵稳定性能，是指人-汽车系统通过某种典型通道时的性能。

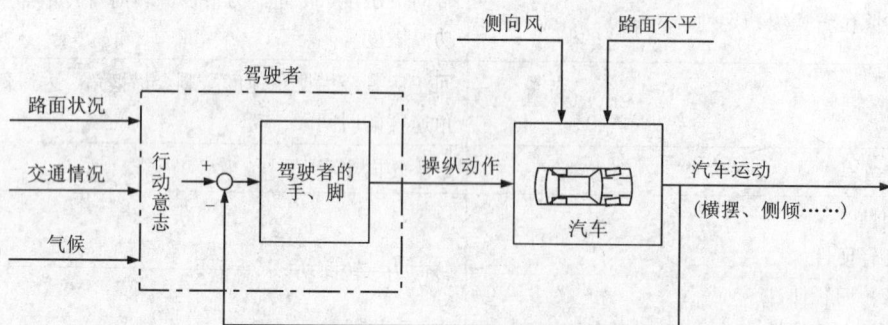

图7-1　人-汽车系统

尽管试验得到的人-汽车系统的性能真实地反映了汽车的操纵稳定性能，但是由于实施试验的驾驶员的操作特性起着反馈的作用，所以，客观性及再现性就不如开环系统汽车的时域响应好。人-汽车系统的操纵稳定性只能在已具有实际车辆的条件下通过试验求得，目前尚不能用理论分析与计算进行准确预测。

7.1.3　汽车的操纵稳定性试验评价方法

汽车的操纵稳定性试验评价有主观评价和客观评价两种方法。客观评价法是通过测试仪器测出表征性能的物理量，如横摆角速度、侧向加速度、侧倾角及转向力等来评价汽车的操纵稳定性的方法。主观评价法就是让试验评价者根据试验时自己的感觉来进行评价。

汽车本身特性的开环系统只能采用客观评价法。人-汽车系统的试验常同时采用客观评价与主观评价两种方法。

汽车是由人来驾驶的，因此主观评价法始终是操纵稳定性的最终评价方法。客观评价中采用的物理量是否可以表征操纵稳定性，就取决于用这些物理量评价性能的结果与主观评价是否一致。有经验的测试者在进行主观评价试验时，还能发现仪器所不能检验出来的现象。通常先由试验者的感觉发现问题，然后再用仪器测试。虽然开环系统试验只用客观评价法，但是其试验方法的本身及采用的评价指标，实际上均是由人们的长期实践或专门设置的主观评价试验来检验和确定的。

　　主观评价受到评价者个人主观因素的影响，不同评价者可能给出差别较大的评价结果。一般情况下，主观评价不能给出汽车性能与汽车结构二者之间有何种联系的信息。而开环系统客观评价试验中的评价指标，可以通过理论分析确定它们与汽车结构参数的函数关系，因此开环系统客观评价试验可以得出改变汽车结构及结构参数以提高性能的具体途径。

7.2　汽车的转向特性

7.2.1　概述

　　汽车时域响应可分为不随时间变化的稳态响应和随时间变化的瞬态响应。汽车等速直线行驶就是一种稳态。在汽车等速直线行驶时，若急速转动转向盘至某一转角并维持此转角不变时，即给汽车转向盘一个角阶跃输入。一般汽车经短暂时间后便进入等速圆周行驶，这也是一种稳态，称为转向盘角阶跃输入下进入的稳态响应。

　　在等速直线行驶与等速圆周行驶这两个稳态运动之间的过渡过程是一种瞬态，相应的瞬态运动响应称为转向盘角阶跃输入下的瞬态响应。

　　汽车的等速圆周行驶，即汽车转向盘角阶跃输入下进入的稳态响应，在实际行驶中不常出现，但却是表征汽车的操纵稳定性的一个重要的时域响应，称为汽车稳态转向特性。汽车稳态转向特性分为不足转向(under steer, US)、中性转向(neutal steer, NS)和过多转向(over steer, OS)三种类型。图 7-2 为这三种不同转向特性汽车的行驶特点。在转向盘保持固定转角 δ_{sw}(δ_{sw} 为转向盘角)下，缓慢加速或以不同车速等速行驶时，随着车速的增加，不足转向汽车的转向半径增大；中性转向汽车的转向半径维持不变；而过多转向汽车的转向半径则越来越小。操纵稳定性良好的汽车应具有适度的不足转向特性。一般汽车不应具有过多转向特性，也不应具有中性转向特性。因为中性转向汽车在使用条件变动时，有可能转变为过多转向特性。

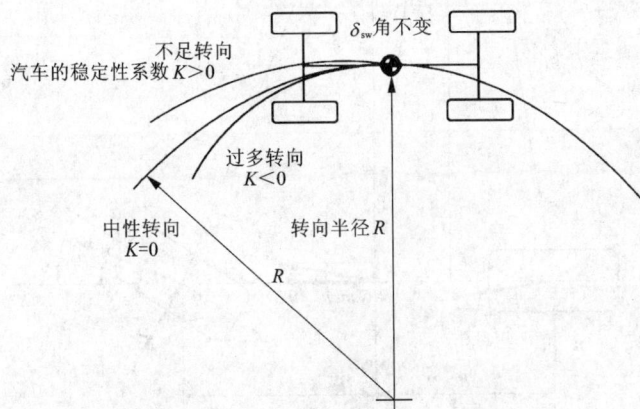

图 7-2　汽车的三种稳态转向特性

7.2.2 线性二自由度汽车模型

（1）线性二自由度汽车模型的基本假设

为了分析汽车的操纵稳定性基本特性，通常将汽车简化为线性二自由度汽车模型。线性二自由度汽车模型的基本假设包括：

①忽略汽车转向系统的影响，直接以前轮转角作为输入，且汽车内、外侧车轮的转向角以及侧偏角相等。

②忽略汽车悬架系统的作用，认为汽车车厢只作平行于地面的平面运动，即汽车沿 Z 轴的位移，绕 Y 轴的俯仰角与绕 X 轴的侧倾角均为零。

③汽车沿 X 轴的速度不变。

④汽车的侧向加速度限定在 $0.4g$ 以下，轮胎的侧偏特性处于线性范围。忽略左、右车轮轮胎由于载荷的变化而引起轮胎特性的变化以及轮胎回正力矩的作用。

⑤汽车运动时的驱动力不大，不考虑地面切向力对轮胎侧偏特性的影响。

⑥忽略空气动力的作用。

这样，就把汽车简化为两轮车模型，只有沿 Y 轴的侧向运动与绕 Z 轴的横摆运动两个自由度，如图 7 - 3 所示。它实际是一个由前、后两个有侧向弹性的轮胎支承于地面上、具有侧向及横摆运动的二自由度汽车模型。

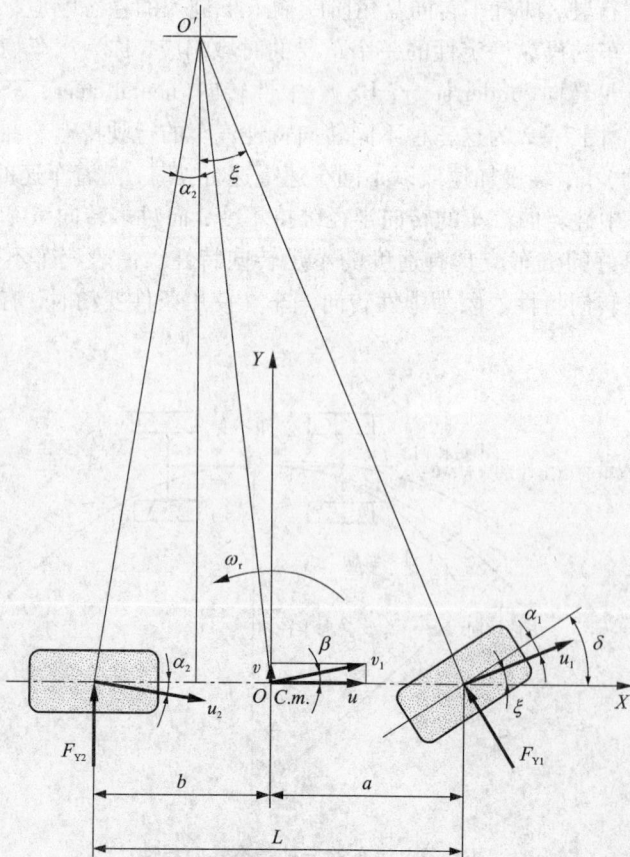

图 7 - 3 二自由度汽车模型

（2）线性二自由度汽车模型的运动微分方程

分析线性二自由度汽车模型时，令车辆坐标系的原点与汽车质心重合。显然，汽车质量分布参数如转动惯量等，对固结于汽车的这一动坐标系而言为常数。因此，只要将汽车的（绝对）加速度与（绝对）角加速度及外力与外力矩沿车辆坐标系的轴线分解，就可以列出沿这些坐标轴的运动微分方程。

首先确定汽车质心（绝对）加速度在车辆坐标系上的分量。

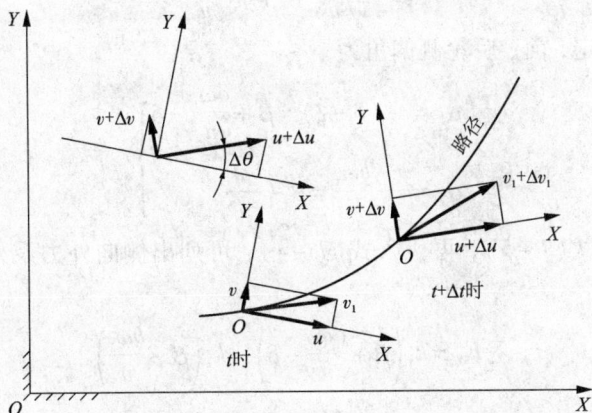

图 7 - 4　利用固结于汽车的车辆坐标系分析汽车的运动

如图 7 - 4 所示，OX 与 OY 为车辆坐标系的纵轴与横轴。质心速度 v_1 于 t 时刻在 OX 轴上的分量为 $u_0 = u$，在 OY 轴上的分量为 $v_0 = v$。由于汽车转向行驶时伴有平移和转动，在 $t + \Delta t$ 时刻，车辆坐标系中质心速度的大小与方向均发生变化，而车辆坐标系的纵轴与横轴的方向亦发生变化。所以，沿 OX 轴速度分量的变化为

$$\Delta V_x = (u + \Delta u)\cos\Delta\theta - u - (v + \Delta v)\sin\Delta\theta = u\cos\Delta\theta + \Delta u\cos\Delta\theta - u - v\sin\Delta\theta - \Delta v\sin\Delta\theta$$

由于 $\Delta\theta$ 很小，$\cos\Delta\theta \approx 1$，$\sin\Delta\theta \approx \Delta\theta$，并忽略二阶微量，则有

$$\Delta V_x \approx \Delta u - v\Delta\theta \tag{7-1}$$

对式（7-1）除以 Δt 并取极限，就可求出汽车质心绝对加速度在车辆坐标系 OX 轴的分量为

$$a_x = \lim_{\Delta t \to 0} \frac{\Delta u - v\Delta\theta}{\Delta t} = \frac{du}{dt} - v\frac{d\theta}{dt} = \dot{u} - v\omega_r \tag{7-2}$$

同理，汽车质心绝对加速度在车辆坐标系 OY 轴的分量为

$$a_y = \dot{v} + u\omega_r \tag{7-3}$$

由图 7-3 可知，二自由度汽车受到的外力沿 Y 轴方向的合力与绕质心的力矩和为

$$\left.\begin{aligned} \sum F_Y &= F_{Y1}\cos\delta + F_{Y2} \\ \sum M_Z &= aF_{Y1}\cos\delta - bF_{Y2} \end{aligned}\right\} \tag{7-4}$$

式中：F_{Y1}、F_{Y2} 分别为地面对前、后轮的侧向反作用力，即侧偏力；δ 为前轮转角。

由于 δ 很小，$\cos\delta \approx 1$，且 $F_{Y1} = k_1\alpha_1$，$F_{Y2} = k_2\alpha_2$，所以式（7-4）可写为

$$\left.\begin{aligned} \sum F_Y &= k_1\alpha_1 + k_2\alpha_2 \\ \sum M_Z &= ak_1\alpha_1 - bk_2\alpha_2 \end{aligned}\right\} \tag{7-5}$$

汽车前、后轮侧偏角与其运动参数有关。如图 7 - 3 所示,汽车前、后轴中点的速度为 u_1、u_2,侧偏角为 α_1、α_2,质心侧偏角为 β,$\beta = \dfrac{v}{u}$。ζ 是 u_1 与 X 轴的夹角,根据相对运动原理有

$$u_1 \sin\zeta = v + a \cdot \omega_r = u\tan\zeta$$

因此

$$\zeta = \frac{v + a\omega_r}{u} = \beta + \frac{a\omega_r}{u}$$

根据坐标系的规定,前、后轮侧偏角为

$$\left.\begin{aligned}
\alpha_1 &= -(\delta - \zeta) = \beta + \frac{a\omega_r}{u} - \delta \\
\alpha_2 &= \frac{v - b\omega_r}{u} = \beta - \frac{b\omega_r}{u}
\end{aligned}\right\} \tag{7-6}$$

将式(7 - 6)代入式(7 - 5),再代入式(7 - 4),可列出侧向外力及外力矩与汽车运动参数的关系式为

$$\sum F_Y = k_1\left(\beta + \frac{a\omega_r}{u} - \delta\right) + k_2\left(\beta - \frac{b\omega_r}{u}\right)$$

$$\sum M_Z = ak_1\left(\beta + \frac{a\omega_r}{u} - \delta\right) - bk_2\left(\beta - \frac{b\omega_r}{u}\right)$$

将式(7 - 3)、$\sum F_Y = ma_y$ 及 $\sum M_Z = I_Z\dot\omega_r$ 代入上述关系式,整理后得二自由度汽车运动微分方程式为

$$\left.\begin{aligned}
(k_1 + k_2)\beta + \frac{1}{u}(ak_1 - bk_2)\omega_r - k_1\delta &= m(\dot v + u\omega_r) \\
(ak_1 - bk_2)\beta + \frac{1}{u}(a^2k_1 + b^2k_2)\omega_r - ak_1\delta &= I_Z\dot\omega_r
\end{aligned}\right\} \tag{7-7}$$

式中:I_Z 为汽车绕 Z 轴的转动惯量;$\dot\omega_r$ 为汽车横摆角加速度。

方程组(7 - 7)虽然简单,却包含最重要的汽车质量与轮胎侧偏刚度两方面的参数。所以能够反映汽车曲线运动最基本的特征。

7.2.3 前轮角阶跃输入下进入的汽车稳态响应

(1)稳态横摆角速度增益与稳定性因数

汽车等速行驶时,在前轮角阶跃输入下进入的稳态响应就是等速圆周行驶。常用稳态横摆角速度与前轮转角之比 $\dfrac{\omega_r}{\delta}\bigg)_s$ 来评价稳态响应。该比值被称为稳态横摆角速度增益或转向灵敏度(在一些文献中也有将 $\dfrac{\omega_r}{\delta_{sw}}\bigg)_s$ 称为转向灵敏度的)。

稳态时横摆角速度 ω_r 为定值,即 $\omega_r = \mathrm{const}$,此时 $\dot v = 0$、$\dot\omega_r = 0$,以此代入式(7 - 7)得

$$\left.\begin{aligned}
(k_1 + k_2)\frac{v}{u} + \frac{1}{u}(ak_1 - bk_2)\omega_r - k_1\delta &= mu\omega_r \\
(ak_1 - bk_2)\frac{v}{u} + \frac{1}{u}(a^2k_1 + b^2k_2)\omega_r - ak_1\delta &= 0
\end{aligned}\right\} \tag{7-8}$$

将方程组(7-8)联立并消去 v，便可求得稳态横摆角速度增益为

$$\left.\frac{\omega_r}{\delta}\right)_s = \frac{u/L}{1 + \dfrac{m}{L^2}\left(\dfrac{a}{k_2} - \dfrac{b}{k_1}\right)u^2} = \frac{u/L}{1 + Ku^2} \tag{7-9}$$

式中：K 为稳定性因数，s^2/m^2，$K = \dfrac{m}{L^2}\left(\dfrac{a}{k_2} - \dfrac{b}{k_1}\right)$，是表征汽车稳态响应的一个重要参数。

（2）稳态响应的类型

汽车稳态响应可根据 K 值分为三类。

1）中性转向（Neutral Steer，NS）

若 $K = 0$，则 $\left.\dfrac{\omega_r}{\delta}\right)_s = u/L$，即横摆角速度增益与车速呈线性关系，斜率为 $1/L$。这种稳态响应称为中性转向，如图 7-5 所示。

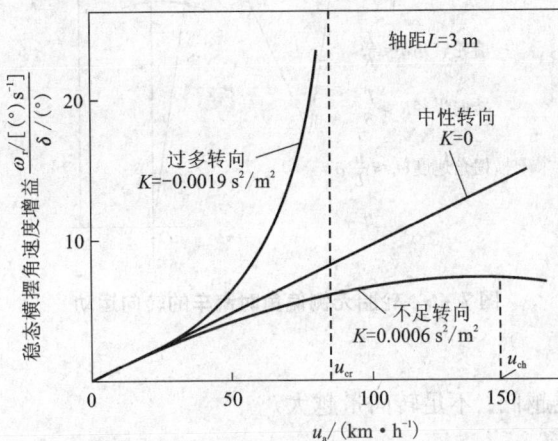

图 7-5 汽车稳态横摆角速度增益曲线

关系式 $\left.\dfrac{\omega_r}{\delta}\right)_s = u/L$ 就是汽车以极低车速行驶而无侧偏角时的转向关系。如图 7-6 所示，在无侧偏角时，$\alpha_1 = \alpha_2 = 0$，前轮转角 $\delta \approx L/R$，转向半径 $R \approx L/\delta$，横摆角速度 $\omega_r = \dfrac{u}{L}\delta$。因此，横摆角速度增益也为 $\left.\dfrac{\omega_r}{\delta}\right)_s = u/L$。

2）不足转向（Under Steer，US）

当 $K > 0$ 时，式(7-9)分母大于1，横摆角速度增益 $\left.\dfrac{\omega_r}{\delta}\right)_s$ 比中性转向时要小。$\left.\dfrac{\omega_r}{\delta}\right)_s$ 不再与车速呈线性关系，$\left.\dfrac{\omega_r}{\delta}\right)_s - u$ 曲线是一条低于中性转向的汽车稳态横摆增益线。首先 $\left.\dfrac{\omega_r}{\delta}\right)_s$ 随着 u 的增加而增加；当车速达到特征车速 $u_{ch} = \sqrt{1/K}$ 时，横摆角速度增益 $\left.\dfrac{\omega_r}{\delta}\right)_s$ 达到最大值；之后随速度 u 的增加而下降，如图 7-5 所示。具有这样特性的汽车称为不足转向汽车。

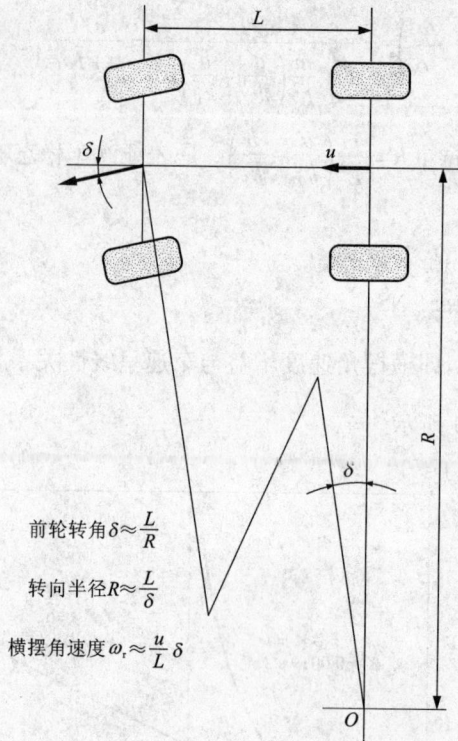

前轮转角 $\delta \approx \dfrac{L}{R}$

转向半径 $R \approx \dfrac{L}{\delta}$

横摆角速度 $\omega_r \approx \dfrac{u}{L}\delta$

图7-6　轮胎无侧偏角时汽车的转向运动

K 值越大，$\dfrac{\omega_r}{\delta}\Big)_s - u$ 曲线越低，不足转向量越大。

可以证明，当车速为特征车速 u_{ch} 时，汽车稳态横摆角速度增益达到最大值，而且其横摆角速度增益为与轴距 L 相等的中性转向汽车横摆角速度增益的 50%，即 $\dfrac{\omega_r}{\delta}\Big)_{K>0} = \dfrac{1}{2}\dfrac{\omega_r}{\delta}\Big)_{K=0}$。特征车速 u_{ch} 是表征不足转向量的一个参数。当不足转向量增加时，K 增大，特征车速 u_{ch} 降低。

3）过多转向（Over Steer，OS）

当 $K<0$ 时，式(7-9)中的分母小于1，横摆角速度增益 $\dfrac{\omega_r}{\delta}\Big)_s$ 比中性转向时大。随着车速的增加，$\dfrac{\omega_r}{\delta}\Big)_s - u$ 曲线向上弯曲，如图7-5所示。具有这种特性的汽车称为过多转向汽车。K 值越小，即 K 的绝对值越大，过多转向量越大。显然，当车速为 $u_{cr} = \sqrt{-1/K}$ 时，$\dfrac{\omega_r}{\delta}\Big)_s \to \infty$。$u_{cr}$ 称为临界车速，是表征过多转向量的一个参数。临界车速越低，过多转向量越大。

过多转向汽车达到临界车速时将失去稳定性。因为 ω_r/δ 趋于无穷大时，只要极其微小的前轮转角便会产生极大的横摆角速度。这意味着汽车的转向半径 R 极小，汽车发生激转而侧滑或翻车。由于过多转向汽车有失去稳定性的危险，故汽车都应具有适度的不足转向特性。

图 7-7(a)所示是 Santana Xi5 轿车在不同侧向加速度下的 K 值曲线。图 7-7(b)是 1996 年日本 Motor Fan 期刊给出的 Benz E230 轿车的 K 值曲线，图中阴影区为该期刊在前 4 年中测得的轿车的 K 值曲线范围。根据此试验数据，现代轿车在侧向加速度为 $0.3g$ 时的平均 K 值为 $0.0024\ \mathrm{s^2/m^2}$，在 $0.5g$ 时的平均 K 值为 $0.0026\ \mathrm{s^2/m^2}$。

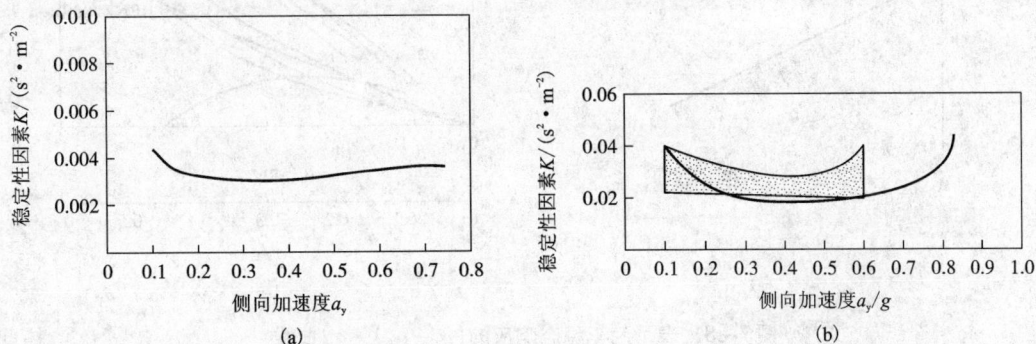

图 7-7　侧向加速度与稳定性因数

(3)表征稳态响应的参数

为了试验与分析的方便，国内外研发部门根据自己的传统习惯，还采用一些别的参数来描述和评价汽车的稳态响应。

1)前、后轮侧偏角绝对值之差 $(\alpha_1 - \alpha_2)$

为了测定汽车的稳态响应，常输入固定的转向盘转角，令汽车以不同的等速度做圆周行驶，测出其前、后轮侧偏角的绝对值 α_1、α_2。并以 $(\alpha_1 - \alpha_2)$ 与侧向加速度 a_y(绝对值)的关系曲线来评价汽车的稳态响应，如图 7-8 所示。

汽车的稳定性因数 K 为

$$K = \frac{m}{L^2}\left(\frac{a}{k_2} - \frac{b}{k_1}\right) = \frac{ma_y}{L^2 a_y}\left(\frac{a}{k_2} - \frac{b}{k_1}\right) = \frac{1}{La_y}\left(\frac{ma_y a/L}{k_2} - \frac{ma_y b/L}{k_1}\right) = \frac{1}{a_y L}\left(\frac{F_{Y2}}{k_2} - \frac{F_{Y1}}{k_1}\right)$$

由于侧向加速度 a_y 与前、后轮的侧偏角 $\dfrac{F_{Y1}}{k_1}$、$\dfrac{F_{Y2}}{k_2}$ 符号相反，因此上式经整理得

$$K = \frac{1}{a_y L}(\alpha_1 - \alpha_2) \tag{7-10}$$

式中：α_1、α_2 以及侧向加速度 a_y 均取绝对值。

式(7-10)表明，$\alpha_1 - \alpha_2$ 与 a_y 呈线性关系，其斜率为 KL，参见图 7-8(a)。若 $\alpha_1 - \alpha_2 > 0$，则 $K > 0$，为不足转向；当 $\alpha_1 - \alpha_2 = 0$ 时，则 $K = 0$，为中性转向；当 $\alpha_1 - \alpha_2 < 0$ 时，$K < 0$ 时，为过多转向。

下面讨论 $(\alpha_1 - \alpha_2)$ 值与汽车转向半径 R 的关系，来进一步说明 $(\alpha_1 - \alpha_2)$ 与稳态响应的内在联系。

稳态横摆角速度增益为

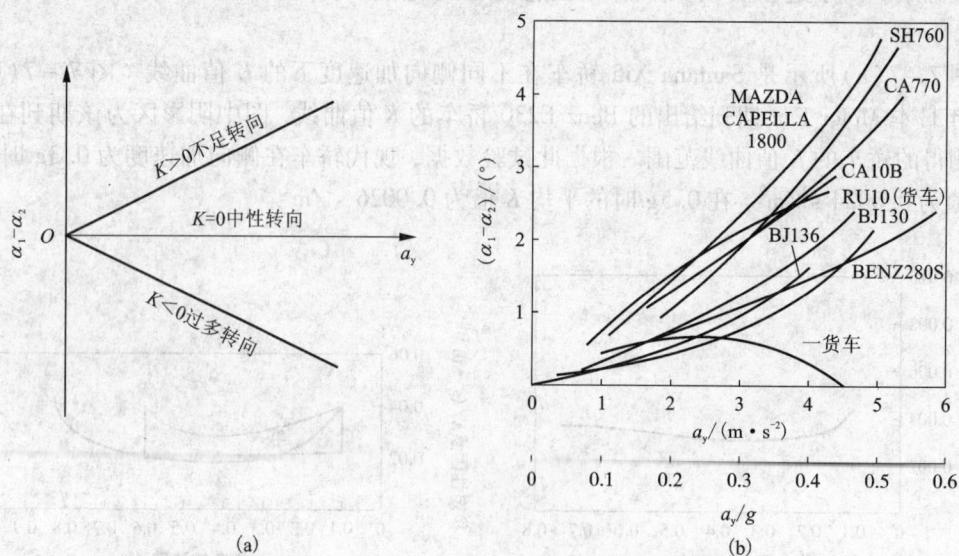

图 7-8 表示汽车稳态响应的 $(\alpha_1 - \alpha_2) - a_y$ 曲线

$$\frac{\omega_r}{\delta} = \frac{u/L}{1 + Ku^2}$$

所以

$$R = \frac{u}{\omega_r} = \frac{L}{\delta}(1 + Ku^2)$$

整理得

$$\delta = \frac{L}{R} + \frac{KLu^2}{R} = \frac{L}{R} + LKa_y$$

将式(7-10)代入得

$$\delta = \frac{L}{R} + (\alpha_1 - \alpha_2) \tag{7-11}$$

若以前轮转角 δ 作为输入,转向半径 R 作为输出,式(7-11)可写作

$$R = \frac{L}{\delta - (\alpha_1 - \alpha_2)} \tag{7-12}$$

式(7-12)表明,若输入一定前轮转角 δ,在车速 u 极低、侧偏角可以忽略不计时,转向半径 $R = R_0 = \dfrac{L}{\delta}$。车速提高后,前、后轮有侧偏角,若 $\alpha_1 - \alpha_2 > 0$,则 $R > R_0$。在这种条件下,转向效果受到抑制。由于 $(\alpha_1 - \alpha_2)$ 绝对值将随侧向加速度 a_y 的提高而加大,因此这种抑制作用将随 a_y 的增大而增加,即为不足转向。当 $\alpha_1 - \alpha_2 = 0$ 时,则 $R = R_0$,为中性转向;当 $\alpha_1 - \alpha_2 < 0$ 时,$R < R_0$,汽车的转向效果加强,这种转向加强作用是随 a_y 的增大而增加的,即为过多转向。因此,$(\alpha_1 - \alpha_2)$ 可作为表征汽车稳态响应的评价指标。

当 $a_y > 0.3g$ 后,轮胎的侧偏特性已进入明显的非线性区域,$(\alpha_1 - \alpha_2)$ 与 a_y 一般不再存在线性关系,如图 7-8(b)所示。有些汽车在大侧向加速度下,稳态响应特性发生显著变化。后轮或前轮侧偏角、汽车横摆角速度发生急剧变化,以致不能再维持圆周行驶,出现转向半

140

径迅速增加或迅速减小的情况。

在实际$(\alpha_1 - \alpha_2) - a_y$关系曲线中,应以曲线的斜率来区别其转向特性。斜率大于零时,随着侧向加速度a_y的增加,$(\alpha_1 - \alpha_2)$增加,转向半径R增加,汽车具有不足转向特性;斜率小于零时,随着侧向加速度的增加,$(\alpha_1 - \alpha_2)$减小,转向半径R减小,汽车具有过多转向特性;斜率等于零时,汽车为中性转向。

2)转向半径比R/R_0

在前轮转角δ不变的条件下,若车速极低,则汽车侧向加速度接近于零(轮胎侧偏角可忽略不计),此时转向半径为$R = R_0 = \dfrac{L}{\delta}$。而一定车速下有一定侧向加速度时的转向半径为$R$,则这两个转向半径之比$R/R_0$也可用来表征汽车的稳态响应。

汽车的转向半径为

$$R = \frac{u}{\omega_r} = (1 + Ku^2)\frac{L}{\delta} = (1 + Ku^2)R_0$$

故

$$\frac{R}{R_0} = 1 + Ku^2 \tag{7-13}$$

当$K = 0$时,$R = R_0$,即中性转向汽车的转向半径不随车速发生变化,转向半径始终为R_0。当$K > 0$时,$R/R_0 > 1$,即不足转向汽车的转向半径总大于R_0,且由式(7-13)可知,转向半径R将随车速u增加而增大。当$K < 0$时,$R/R_0 < 1$,即过多转向汽车的转向半径总小于R_0,且转向半径R将随车速u的增加而减小。

图7-9(a)是按式(7-13)绘制的转向半径比$R/R_0 - u^2$值曲线。图7-9(b)是某轻型客车的$R/R_0 - a_y$曲线。

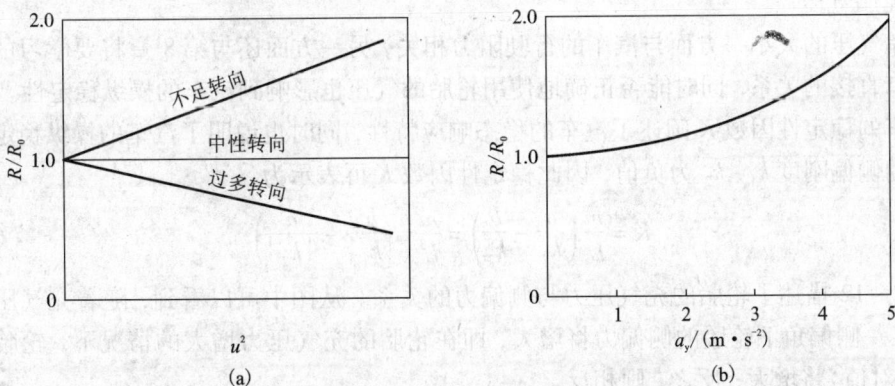

图7-9　用转向半径比值R/R_0表征汽车稳态转向的曲线

3)静态储备系数

静态储备系数S. M.(Static Margin)和处于汽车纵轴上的中性转向点有关。中性转向点是指使汽车前、后轮产生同一侧偏角的侧向力作用点。

可通过力矩平衡找出中性转向点的位置。如图7-10所示,当侧向力作用于中性转向点的位置时,前、后轮产生同一侧偏角$\alpha_1 = \alpha_2 = \alpha$,前、后轴的侧偏力$F_{Y1} = k_1\alpha$,$F_{Y2} = k_2\alpha$。因

此，中性转向点 C_n 距前轴的距离为

$$a' = \frac{F_{Y2}L}{F_{Y1}+F_{Y2}} = \frac{k_2}{k_1+k_2}L$$

静态储备系数 $S.M.$ 就是中性转向点 C_n 至前轴距离 a' 和汽车质心 C 至前轴距离 a 之差 $(a'-a)$ 与轴距 L 之比值，即

$$S.M. = \frac{a'-a}{L} = \frac{k_2}{k_1+k_2} - \frac{a}{L} \qquad (7-14)$$

当中性转向点与质心重合时，$a'=a$，$S.M.=0$，在质心位置上作用的侧向力引起前、后轮的侧偏角相等 $(\alpha_1=\alpha_2)$，汽车具有中性转向特性。

当质心在中性转向点之前时，$a'>a$，$S.M.>0$，在质心位置上作用的侧向力引起的前轮侧偏角大于后轮侧偏角 $(\alpha_1>\alpha_2)$，汽车具有不足转向特性。

当质心在中性转向点之后时，$a'<a$，$S.M.<0$，在质心位置上作用的侧向力引起的后轮侧偏角大于前轮侧偏角 $(\alpha_1<\alpha_2)$，汽车具有过多转向特性。

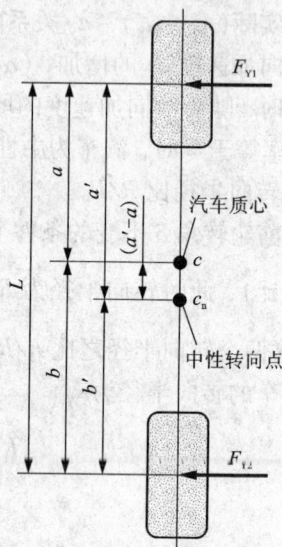

图 7-10 中性转向点位置的确定

（4）影响汽车稳态响应的主要使用参数

前面分析了汽车的几种稳态响应特性参数以及它们与汽车的操纵稳定性的关系。汽车在使用过程中一些参数或技术条件的变化，如轮胎的充气压力、装载质量、轮胎的混装以及轮胎型号和结构等，也将导致汽车的稳态响应特性发生变化，最终影响到汽车的操纵稳定性。

下面就两个主要的汽车使用参数对汽车稳态响应特性的影响进行一定的分析。

1）轮胎气压

轮胎气压的大小一方面与汽车的行驶阻力相关，另一方面还与第 8 章将要学习的汽车的平顺性有直接的关系，同时能否正确地使用轮胎的气压也影响到汽车的操纵稳定性。

汽车的稳定性因数 K 阐述了汽车的稳态响应特性，同时也说明了汽车的操纵稳定性。由于轮胎的侧偏刚度 k_1、k_2 为负值，因此稳定性因数 K 可表示为

$$K = \frac{m}{L^2}\left(\frac{a}{k_2} - \frac{b}{k_1}\right) = \frac{m}{L^2}\left(\frac{b}{|k_1|} - \frac{a}{|k_2|}\right) \qquad (7-15)$$

图 2-12 描述了轮胎的充气压力与侧偏力的关系。从图中可以看到，随着充气压力的增加，在某一侧偏角下轮胎的侧偏力将增大，即在轮胎的充气压力增大的情况下，轮胎的侧偏刚度（绝对值）将增大；反之，则相反。

假设汽车前轮充气压力增大，前轮的侧偏刚度的绝对值 $|k_1|$ 将增大，因此按式（7-15）计算得到的汽车的稳定性因数 K 值将减小，极限情况下将使得 $K<0$，汽车稳态响应特性变为过多转向特性，使汽车的操纵稳定性变坏。

同理，也可以推导前轮气压减小或者后轮气压变化情况下汽车转向特性的变化情况。

2）装载质量

在汽车的运用过程中，不可避免地将使汽车装载质量发生变化，如载货汽车运输的货物量的变化。装载质量的变化也将影响汽车的操纵稳定性。

汽车的装载质量一方面影响轮胎上的侧偏力大小，从而影响车轮的侧偏刚度，如图 2 – 11 所示；另一方面也将改变汽车质心的位置，即改变式(7 – 15)中的 a 和 b 的值。

为了分析简单，假设轮胎的侧偏力大小与装载质量无关，并假设在汽车装载质量增大的情况下，汽车质心的位置将向后移动(一般载货汽车的特性)，即 b 减小而 a 增大。因此按式(7 – 15)计算得到的汽车的稳定性因数 K 值将减小，极限情况下将使得 $K < 0$，汽车稳态响应特性变为过多转向特性，使汽车的操纵稳定性变坏。这也是一些超载汽车经常发生车祸的直接原因之一。

7.2.4　前轮角阶跃输入下的瞬态响应

给等速直线行驶的汽车以前轮角阶跃输入，经过短暂时间后，将进入等速圆周行驶。等速直线行驶与等速圆周行驶的过渡过程便是瞬态，相应的响应称为前轮角阶跃输入引起的汽车瞬态响应。在一般汽车行驶时，实际上驾驶员不断接触到的是汽车的瞬态响应。在瞬态响应过程中，汽车的特征参数如质心侧偏角 β 以及横摆角速度 ω_r 将随着时间的变化而变化，因此汽车的瞬态响应比稳态响应更为复杂，也更能表征汽车的操纵稳定性。图 7 – 11 为某型汽车在转向盘角阶跃输入下的横摆角速度响应曲线。

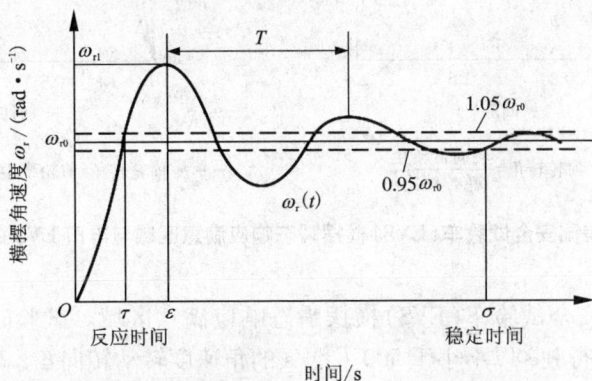

图 7 – 11　转向盘角阶跃输入时的汽车瞬态响应

(1)前轮角阶跃输入下的横摆角速度瞬态响应

将线性二自由度汽车的微分方程式(7 – 7)重写如下

$$\left.\begin{aligned}(k_1 + k_2)\beta + \frac{1}{u}(ak_1 - bk_2)\omega_r - k_1\delta &= m(\dot{v} + u\omega_r)\\[4pt](ak_1 - bk_2)\beta + \frac{1}{u}(a^2k_1 + b^2k_2)\omega_r - ak_1\delta &= I_z\dot{\omega}_r\end{aligned}\right\}$$

横摆角加速度 $\dot{\omega}_r$ 是汽车的操纵稳定性中非常重要的一个参数，因此可利用上面的方程式对前轮角阶跃输入下汽车在瞬态响应中的横摆角速度的变化进行描述。

将上面的汽车运动微分方程进行整理，可改写为如下的单自由度一般强迫振动的微分方程式

$$\ddot{\omega}_r + 2\omega_0\zeta\,\dot{\omega}_r + \omega_0^2\omega_r = B_1\dot{\delta} + B_0\delta \tag{7 – 16}$$

式中：ω_0 为固有圆频率，$\omega_0^2 = \dfrac{c}{m'}$，$c = mu(ak_1 - bk_2) + \dfrac{L^2 k_1 k_2}{u}$，$m' = mI_z u$；$\zeta$ 为阻尼比，

$\zeta = \dfrac{h}{2\omega_0 m'}$，$h = -[m(a^2 k_1 + b^2 k_2) + I_Z(k_1 + k_2)]$；$B_1 = \dfrac{b_1}{m'}$，$b_1 = -muak_1$，$B_0 = \dfrac{b_0}{m'}$，$b_0 = Lk_1 k_2$。

通过求解上面的常系数微分方程，即可得到汽车的横摆角速度响应特性。

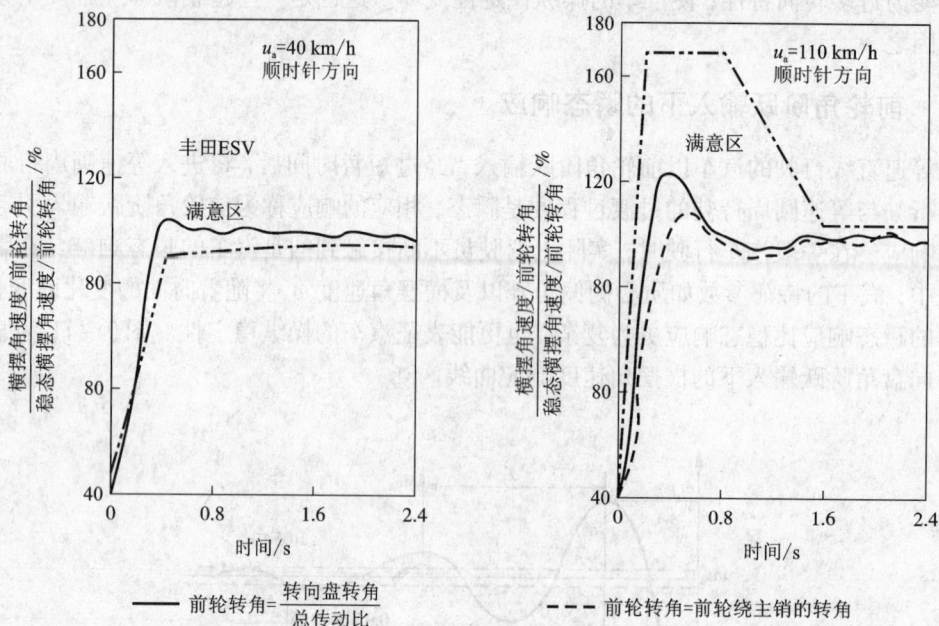

图 7-12　美国安全试验车(EVS)横摆瞬态响应满意区域与丰田 EVS 的瞬态响应

图 7-12 是美国安全试验车(EVS)横摆瞬态响应满意区域。试验时汽车以 40 km/h 和 110 km/h 的车速直线行驶，以不小于 500 (°)/s 的角速度转动转向盘，事先估计好转向盘转角，要求汽车进入稳态时的侧向加速度为 0.4 g。满意区域的上界限是针对高速 110 km/h 的阶跃制定的，下界限是针对较低车速 40 km/h 的。图上还给出了丰田安全试验车的瞬态横摆响应曲线。图中的前轮转角采用了两种计算方法，一种是直接采用前轮绕主销的转角来计算，另一种采用了转向盘转角与总传动比的比值来近似计算。

(2)表征瞬态响应的参数

下面分析表征瞬态响应品质好坏的参数。

1)横摆角速度 ω_r 波动的固有圆频率 ω_0

由式(7-16)可知

$$\omega_0 = \sqrt{\frac{c}{m'}} = \sqrt{\frac{mu(ak_1 - bk_2) + \dfrac{L^2 k_1 k_2}{u}}{muI_z}} = \frac{L}{u}\sqrt{\frac{k_1 k_2}{mI_z}(1 + Ku^2)} \qquad (7-17)$$

ω_0 值是评价汽车瞬态响应的一个重要参数。ω_0 值应高些为好。这样可以减少谐振的倾向。由式(7-17)可知，横摆角速度 ω_r 波动的固有频率 ω_0 与汽车的一些主要物理参数有关，如汽车的质量、轴距、行驶车速、绕 Z 轴的转动惯量、稳定性因数和前、后轮的侧偏刚度等。

图 7 - 13 为一些欧洲及日本轿车的固有频率 f_0 值与稳定性因数 K 值, 固有频率 $f_0 = \omega_0/2\pi = 1/T$。图中可以看出, f_0 值在 1 Hz 左右。欧洲高速公路允许的最高车速较高, 轿车行驶车速高, 其固有频率也较高, 通常在 0.9 Hz 以上。

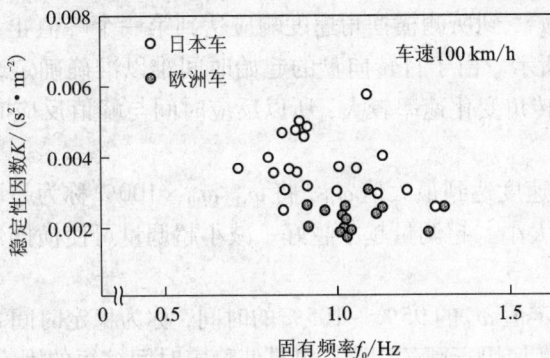

图 7 - 13　一些欧洲及日本轿车的 f_0 值与 K 值

2) 阻尼比 ζ

由式(7 - 16)可知

$$\zeta = \frac{h}{2\omega_0 m'} = \frac{-m(a^2 k_1 + b^2 k_2) - I_Z(k_1 + k_2)}{2L\sqrt{mI_Z k_1 k_2(1 + Ku^2)}} \tag{7 - 18}$$

阻尼比 ζ 越大, 横摆角速度 $\omega_r(t)$ 衰减越快, 汽车的操纵稳定性越好。由式(7 - 18)可知, 阻尼比 ζ 与汽车的一些主要物理参数有关, 如汽车的质量、质心的位置、轴距、绕 Z 轴的转动惯量、稳定性因数和前、后轮的侧偏刚度等。图 7 - 14 为不同阻尼比下的汽车的横摆角速度瞬态响应曲线。显然, 随着阻尼比的增大, 横摆角速度的衰减很快, 汽车的操纵稳定性也变好。一般现代轿车的阻尼比 $\zeta = 0.5 \sim 0.8$。

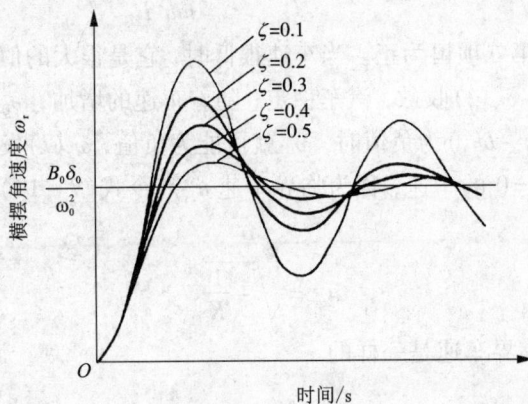

图 7 - 14　不同阻尼比时汽车的横摆角速度瞬态响应曲线

3) 反应时间 τ

汽车横摆角速度需要经过时间 τ 后才能第一次达到稳态值 ω_{r0}，这一段滞后时间称为反应时间 τ，如图 7 - 11 所示。反应时间短，则驾驶员感到转向响应迅速、及时，否则就会觉得转向迟钝。一般希望反应时间短些为好。

4）峰值反应时间 ε

从时间坐标原点开始，到所测横摆角速度响应达到第一个峰值止，这段时间称为峰值反应时间 ε，如图 7 - 11 所示。由于打转向盘的起始时间难以准确确定，而且开始转动及停止转动转向盘前，转向盘转角变化速率较大，所以反应时间与峰值反应时间只是一个相互比较的参考性数据。

在 $t = \varepsilon$ 时，横摆角速度达到最大值 ω_{r1}，将 $\omega_{r1}/\omega_{r0} \times 100\%$ 称为超调量。超调量表明瞬态响应中执行指令误差的大小。超调量越小越好。减小超调量可使横摆角速度波动较快衰减。

5）稳定时间 σ

横摆角速度达到稳定值 ω_{r0} 的 95% ~ 105% 的时间，称为稳定时间 σ。这段时间应尽量短些，凡是能使横摆角速度加快衰减的因素，也是使稳定时间缩短的因素。

（3）瞬态响应的稳定条件

上面讨论的瞬态响应，其横摆角速度为减幅正弦函数，最后趋于一稳定值 ω_{r0}，因此是稳定的。少数汽车可能出现横摆角速度不收敛情况，即 ω_r 越来越大，若车速不变即转向半径 R 越来越小，就会急剧增加离心力，汽车将发生侧滑或侧翻等危险情况。

汽车的瞬态响应是否稳定，取决于其对应的汽车运动微分方程，即取决于汽车本身的固有特性。横摆角速度响应是否稳定，取决于前轮角阶跃输入下的二自由度汽车模型的运动微分方程的通解。

通过对齐次微分方程的通解的分析可以得到结论：

①当 $\zeta \leqslant 1$ 时，只要 $\zeta\omega_0$ 为正值，横摆角速度响应就收敛。而事实上，$\zeta\omega_0$ 恒为正值。因此 $\zeta \leqslant 1$ 时，齐次微分方程的解均收敛，横摆角速度响应也收敛，即是稳定的。

②当 $\zeta > 1$ 时，只要 ω_0^2 为正值，汽车的横摆角速度才收敛。而

$$\omega_0^2 = \frac{(ak_1 - bk_2)}{I_z} + \frac{k_1 k_2 L^2}{mu^2 I_z} \qquad (7 - 19)$$

式（7 - 19）中 ω_0^2 的第二项恒为正。当车速很低时，它是很大的值，因此不论第一项为正还是为负，ω_0^2 均为正值，$\omega_r(t)$ 收敛，汽车稳定；随着车速的增加，ω_0^2 的第二项越来越小；当汽车为过多转向，即 $(ak_1 - bk_2)$ 为负值时，ω_0^2 就可能为负值，$\omega_r(t)$ 发散，汽车不稳定。

过多转向汽车使 $\omega_0^2 = 0$ 的车速，称为临界车速 u_{cr}。令式（7 - 19）等于零，可求得临界车速为

$$u_{cr} = \sqrt{-\frac{1}{K}}$$

这和稳态响应中的临界车速是一样的。

7.3 汽车的操纵稳定性与悬架的关系

上节采用线性二自由度汽车模型分析了汽车的稳态与瞬态响应。从前面的分析可知，稳

定性因数 K 是决定汽车响应的一个重要参数。它与稳态时前、后轮侧偏角的绝对值有关。因此，稳态时前、后轮侧偏角的绝对值 α_1、α_2 是与汽车响应密切相关的汽车运动学参数。

线性二自由度汽车模型对汽车进行了较多简化，在忽略悬架与转向系及驱动力作用的条件下，轮胎弹性侧偏角绝对值的大小只决定于整车质心位置及轮胎无外倾角、载荷无变化且无驱动力条件下的侧偏刚度。在汽车行驶过程中，还应考虑以下因素对轮胎侧偏角的影响。

①实际上汽车沿曲线行驶时，前、后轴左、右两侧车轮的垂直载荷要发生变化。

②车轮有外倾角，由于悬架导向杆系的运动及变形，外倾角将随之变化。

③车轮上有切向反作用力。

④车身侧倾时悬架变形，悬架导向杆系和转向杆系将产生相应的运动及变形。

上述因素①～③改变了轮胎的侧偏刚度和外倾侧向力，从而影响到轮胎弹性侧偏角的大小。同时因素④的存在使得即使转向盘转角固定不动，由于车厢侧倾时前悬架导向杆系和转向杆系的运动及变形，前轮轮辋平面也可能发生绕主销的小角度转动。车厢侧倾时后悬架导向杆系的运动及变形，也会使后轮轮辋发生绕垂直于地面轴线的小角度转动。这种车轮轮辋平面的转动称为侧倾转向与变形转向，它们与轮胎的弹性侧偏角叠加在一起，决定了汽车的转向运动。

综上，汽车侧偏角还应该考虑以下三个部分：

①弹性侧偏角的变化（F_Z 变化和 γ 的变化引起的侧偏角 α 的变化）。

②侧倾转向角（车厢侧倾而导致前后轮转角的变化）。

③变形转向角（悬架导向杆系变形引起的车轮转角的变化）。

悬架及转向系对前、后轮侧偏角的影响，与汽车沿曲线行驶时发生的车厢侧倾有关。因此需要先讨论悬架的侧倾特性与有侧向加速度时的车厢侧倾角；然后对弹性侧偏角的变化、侧倾转向角和变形转向角逐项加以讨论。

7.3.1　汽车的侧倾

（1）车厢侧倾轴线

车厢相对于地面转动时的瞬时轴线称为车厢侧倾轴线。侧倾轴线通过车厢在前、后轴处横断面上的瞬时转动中心；这两个瞬时转动中心称为侧倾中心。

侧倾中心的位置由悬架导向机构决定，常用图解法确定。用图解法求车厢的侧倾中心时常利用可逆原理，即假定车厢不动，让地面和车轮相对车厢转动，求出地面相对于车厢的瞬时转动中心。这个转动中心就是车厢的侧倾中心。分析时假定车轮是刚性的，且车轮与地面间无相对滑动。

1）单横臂独立悬架车厢的侧倾中心

图 7－15 为单横臂独立悬架的简图。设车厢不动，地面按顺时针方向相对车厢转动。地面与轮胎接触点 D、G 的速度 v_d、v_g 必与 ED、FG 垂直。因此，ED、FG 延长线的交点 O_m 是地面绕车厢转动的瞬时中心，即为车厢在单横臂独立悬架上的侧倾中心。

2）双横臂独立悬架车厢的侧倾中心

确定双横臂独立悬架轮胎与地面接触点的速度矢量，需要应用"三心定理"。"三心定理"指出：四连杆机构中，三根杆件的三个相对运动瞬时中心位于同一直线上。也就是说，四连杆机构中相对两杆的相对运动瞬心是相邻两杆延长线的交点。如图 7－16 所示的四连杆机

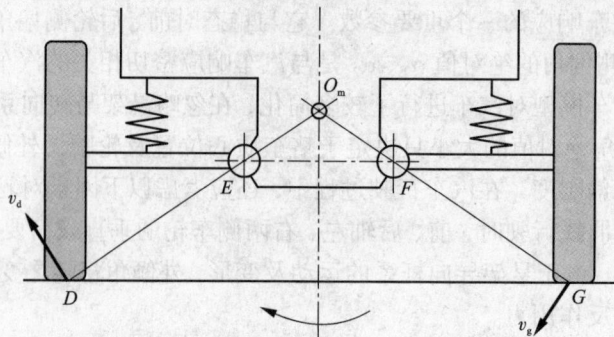

图 7 – 15   单横臂独立悬架上车厢的侧倾中心

构中，杆 4 和杆 2 相对运动的瞬时中心 O_{24} 在杆 1 和杆 3 两杆延长线的交点处。

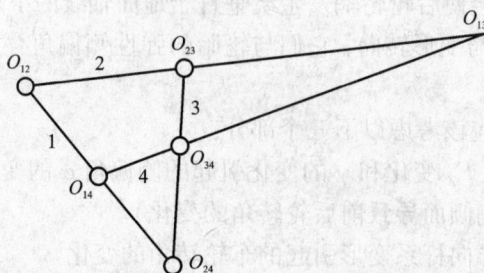

图 7 – 16   四连杆机构的相对运动瞬心

双横臂独立悬架左右两侧的导向杆系与车厢各为一个四连杆机构，如图 7 – 17(a) 所示。车轮组件相对车厢运动的瞬时中心为 O_l 及 O_r。因此，地面上 D、G 两点相对车厢的速度 v_d、v_g 如图 7 – 17(a) 所示。因此，v_d、v_g 两矢量垂线的交点 O_m 就是车厢的侧倾中心。

从运动学的观点来看，图 7 – 17(b) 上以 O_l、O_r 为铰接点的单横臂独立悬架可用来代替双横臂独立悬架，故可称为等效单横臂悬架。原则上，各种独立悬架都能找出其等效单横臂悬架。

国外汽车公司对轿车的试验结果表明，轿车前侧倾中心高度在 0 ~ 140 mm 之间，后侧倾中心高度在 0 ~ 400 mm 之间。

(2) 悬架的侧倾角刚度

悬架的侧倾角刚度是指车厢侧倾时 (车轮保持在地面上)，单位车厢转角下，悬架系统给车厢的总弹性恢复力偶矩，即

$$K_{\Phi_r} = \frac{\mathrm{d}T}{\mathrm{d}\Phi_r}$$

式中：K_{Φ_r} 为悬架的侧倾角刚度，N·m/(°)；T 为悬架系统作用于车厢的总弹性恢复力偶矩，N·m；Φ_r 为车厢转角，(°)。

1) 悬架的线刚度

悬架的线刚度是指车轮保持在地面上而车厢作垂直运动时，单位车厢位移下，悬架系统给车厢的总弹性恢复力。

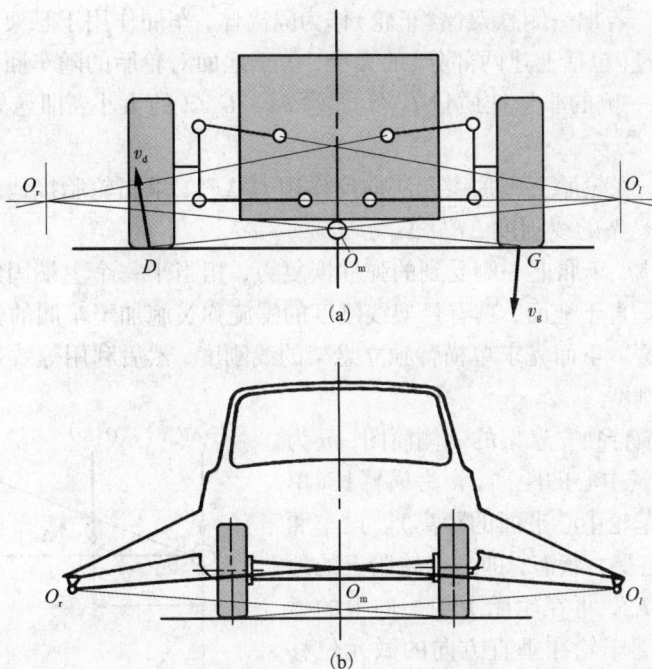

(a)

(b)

图 7 - 17　双横臂独立悬架上车厢的侧倾中心及双横臂独立悬架的等效单横臂独立悬架

　　具有非独立悬架的汽车车厢作垂直位移时所受到的弹性恢复力，就是弹簧直接作用于车厢的弹性力。其悬架的线刚度等于两个弹簧线刚度之和。如图 7 - 18 所示，若一个弹簧的线刚度为 k_s，则悬架的线刚度为 $K_l = 2k_s$。

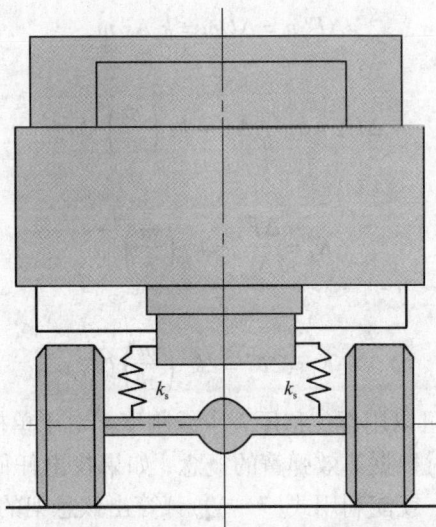

图 7 - 18　非独立悬架的线刚度

　　具有独立悬架的汽车车厢做垂直位移时，在垂直方向上车厢受到的随位移而变的力包括两个：一个是弹簧直接作用于车厢的弹性力在垂直方向的分量；另一个是导向杆系约束反力在垂直方向的分量。若把一侧悬架(含车轮)作为隔离体，车厢作用于悬架的随位移而变化的力在垂直方向的分量(包括上述两部分)的大小，等于地面对轮胎的随车厢位移而变化的法向反作用力 F'_Z 与汽车一侧的非悬挂质量 $G_u/2$ 之差 $F'_Z - G_u/2$ 的大小，即悬架作用于车厢的弹性力就等于 $F'_Z - G_u/2$。

常设车厢不动，在轮胎上施加微元法向反作用力 $\Delta F'_Z$，求出轮胎接地面的微元垂直位移 Δs_t，进而求得一侧悬架的线刚度 $\Delta F'_Z/\Delta s_t$。

由此还可以看出，车厢上一侧受到的弹性恢复力，相当于一个上端固定于车厢，下端固定于轮胎接地点且垂直于地面，具有悬架线刚度的螺旋弹簧施加于车厢的弹性力。这个相当的弹簧称为等效弹簧。下面先求单横臂独立悬架的线刚度，然后利用等效弹簧的概念来确定各种独立悬架的线刚度。

图 7-19 为单横臂独立悬架的一侧简图，m 为单横臂铰接点到弹簧中心的距离，n 为横臂长(单横臂铰接点到该侧车轮中心平面的距离)。设车厢不动，汽车处于静止受力状态，即一个轮胎上的地面法向反作用力为 F'_Z，再在轮胎上加一向上的微元力 $\Delta F'_Z$，由此引起车轮在垂直方向的微元位移 Δs_t 和弹簧沿其中心线方向的微元位移 Δs_s。弹簧力也相应增加了 ΔQ，$\Delta Q = k_s \Delta s_s$，$k_s$ 为弹簧刚度，由图可见

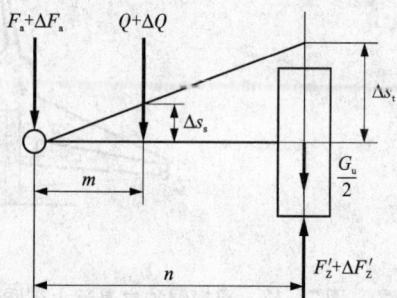

图 7-19 单横臂独立悬架线刚度的确定

$$\frac{\Delta s_s}{m} = \frac{\Delta s_t}{n}$$

根据力矩平衡有

$$\Delta F'_Z n = \Delta Q m = k_s \Delta s_s m$$

故

$$\Delta F'_Z = k_s \frac{m}{n} \Delta s_s = k_s \left(\frac{m}{n}\right)^2 \Delta s_t$$

即一侧悬架线刚度为

$$K'_l = \frac{\Delta F'_Z}{\Delta s_t} = k_s \left(\frac{m}{n}\right)^2$$

整个悬架的线刚度为

$$K_l = 2K'_l = 2k_s \left(\frac{m}{n}\right)^2 \tag{7-20}$$

对于复杂的独立悬架，可以用虚位移原理求线刚度。对于单横臂独立悬架同样可得出与式(7-20)相同的结果。同时根据等效弹簧的概念，如果找出任何某种形式独立悬架的等效单横臂悬架，确定出 m 和 n，就能利用式(7-20)计算出该悬架的线刚度。

2)悬架的侧倾角刚度

前已述及，车厢垂直位移时受到的弹性恢复力，就是具有悬架线刚度的等效弹簧所产生的弹性力。同样可以利用等效弹簧的概念来分析车身侧倾时受到悬架的弹性恢复力偶矩。

如图 7-20 所示，当车厢发生小侧倾角 $\mathrm{d}\Phi_r$ 时，等效弹簧的变形量为 $\pm \frac{B}{2}\mathrm{d}\Phi_r$，因此车厢

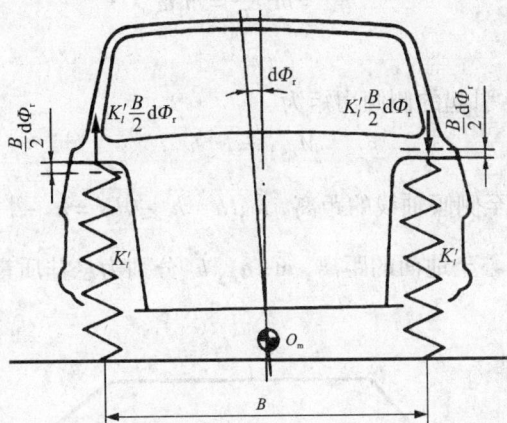

图 7 – 20　利用等效弹簧概念计算悬架侧倾角刚度

受到的弹性恢复力偶矩为

$$dT = \frac{1}{2}K_l'B^2 d\Phi_r$$

式中：K_l' 为一侧悬架线刚度；B 为轮距。

悬架侧倾角刚度为

$$K_{\Phi_r} = \frac{1}{2}K_l'B^2 = \frac{1}{2}k_s\left(\frac{Bm}{n}\right)^2 \tag{7 – 21}$$

一般轿车及客车常装有横向稳定杆，它是影响悬架侧倾角刚度的一个重要零件。若已知杆端的线刚度，可用类似方法求出横向稳定杆的侧倾角刚度。上面的计算只适用于小侧倾角。实际轿车的前侧倾角刚度为 $300 \sim 1200$ N · m/(°)，后侧倾角刚度为 $180 \sim 700$ N · m/(°)。

3）车厢的侧倾角

车厢在侧向力作用下绕侧倾轴线的转角称为车厢的侧倾角。

车厢的侧倾角 Φ_r 是与汽车的操纵稳定性和平顺性相关的一个重要参数。侧倾角改变了外倾角以及内外车轮的垂直载荷，从而改变侧偏角，影响到汽车的横摆角速度稳态响应和瞬态响应；侧倾角本身也是评定汽车的操纵稳定性一个重要指标。过大的侧倾角使得驾驶员感到不稳定，无安全感。对汽车的平顺性而言，侧倾角过大的汽车，乘客感到不舒适。侧倾角过小，悬架的侧倾角刚度大，地面不平时冲击感强，平顺性较差。

汽车做稳态圆周运动时，车厢侧倾角可由下式计算

$$\Phi_r = \frac{M_{\Phi_r}}{\sum K_{\Phi_r}} \tag{7 – 22}$$

式中：M_{Φ_r} 为侧倾力矩；$\sum K_{\Phi_r}$ 为悬架总的角刚度，$\sum K_{\Phi_r}$ 等于前、后悬架及横向稳定杆的侧倾角刚度之和。

侧倾力矩主要由下列三部分组成。

①悬挂质量的离心力引起的侧倾力矩 $M_{\Phi_r 1}$。

汽车做等速圆周行驶时，悬挂质量 m_s 的离心力为

151

$$F_{sy} = m_s \frac{u^2}{R} = m_s a_y$$

式中：a_y 为侧向加速度。

如图 7 – 21 所示，F_{sy} 引起的侧倾力矩为

$$M_{\Phi_r I} = F_{sy} h$$

式中：h 为悬挂质量质心至侧倾轴线的距离，m；$h \approx h_s - \overline{HN} = h_s - \left(\frac{h_1 b_s + h_2 a_s}{L} \right)$，其中 h_1、h_2 分别为车厢前、后侧倾中心至地面的距离，m；a_s、b_s 分别为悬挂质量质心至前、后轴的距离，m（图 7 – 21）。

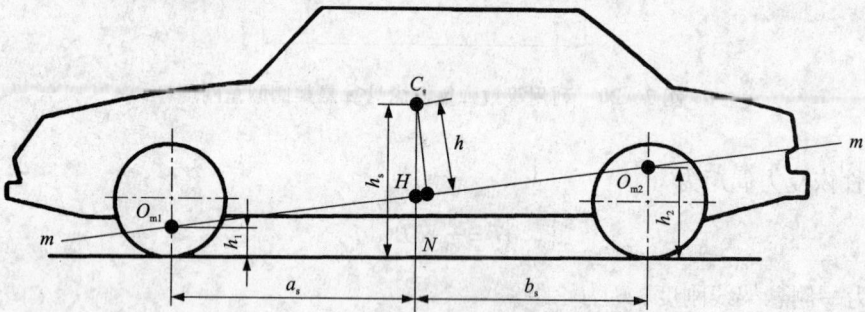

图 7 – 21 侧倾力矩的确定

②侧倾后悬挂质量重力引起的侧倾力矩 $M_{\Phi_r II}$。

车厢侧倾后，悬挂质量质心偏出距离 e，如图 7 – 22 所示。因此其重力引起的侧倾力矩

$$M_{\Phi_r II} = G_s e \approx G_s h \Phi_r$$

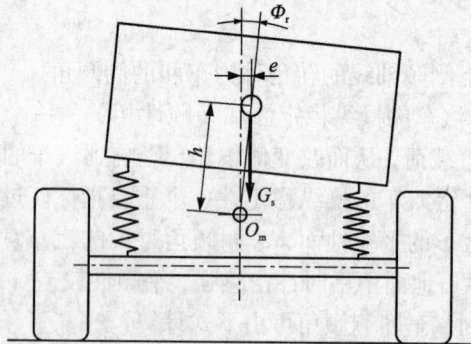

图 7 – 22 侧倾时悬挂质量重力引起的侧倾力矩

③独立悬架中非悬挂质量的离心力引起的侧倾力矩 $M_{\Phi_r III}$。

为简化受力分析，在讨论非悬挂质量的离心力引起的侧倾力矩时，把汽车重力及相应的地面反作用力构成的平衡力系，与悬挂质量的离心力及相应的地面反作用力构成的平衡力系，都从整个受力状态中分离出去，好像在汽车上只作用有非悬挂质量的所引起的离心力。

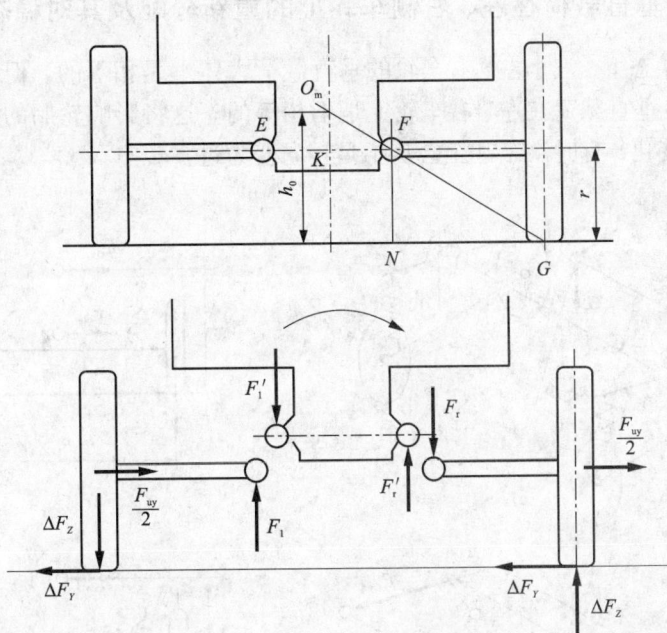

图 7 - 23　单横臂独立悬架中非悬挂质量离心力引起的侧倾力矩

以单横臂独立悬架为例，其受力状态如图 7 - 23 所示。设非悬挂质量质心通过车轴轴线，即质心离地面高度为车轮半径 r。整个非悬挂质量产生的离心力为 F_{uy}，由地面侧向反作用力 ΔF_Y 来平衡。取悬架机构的右侧为隔离体。离心力及地面侧向反作用力形成力偶矩 $(F_{uy}/2)r$，力图使非悬挂质量翻转。由于铰链与地面的约束，产生反作用力 F_r 及 ΔF_Z。由力矩平衡得

$$F_r = \frac{F_{uy}}{2} \frac{r}{NG}$$

在车厢上将作用一个大小相等、方向相反的 F_r'。同理另一侧铰链 E 上也作用有力 F_t'，两力所形成的力偶矩，即非悬挂质量离心力引起的侧倾力矩 $M_{\Phi_r \mathrm{III}}$，但其方向与悬挂质量离心力引起的侧倾力矩 $M_{\Phi_r \mathrm{I}}$ 相反。

$$M_{\Phi_r \mathrm{III}} = -F_r' \overline{EF} = -F_{uy} r \frac{\overline{KF}}{\overline{NG}} = -F_{uy} r \frac{h_0 - r}{r} = -F_{uy}(h_0 - r)$$

对于其他各种独立悬架，找出它们的等效单横臂悬架后，可用类似方法求得其非悬挂质量离心力引起的侧倾力矩。

因此，汽车作稳态圆周运动时总的侧倾力矩为

$$M_{\Phi_r} = M_{\Phi_r \mathrm{I}} + M_{\Phi_r \mathrm{II}} + M_{\Phi_r \mathrm{III}}$$

这样可根据式(7 - 22)求得车厢侧倾角。

轿车车厢侧倾角与侧向加速度成正比例关系。试验数据表明，1987 年轿车的平均侧倾角增益为 7.46 $(°)/g$，1996 年的平均值为 7.00 $(°)/g$。

7.3.2　侧倾时垂直载荷在左、右侧车轮上的重新分配及其对稳态响应的影响

在正常工作状态下，汽车左、右车轮的垂直载荷大体上是相等的。但曲线行驶时，由于侧倾力矩的作用，垂直载荷在左、右车轮上是不相等的。这将影响轮胎的侧偏特性，导致汽车稳态响应发生变化，有时汽车甚至会从不足转向变为过多转向。

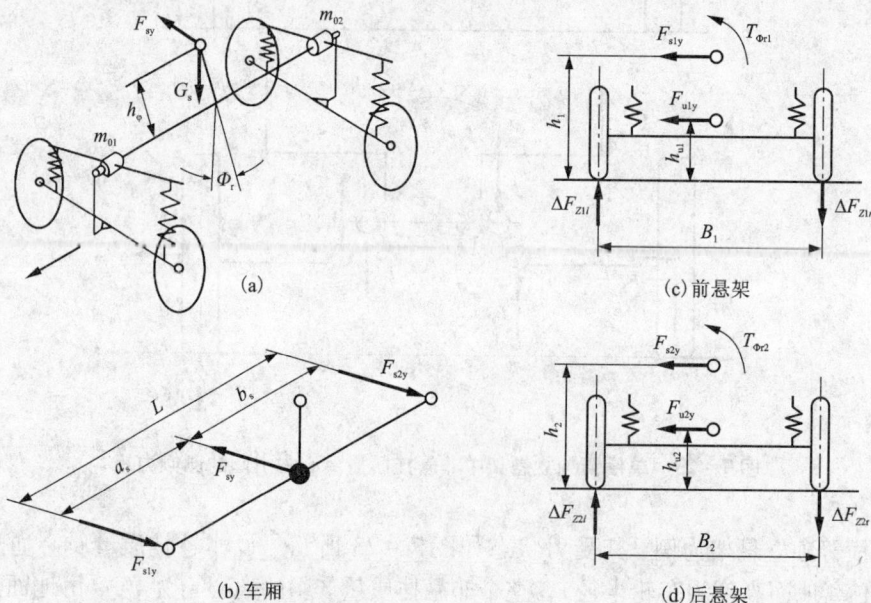

图 7-24　分析左、右侧车轮垂直载荷重新分配时等效的汽车简化模型

由于作用于车轮上的垂直载荷等于地面对车轮的法向反作用力，在分析左、右车轮地面法向反作用力时，可将汽车简化成图 7-24 所示的模型。车厢上作用有离心力 F_{sy}，按照其质心位置分配到前、后悬架的侧倾中心质量 m_{01}、m_{02} 上[图 7-24(a)]，并由前、后铰链处的侧向反作用力 F_{s1y}、F_{s2y} 所平衡[图 7-24(b)]，即

$$F_{sy} = F_{s1y} + F_{s2y}$$

$$F_{s1y} = F_{sy} \frac{b_s}{L} \qquad F_{s2y} = F_{sy} \frac{a_s}{L}$$

由式(7-22)可求出侧倾角 Φ_r，故前、后悬架作用于车厢的恢复力矩为

$$T_{\Phi_r1} = K_{\Phi_r1} \Phi_r \qquad T_{\Phi_r2} = K_{\Phi_r2} \Phi_r$$

式中：K_{Φ_r1}、K_{Φ_r2} 为前、后悬架的侧倾角刚度。

把等效模型前、后轴作为隔离体，可列出下式

$$\Delta F_{Z1l} B_1 = F_{sy} \frac{b_s}{L} h_1 + T_{\Phi_r1} + F_{u1y} h_{u1}$$

而

$$\Delta F_{Z1r} = -\Delta F_{Z1l}$$

同样有

154

$$\Delta F_{Z2l} B_2 = F_{sy} \frac{a_s}{L} h_2 + T_{\Phi,2} + F_{u2y} h_{u2}$$

而

$$\Delta F_{Z2r} = -\Delta F_{Z2l}$$

式中：ΔF_{Z1l}、ΔF_{Z1r}、ΔF_{Z2l}、ΔF_{Z2r} 为前、后轴左、右车轮的地面法向反作用力的变化量；F_{u1y}、F_{u2y} 为前、后轴非悬挂质量 m_{01}、m_{02} 产生的离心力；h_{u1}、h_{u2} 为前、后非悬挂质量质心离地面的高度，常取车轮半径；h_1、h_2 为前、后侧倾中心高度。

　　侧倾时作用在前、后轴左、右车轮的地面法向反作用力，将是静止状态的地面法向反作用力和由侧倾引起的地面法向反作用力变动量之和，即

$$F'_{Z1l} = F_{Z1l} + \Delta F_{Z1l} \qquad F'_{Z1r} = F_{Z1r} + \Delta F_{Z1r}$$

$$F'_{Z2l} = F_{Z2l} + \Delta F_{Z2l} \qquad F'_{Z2r} = F_{Z2r} + \Delta F_{Z2r}$$

式中：F'_{Z1l}、F'_{Z1r}、F'_{Z2l}、F'_{Z2r} 为侧倾后，前、后轴左、右车轮的地面法向反作用力；F_{Z1l}、F_{Z1r}、F_{Z2l}、F_{Z2r} 为静止状态下前、后轴左、右车轮的地面法向反作用力。

　　下面分析车轮载荷重新分配对轮胎侧偏刚度（绝对值）与稳态响应的影响。

　　由轮胎的侧偏特性可知，轮胎侧偏刚度与垂直载荷有关，轮胎侧偏刚度在某一载荷下达到最大。大于或小于这个载荷时，侧偏刚度均下降。一般情况下，侧偏刚度最大时的垂直载荷约为额定载荷的 150%。

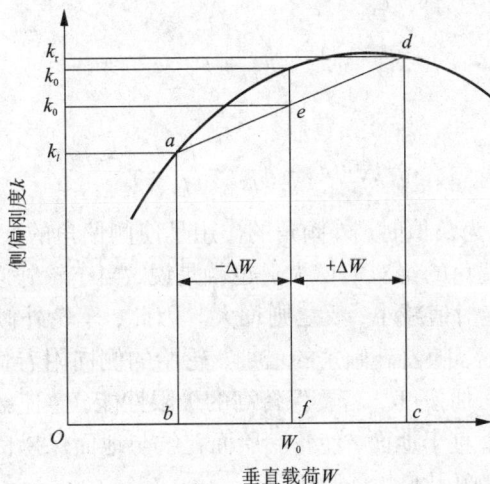

图 7-25　左、右车轮垂直载荷重新分配时轮胎的侧偏刚度

　　就一根车轴而言，当无侧向力作用于汽车时，车轴左、右车轮的垂直载荷均为 W_0，如图 7-25 所示。每个车轮的侧偏刚度均为 k_0。在有侧向力作用于汽车上时，地面有相应的侧向反作用力 F_Y 作用于两轮胎时，若设左、右车轮垂直载荷没有发生变化，则相应侧偏角为

$$\alpha_0 = \frac{F_Y}{2k_0}$$

　　实际上，在侧向力作用下，左、右车轮垂直载荷发生变化。内侧车轮减少 ΔW，外侧车轮增加 ΔW，两个车轮的侧偏刚度随之变为 K_l、K_r。由于左、右车轮的侧偏角相等，故有

$$F_Y = K_l \alpha + K_r \alpha$$

或

$$\alpha = \frac{F_Y}{K_l + K_r}$$

令 $k_0' = \dfrac{K_l + K_r}{2}$ 为垂直载荷重新分配后每个车轮的平均侧偏刚度，则两个车轮的侧偏角为

$$\alpha = \frac{F_Y}{2k_0'}$$

由图 7 – 25 可知，$k_0 > k_0' = \overline{ef}$，即 $\alpha_0 < \alpha$。同时分析可知，左、右车轮垂直载荷差别越大，平均侧偏刚度越小。

因此，在侧向力作用下，若汽车前轴左、右车轮垂直载荷变动量较大，汽车趋于增加不足转向量；若后轴左、右车轮垂直载荷变动量较大，汽车趋于减少不足转向量。汽车前轴及后轴左、右车轮载荷变动量决定于前、后悬架的侧倾角刚度、悬挂质量、非悬挂质量、质心位置以及前、后悬架侧倾中心位置等一系列参数的数值。

7.3.3　侧倾外倾（侧倾时车轮外倾角的变化）

车厢侧倾时，因悬架形式不同，车轮外倾角的变化有三种情况：保持不变，沿地面侧向反作用力作用方向倾斜，沿地面侧向反作用力作用方向的相反方向倾斜。车轮外倾角的变化会引起外倾侧向力或引起轮胎侧偏角的改变。在 2.3.4 中述及，轮胎既有外倾角又有侧偏角时，地面侧向反作用力为

$$F_Y = F_{Y\alpha} + F_{Y\gamma}$$

因而

$$\alpha = \frac{1}{k}(F_Y - F_{Y\gamma}) = \frac{F_Y}{k} - \gamma \frac{k_\gamma}{k}$$

即 F_Y 为正值而外倾角为负值时，外倾角的作用是使侧偏角的代数值增大、绝对值减小。外倾角为正值时，则使侧偏角的绝对值增大。也就是说，当车轮外倾倾斜的方向与地面侧向反作用力一致时，侧偏角绝对值减小；反之则增大。因此，车轮外倾角变化规律将影响汽车稳态与瞬态响应。如上所述，随着外倾角的增加，轮胎的侧向附着性能降低。所以，外倾角的变化也影响汽车极限侧向加速度。若要保持高的极限性能，急速转弯行驶时承受大部分垂直载荷的外侧车轮应尽量垂直于地面，使轮胎胎面花纹与地面保持良好的接触。在悬架设计中应恰当控制、设置车厢侧倾引起的外倾角。

车厢侧倾时，车轮相对于地面的外倾角是由两部分合成的，即车轮相对于车厢的外倾角和车厢相对于地面的侧倾角。因此可利用可逆原理来确定车轮对地面的外倾角。即先假设车厢不动，地面向相反方向转过车厢侧倾角 Φ_r，找出车轮与车厢的相对转动角度，然后让地面与汽车一起回转 Φ_r 角度，地面回到原来的状态，便可确定外倾角的数值。图 7 – 26 即是用可逆原理得出的几种典型悬架在侧倾时车轮外倾角变化的情况。

从图 7 – 26 可以看出，车厢侧倾时，非独立悬架的车轮保持垂直状态，外倾角不变。上横臂短、下横臂长的双横臂独立悬架，大体也可保持其外侧车轮垂直于地面。上、下横臂等长且平行的双横臂、单纵臂独立悬架的车轮的倾斜方向与地面侧向力的方向相反，有增大侧偏角（绝对值）的效果。单横臂独立悬架在小侧向加速度时，车轮的倾斜方向与地面侧向力的

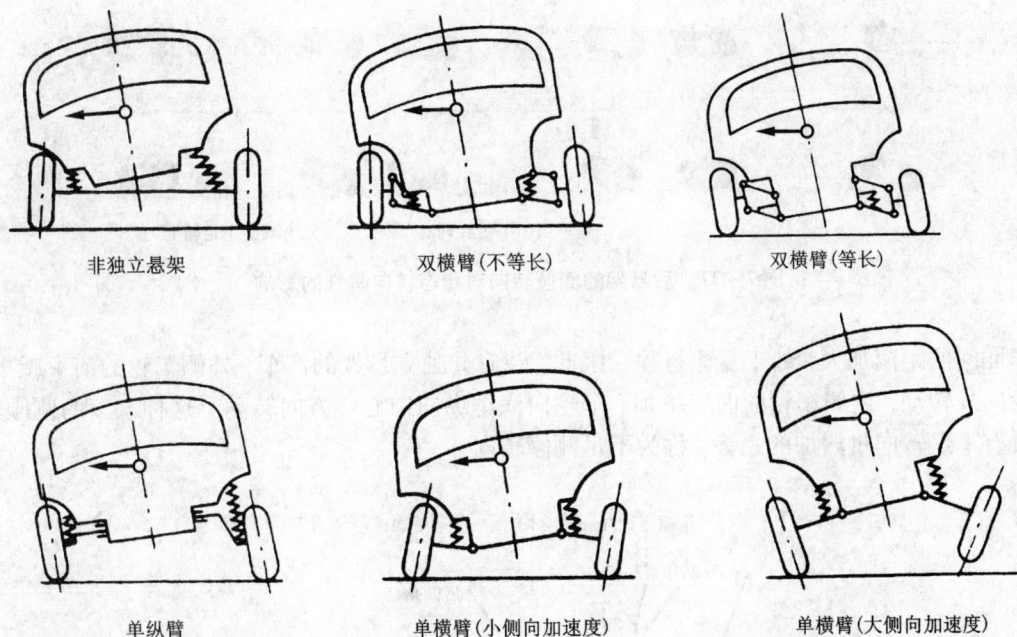

非独立悬架　　　　　　双横臂(不等长)　　　　　双横臂(等长)

单纵臂　　　　　　单横臂(小侧向加速度)　　　　单横臂(大侧向加速度)

图 7 - 26　车厢侧倾时车轮外倾角的变化情况

方向相同,有减小侧偏角(绝对值)的效果。但在大侧向加速度时,其车厢可能被显著抬高,出现"举升"现象,内侧车轮离地,外侧车轮倾斜方向与地面侧向力的方向相反,侧偏角增大,由于一侧车轮离地,汽车的操纵稳定性突然变坏。因此,单横臂独立悬架现在很少采用。

汽车在不平整地面上直线行驶时,由于侧倾外倾角的缘故,车轮的上下跳动使车轮外倾角不断变化,会产生相应的外倾侧向力的变化而影响到汽车直线行驶稳定性。所以,侧倾外倾角的结构设计要兼顾横摆角速度响应与汽车直线行驶稳定性两个方面。

7.3.4　侧倾转向

在侧向力作用下车厢发生侧倾,由车厢侧倾所引起的前转向轮绕主销的转动、后轮绕垂直于地面轴线的转动,即车轮转向角的变动,称为侧倾转向。对于非转向轴后轴而言,是指车厢侧倾时由于悬架导向杆系的运动学关系所产生的车轮转向角;对于前转向轴而言,侧倾转向还包括悬架导向杆系与转向杆系相互作用的运动学关系所产生的车轮转向角的变动量。后者可以看作悬架导向杆系与转向杆系在运动学上不协调而发生干涉的结果,所以它也称为侧倾干涉转向。

发生侧倾转向时,非独立悬架的车轴亦发生绕垂直轴线的转动,故也称侧倾转向为轴转向。车轴及车轮绕垂直于地面的轴线转动的效果与弹性轮胎侧偏角在运动学上是一样的,故又称侧倾转向为运动学侧偏。随着前、后侧倾转向的方向与数值的不同,汽车的不足转向量可能增加或减少。图 7 - 27 表明了后悬架产生的侧倾转向对稳态转向特性的影响。

独立悬架的侧倾转向效果可用车轮相对车厢跳动时的前束变化曲线加以说明。图 7 - 28 为某双横臂独立悬架汽车的前轮定位参数(前束、轮距、后倾角和外倾角)随悬架变形行程变化的曲线。转弯行驶时,车厢侧倾,外侧车轮与车厢的距离缩小,处于压缩行程;内侧车轮

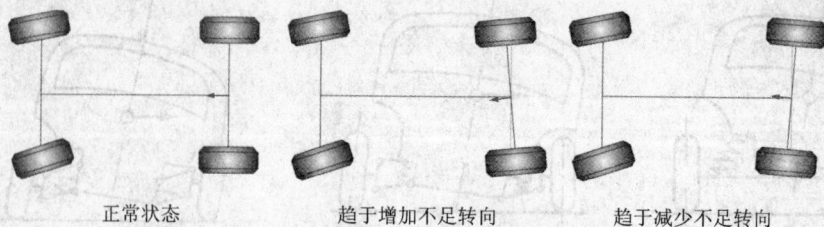

正常状态　　　　　　趋于增加不足转向　　　　　趋于减少不足转向

图7-27　后悬架的侧倾转向对稳态转向特性的影响

与车厢间的距离加大,处于复原行程。因此,装有此独立悬架的汽车,外侧车轮的前束减小,车轮向外转动;内侧车轮的前束增加,车轮向汽车纵向中心线方向转动。这种汽车的侧倾转向具有不足转向量增加的趋势,称为不足侧倾转向。

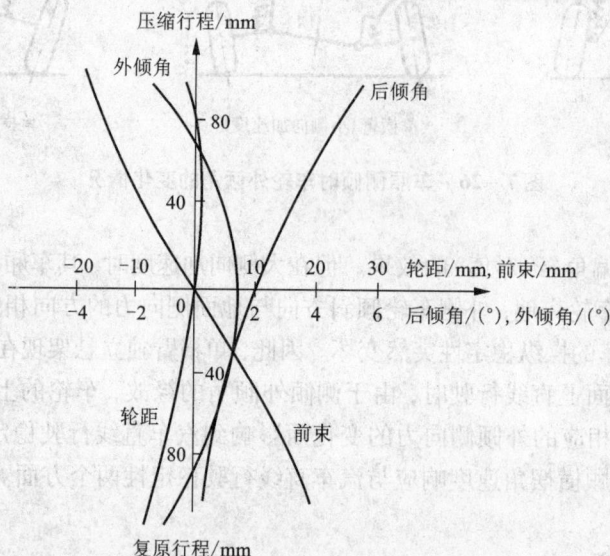

图7-28　一双横臂独立悬架前轮定位参数的变化曲线

但是,具有侧倾转向效应的汽车在直线行驶时,路面不平引起车轮相对于车厢的跳动也会使车轮产生一定的转向角,从而影响汽车直线行驶稳定性,近代轿车均力图减少侧倾转向量。例如轿车常采用的多连杆后独立悬架的侧倾转向量几乎等于零。

7.3.5　变形转向(悬架导向装置变形引起的车轮转向角)

悬架导向杆系各元件在各种力、力矩作用下发生的变形,会引起车轮绕主销或垂直于地面轴线的转动,称为变形转向,对应的转角称为变形转向角。若变形转向角有增加不足转向的趋势,则称为不足变形转向角;若变形转向角有增加过多转向的趋势,称为过多变形转向角。

同侧倾转向一样,变形转向也是一种使车辆具有恰当不足转向的有效手段。一般希望转弯行驶时承受主要载荷的外侧车轮有适当的不足变形转向角,即前轮有减少前束的变形转向

158

角，后轮有增加前束的变形转向角。

　　由轮胎力学特性可知，各轮胎上都作用有回正力矩。在回正力矩作用下，悬架和车轮有扭转变形。前、后轴车轮均发生回正力矩变形转向角。回正力矩使前轴趋于增加不足转向，后轴趋于减少不足转向。由于前轴杆件和连接铰链比较多，汽车回正力矩的总效果一般趋向不足转向。

7.3.6　变形外倾(悬架导向装置变形引起的外倾角的变化)

　　受到侧向力的独立悬架杆系的变形会引起车轮外倾角的变化，从而影响到汽车的稳态与瞬态响应。

7.4　汽车行驶的纵向、横向稳定性

7.4.1　汽车行驶的纵向稳定性

　　汽车在纵向坡道上行驶，例如等速上坡，随着道路坡度的增大，前轮的地面法向反作用力不断减小。当道路坡度增大到一定程度时，前轮的地面法向反作用力变为零。在这样的坡度下，汽车将失去操纵性，并可能产生纵向翻倒。汽车上坡时，坡度阻力随坡度的增大而增加，当坡度大到一定程度时，为克服坡度阻力所需的驱动力超过附着力时，驱动轮将滑转。这两种情况均使汽车的行驶稳定性遭到破坏。

　　图 3 - 10 为汽车加速上坡时的受力图，如汽车在硬路面上以较低的速度(等速)上坡，空气阻力、空气升力可以忽略不计，由于等速爬坡，图中所有与加速度有关的力和力矩均为零，同时由于车轮的滚动阻力矩的数值相对较小，也忽略不计。

　　因此式(3 - 47)经整理后得

$$F_{Z1} = G\left(\dfrac{b}{L}\cos\alpha - \dfrac{h_g}{L}\sin\alpha\right)$$
$$F_{Z2} = G\left(\dfrac{a}{L}\cos\alpha + \dfrac{h_g}{L}\sin\alpha\right)$$

　　当前轮的法向反作用力 $F_{Z1} = 0$ 时，即汽车上陡坡时发生绕后轴翻车的临界情况，由上式可整理得到不发生翻车的最大坡度角

$$\alpha_{max} = \arctan\dfrac{b}{h_g} \tag{7-23}$$

　　当道路的坡度角 $\alpha \geqslant \alpha_{max}$ 时，汽车即失去操纵性并可能绕后轴翻倒。汽车质心至后轴的距离 b 越大，质心高度 h_g 越小，则汽车越不容易发生绕后轴翻倒，汽车的纵向稳定性越好。在正常装载情况下，$\alpha < \alpha_{max}$ 是能够满足的。

　　在上述稳定分析中，尚未考虑驱动轮滑转的可能性。后轮驱动的汽车，以较低速度等速上坡时，驱动轮不发生滑转的临界状态为

$$F_{tmax} = G\sin\alpha_{\varphi max} = F_{Z2}\varphi \tag{7-24}$$

式中：$\alpha_{\varphi max}$ 为汽车后轮不发生滑转所能克服的最大道路坡度角。

驱动轮滑转与附着系数，汽车质心的位置及汽车的驱动形式有关。

将 $F_{Z2} = G\left(\dfrac{a}{L}\cos\alpha + \dfrac{h_g}{L}\sin\alpha\right)$ 代入式（7-24）中，整理得

$$\alpha_{\varphi max} = \arctan\frac{a\varphi}{L - \varphi h_g} \tag{7-25}$$

显然，如果 $\alpha_{\varphi max} < \alpha_{max}$，则当汽车遇有坡度角为 α_{max} 的坡道时，驱动轮因受附着条件的限制而滑转，地面不能提供足够的驱动力以克服坡度阻力，因而无法上坡，也就避免了汽车的纵向翻倒。所以，汽车滑转先于翻倒的条件是

$$\frac{a\varphi}{L - \varphi h_g} < \frac{b}{h_g}$$

将上式整理得

$$\frac{b}{h_g} > \varphi \tag{7-26}$$

上式即为后轮驱动汽车的纵向稳定性条件。

对于前轮驱动汽车，其纵向稳定性条件为 $L > 0$；对于全轮驱动汽车，其纵向稳定性条件为 $\dfrac{b}{h_g} > \varphi$。

由于现代汽车的质心位置较低，因此上述条件均能满足而有余。但是对于越野汽车，其轴距 L 较小，质心较高，轮胎又具有纵向防滑花纹因而附着系数较大，故其丧失纵向稳定性的危险增加。因此，对于经常行驶于坎坷不平路面的越野汽车，应尽可能降低其质心高度，而前轮驱动汽车的纵向稳定性最好。

7.4.2　汽车行驶的横向稳定性

汽车横向稳定性的丧失，表现为汽车的侧翻或横向滑移。由于侧向力作用而发生的横向稳定性破坏的可能性较多，也较危险。

汽车侧翻是指汽车在行驶过程中绕其纵轴线转动 90° 或更大的角度，以致车身与地面相接触的一种危险的侧向运动。可能引起汽车侧翻的因素很多，包括汽车结构、驾驶员和道路条件等。汽车侧翻大体上可分为两类：一类是曲线运动引起的侧翻（maneuver induced rollover）；另一类是绊倒侧翻（tripped rollover）。前者指汽车在道路（包括侧向坡道）上行驶时，由于汽车的侧向加速度超过一定限值，使得汽车内侧车轮的法向反作用力为零而引起的侧翻；后者是指汽车行驶时产生侧向滑移，与路面上的障碍物侧向撞击而将其"绊倒"。

图 7-29 为刚性汽车稳态转向模型，这里的刚性是指忽略汽车悬架及轮胎的弹性变形。假设道路的侧向坡道角 β 很小，即 $\sin\beta \approx \beta$，$\cos\beta \approx 1$，于是有

$$ma_y h_g - mg\beta h_g + F_{Zi}B - \frac{1}{2}mgB = 0$$

$$\frac{a_y}{g} = \frac{\dfrac{1}{2}B + \beta h_g - \dfrac{F_{Zi}}{mg}B}{h_g} = \left[\frac{1}{2} - \frac{F_{Zi}}{mg}\right]\frac{B}{h_g} + \beta \tag{7-27}$$

汽车在水平路面上直线行驶（$\beta = 0$，$a_y = 0$）时，内侧车轮的法向反作用力 $F_{Zi} = mg/2$。当 $a_y \neq 0$ 时，若要仍保持 $F_{Zi} = mg/2$ 不变，则道路的侧向坡道角 $\beta = a_y/g$，公路弯道的横向坡道

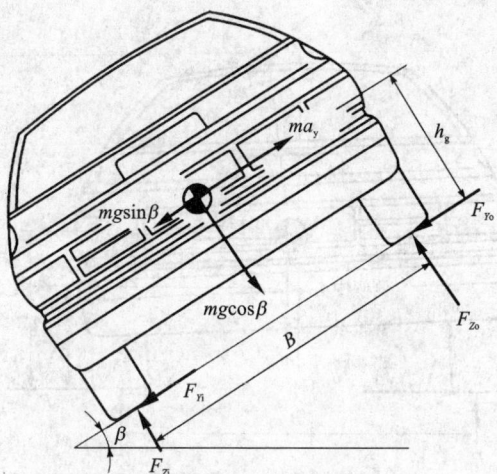

图7-29　侧倾平面内刚性汽车的模型

角就是根据此原理来设计的。

　　由式(7-27)可知,随着侧向加速度 a_y 的增大, F_{Zi} 逐渐减小。当 F_{Zi} 减小到零时,汽车在侧倾平面内不能保持平衡,从而开始侧翻。汽车开始侧翻时所受的侧向加速度(g),称为侧翻阈值(rollover threshold),其计算式为

$$\frac{a_y}{g} = \frac{B}{2h_g} + \beta \tag{7-28}$$

　　显然,当横坡道角 $\beta = 0$ 时,侧翻阈值为 $B/2h_g$,此值常用来预估汽车的抗侧翻能力,因为它只需要轮距 B 和质心高度 h_g 两个结构参数,应用起来十分方便。但由于忽略了悬架及轮胎的弹性,且在此仅考虑汽车的准静态(指汽车的稳态转向)情况,所以预估值偏高。表7-2列出了几种汽车的侧翻阈值。

表7-2　几种汽车侧翻阈值的范围

车辆类型	质心高度/cm	轮距/cm	侧翻阈值
跑车	46~51	127~154	1.2~1.7
微型轿车	51~58	127~154	1.1~1.5
豪华轿车	51~61	154~165	1.2~1.6
轻型客货两用车	76~89	165~178	0.9~1.1
客货两用夺	76~102	165~178	0.8~1.1
中型货车	114~140	165~190	0.6~0.8
重型货车	154~216	178~183	0.4~0.6

　　在良好路面上,轮胎的附着系数可达到0.8,即侧向加速度 a_y 达到0.8g 时,汽车开始侧滑。由表7-2可知,中、重型货车在尚未达到侧滑时,即已开始侧翻;而轿车和轻型货车似乎是尚未侧翻即已侧滑。然而事故统计表明,此类汽车在侧翻时有时并未产生侧滑,这是因

161

为式(7－28)忽略了悬架和轮胎变形的缘故。

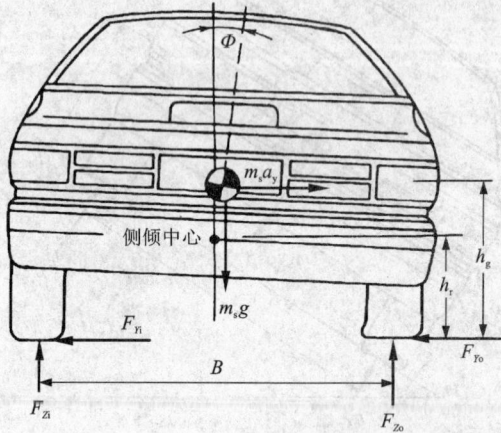

图7－30 侧倾平面内带悬架的汽车模型

图7－30为侧倾平面内带悬架的汽车模型,车厢用悬挂质量 m_s 表示。车厢的侧倾引起汽车质心位置的偏移,从而改变了汽车自重的抗侧翻能力,使得侧翻阈值减小。假设道路的侧向坡道角 β 很小,即 $\sin\beta \approx \beta$,$\cos\beta \approx 1$。若忽略车桥的质量和侧倾,则有

$$\sum M_0 = m_s a_y h_g - m_s g [B/2 - \Phi(h_g - h_r)] + F_{Zi}B = 0$$

令悬挂质量的侧倾角 $\Phi = R_\Phi \dfrac{a_y}{g}$,式中,$R_\Phi$ 为侧倾率,单位为 rad/g。

当 $F_{Zi} = 0$ 时,得侧翻阈值为

$$\frac{a_y}{g} = \frac{B}{2h_g} \frac{1}{[1 + R_\Phi(1 - h_r/h_g)]} \tag{7－29}$$

例如,某轿车 $h_r/h_g = 0.6$、$R_\Phi = 0.1$ rad/g,由式(7－29)计算得 $\dfrac{a_y}{g} = 0.96 \dfrac{B}{2h_g}$,即比由式(7－28)降低了4%。另外,当汽车受侧向力作用时,外侧轮胎产生弹性变形,从而轮胎接地中心向内偏移,轮距 B 减小,这使得侧翻阈值又减小约5%。

7.5 提高汽车的操纵稳定性的电子控制系统

7.5.1 电控液压动力转向(EHPS)和电动助力转向(electric power-assistant steering,EPS)

汽车在原地、小半径弯道低速行驶时,要防止转向盘过于沉重;而在高速行驶时,转向盘力不宜过小而应维持一定数值,以帮助驾驶者稳定驾驶。若转向器具有固定或变化很小的传动比,则很难使汽车达到这种要求;有些动力转向系统具有随车速而变化的转向盘力特性,基本能满足上述要求。图7－31是电子控制的油压反馈动力转向器的一组转向盘操作力特性曲线,汽车低速行驶时特性曲线很窄,助力作用大;随着车速的提高,特性曲线越来越

宽,助力作用越来越小,防止了高速时转向盘力太小的弊端。

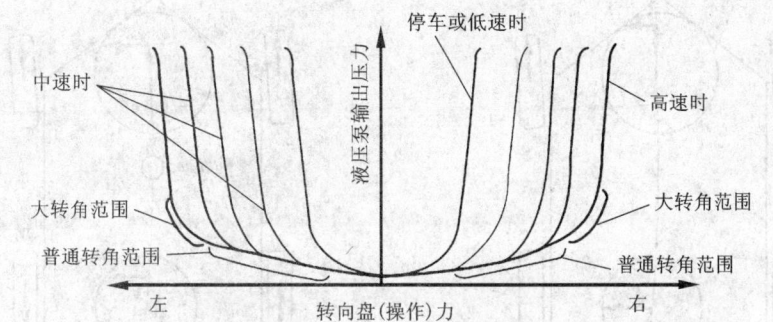

图7-31　电控油压反馈动力转向器的转向盘操作力特性曲线

现在日益受到重视的电动助力转向系统也具有随车速而变化的转向盘力特性,提高了操纵稳定性。

7.5.2　用地面切向反作用力控制转向特性

汽车在低附着系数如冰雪路面上以一定初速度按圆周行驶,固定转向盘转角的稳态转向特性试验表明,前轮驱动汽车有强不足转向特性而后轮驱动汽车有过多转向特性,而4轮驱动(4WD)汽车的横摆角速度则没有明显变化,即有不足转向特性。这表明,采用电子控制方式控制4WD汽车前、后驱动轮上驱动力分配的比例,就可以改变汽车的转向特性,即控制汽车的曲线运动。

制动力对轮胎的侧偏特性影响与驱动力相仿。改变前、后轴制动力分配比例,也可起到控制汽车曲线运动的作用。由于现代汽车已广泛装有ABS,因此改变每个车轮的制动力要比改变驱动力方便得多,利用改变制动力的方法控制汽车曲线运动更易实现。

切向反作用力控制可分为三种类型:总切向反作用力控制,前、后轮间切向力分配比例的控制以及内、外侧车轮间切向力分配的控制。

ABS是总制动力控制,是采用抑制过大的制动力,以保证较佳的滑动率,提高制动时的方向稳定性。车轮驱动滑转率过大时,也会丧失侧向的稳定性。为了限制总驱动力的"驱动控制系统"(traction control system,TCS或ASR),以提高驱动时汽车的方向稳定性。

改变前、后轮间切向力分配比例能改变汽车转向特性。如保持"中性转向"特点的电子控制前、后驱动力分配系统(ETS)。具有ETS的4WD具有接近中性转向的特点,驾驶员容易判断其行驶路径,具有较好的操纵稳定性。

改变内、外侧驱动力分配的比例,与在装有普通差速器的汽车上再施加一定数值的横摆力偶矩是一样的,这种驱动力的控制方式也常称为横摆力偶矩控制。

改变前、后轮间切向力分配比例的控制方式的本质也是横摆力偶矩的控制,因此改变前、后轮间切向力分配比例的控制方式常称为间接横摆力偶矩控制,而改变内、外侧车轮间切向力分配比例的控制方式称为直接横摆力偶矩控制系统(direct yaw moment control,DYCS)。

下面说明利用横摆力偶矩控制提高极限工况下弯道行驶能力的机理。

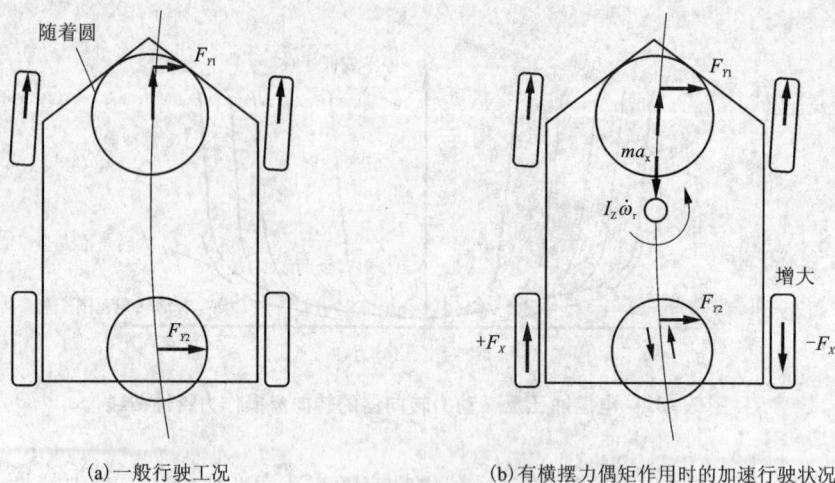

(a)一般行驶工况   (b)有横摆力偶矩作用时的加速行驶状况

图7-32 直接横摆力偶矩控制提高加速弯道行驶稳定性的机理

如图7-32(a)所示，图中汽车处于稳态且前轮的地面反作用力已接近其附着力。此时，若驾驶员企图在弯道上加速行驶，汽车将产生前进加速度与相应的横摆角加速度$\dot{\omega}_r$。这将会从纵向与侧向两个方向上增加前轮的地面反作用力，所以前轮必发生侧滑而丧失路径跟踪能力。若在加速之际，充分利用附着力有富余的后轴，给汽车施加恰当数值的横摆力偶矩$F_X B$，参看图7-32(b)，则力矩方程为

$$F_{Y1}a + F_X B - F_{Y2}b = I_z\dot{\omega}_r \qquad (7-30)$$

由式(7-30)可看出，若$F_X B$较大，在克服惯性阻力偶矩$I_z\dot{\omega}_r$之后还有剩余，则加速过程中F_{Y1}不仅不会增大而且还会减小。这样就给前轮创造了一个提供更大驱动力使汽车加速的条件。由此可见，充分利用后轴富余的附着条件，直接横摆力偶矩控制法可以提高弯道行驶能力，进一步提高汽车的操纵稳定性。

7.5.3 四轮转向系统(four wheel steering system，4WS)

电控4WS汽车转弯行驶时，后两轮也随着前两轮有相应的转向运动。而一般两轮转向(2WS)汽车在中、高速做圆周行驶时，车身后部甩出一点，车身以稍稍横着一点的姿态作曲线运动，增加了驾驶员在判断与操作上的困难。电控4WS汽车的质心侧偏角总接近于零，车厢与行驶轨迹方向一致，汽车自然流畅地作曲线运动，驾驶员能方便地判断与操作，显著地改善了操纵稳定性。图7-33中比较了2WS与电控4WS汽车在移线行驶时的路径与车厢姿态。

7.5.4 车辆稳定性控制系统(vehicle stability control system，VSC)、车辆动力学控制系统(vehicle dynamics control system，VDC)及电子稳定性程序(electronic stability program，ESP)

这类系统是以ABS为基础发展而成的，系统主要在大侧向加速度、大侧偏角的极限工况下工作。它利用左、右两侧制动力之差产生的横摆力偶矩来防止出现难以控制的侧滑现象，

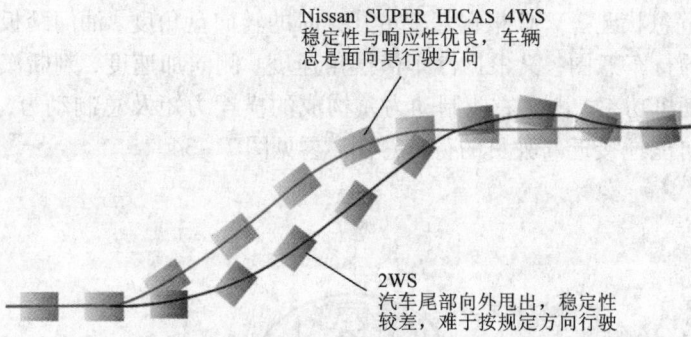

Nissan SUPER HICAS 4WS
稳定性与响应性优良，车辆
总是面向其行驶方向

2WS
汽车尾部向外甩出，稳定性
较差，难于按规定方向行驶

**图 7 – 33　2WS 与 Nissan SUPER HICAS 电控 4WS
汽车在移线行驶中的路径与车厢姿态**

如在弯道行驶中因前轴侧滑而失去路径跟踪能力的驶出现象及后轴侧滑甩尾而失去稳定性的激转现象等危险工况，如图 7 – 34 所示。

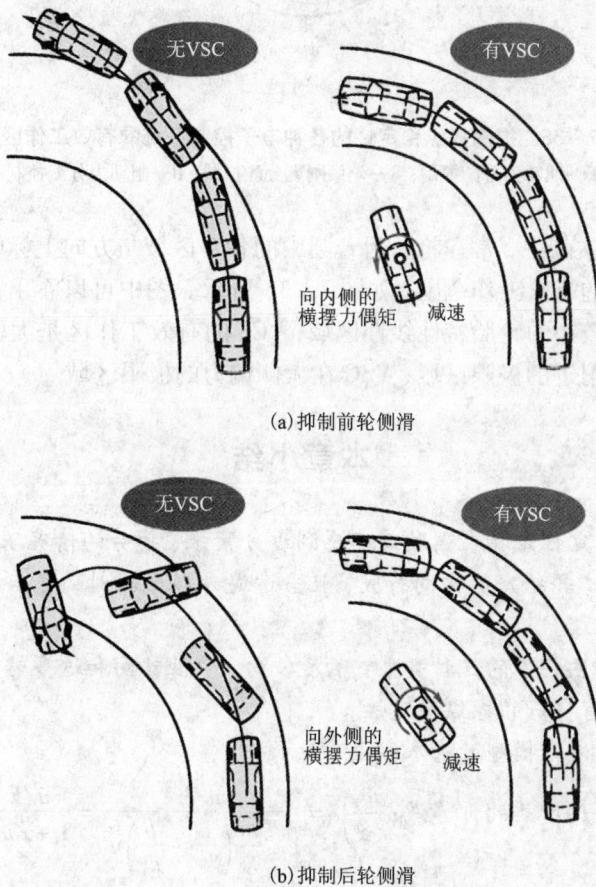

无VSC　　有VSC

向内侧的
横摆力偶矩　　减速

(a)抑制前轮侧滑

无VSC　　有VSC

向外侧的
横摆力偶矩　　减速

(b)抑制后轮侧滑

图 7 – 34　VSC 的作用

VSC 主要控制处于极限工况下的汽车运动，使驾驶员可以按正常驾驶方法顺利通过原本令人难以驾驭的危急状况。VSC 根据驾驶员开车时的转向盘角度、油门踏板位置与制动系油压，判断驾驶员的行车意图；又根据汽车横摆角速度、侧向加速度，判断汽车的真实行驶状况；VSC 调节发动机功率、由左右侧制动力差构成的横摆力矩及总制动力，以操纵汽车，使汽车行驶状况尽可能地接近驾驶员的行车意图，参见图 7 – 34。

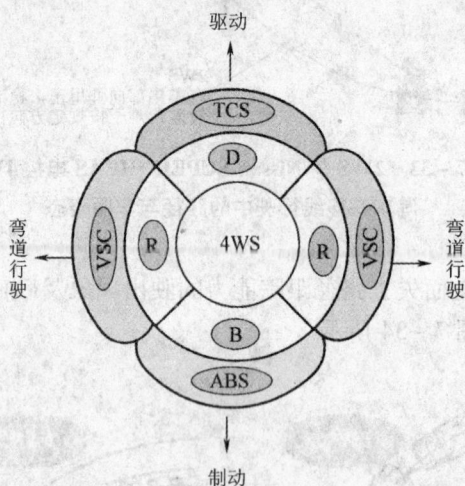

图 7 – 35　提高操纵稳定性的各种电子控制系统的有效工作区域

D—驱动力分配控制；R—侧倾刚度分配控制；B—制动力分配控制

在一些专业技术文献中，常在轮胎附着圆中的各个区域与方向上标明各种电子控制系统的名称，以表明它们的有效工作范围，如图 7 – 35 所示。图中可以看出：4WS 的有效工作范围是侧向力、纵向力较小的轮胎特性线性区域；TCS 的有效工作区是大驱动力附近的极限区域；ABS 在大制动力附近的极限区域；VSC 在大侧偏力的极限区域。

本章小结

1. 汽车的操纵稳定性是指在驾驶者不感到过分紧张、疲劳的情况下，汽车能遵循驾驶者通过转向系统及转向车轮给定的方向行驶，且当遭遇外界干扰时，汽车能抵抗干扰而保持稳定行驶的能力。

2. 汽车的稳态转向特性的三种类型：不足转向、中性转向和过多转向。只有具有适度不足转向的汽车，才具有良好的操纵稳定性。

3. 线性二自由度汽车模型的基本假设。

4. 稳态横摆角速度增益的计算式：$\left. \dfrac{\omega_r}{\delta} \right)_s = \dfrac{u/L}{1 + \dfrac{m}{L^2}\left(\dfrac{a}{k_2} - \dfrac{b}{k_1} \right)u^2} = \dfrac{u/L}{1 + Ku^2}$。

5. 汽车的稳态转向特性分析：$K = \dfrac{m}{L^2}\left(\dfrac{a}{k_2} - \dfrac{b}{k_1} \right)$。

$K=0$ 时，$\dfrac{\omega_{\mathrm{r}}}{\delta}\Big)_{\mathrm{s}}=u/L$，即稳态横摆角速度增益与 u 呈线性关系。具有这种特性的汽车，称为中性转向汽车。这个关系就是汽车轮胎无侧偏角时的转向关系。

$K>0$ 时，横摆角速度增益比中性转向时小，即前轮转过相同的角度，汽车横摆角速度要小些。具有这样特性的汽车，称为不足转向汽车。K 值越大，不足转向量越大。特征车速的计算：$u_{\mathrm{ch}}=\sqrt{1/K}$。

$K<0$ 时，横摆角速度增益比中性转向时大，即前轮转过相同的角度，汽车横摆角速度要大。具有这样特性的汽车，称为过多转向汽车。K 值越小，过多转向量越大。临界车速的计算：$u_{\mathrm{cr}}=\sqrt{-1/K}$。

6. 用前后轮侧偏角绝对值之差 $(\alpha_1-\alpha_2)$ 来表征汽车稳态转向特性：$(\alpha_1-\alpha_2)=Ka_yL$。

$K=0$ 时，汽车为中性转向，$\alpha_1-\alpha_2=0$。

$K>0$ 时，汽车为不足转向，$\alpha_1-\alpha_2>0$。

$K<0$ 时，汽车为过多转向，$\alpha_1-\alpha_2<0$。

7. 用转向半径比值表征汽车稳态转向特性：$\dfrac{R}{R_0}=1+Ku^2$。

$K=0$ 时，$R/R_0=1$，汽车为中性转向。转向半径不随车速变化，始终等于 R_0。

$K>0$ 时，$R/R_0>1$，汽车为不足转向。转向半径总大于 R_0，且随车速的增加而加大。

$K<0$ 时，$R/R_0<1$，汽车为过多转向。转向半径总小于 R_0，且随车速的增加而减小。

8. 静态储备系数 $S.M.=\dfrac{a'-a}{L}=\dfrac{k_2}{k_1+k_2}-\dfrac{a}{L}$

当中性转向点与质心重合时，$a'=a$，$S.M.=0$，汽车具有中性转向特性。

当质心在中性转向点之前时，$a'>a$，$S.M.>0$，汽车具有不足转向特性。

当质心在中性转向点之后时，$a'<a$，$S.M.<0$，汽车具有过多转向特性。

9. 影响汽车稳态响应的主要使用参数：轮胎气压和装载质量

10. 汽车瞬态响应：给等速直线行驶的汽车以前轮角阶跃输入，经过短暂时间后，将进入等速圆周行驶。等速直线行驶与等速圆周行驶的过渡过程便是瞬态，相应的响应称为前轮角阶跃输入引起的汽车瞬态响应。

11. 表征瞬态响应的参数：横摆角速度 ω_r 波动的固有（圆）频率 ω_0、阻尼比 ζ、反应时间 τ、峰值响应时间 ε、稳定时间 σ。

12. 车厢相对于地面转动时的瞬时轴线称为车厢侧倾轴线。侧倾轴线通过车厢在前、后轴处横断面上的瞬时转动中心，这两个瞬时转动中心称为侧倾中心。

13. 悬架侧倾角刚度为 $K_{\Phi_r}=\dfrac{1}{2}K_l'B^2=\dfrac{1}{2}k_s\left(\dfrac{Bm}{n}\right)^2$

14. 车厢侧倾角的计算式：$\Phi_r=\dfrac{M_{\Phi_r}}{\sum K_{\Phi_r}}$。

15. 侧倾力矩的组成：悬挂质量的离心力引起的侧倾力矩、侧倾后悬挂质量重力引起的侧倾力矩、非悬挂质量的离心力引起的侧倾力矩

16. 若汽车前轴左、右车轮垂直载荷变动量较大，汽车趋于增加不足转向量；若后轴左、右车轮垂直载荷变动量较大，汽车趋于减少不足转向量。

17. 车轮的倾斜方向与地面侧向力的方向相反，有增大侧偏角(绝对值)的效果。

18. 侧倾转向、变形转向、变形外倾的基本概念

19. 汽车行驶的纵向稳定性条件：

后轮驱动、全轮驱动汽车，纵向稳定性条件为 $\dfrac{b}{h_g} > \varphi$。

前轮驱动汽车，纵向稳定性条件为 $L > 0$。

20. 侧翻阈值的概念及计算式：$\dfrac{a_y}{g} = \dfrac{B}{2h_g} + \beta$。

21. 提高操纵稳定性的电子控制系统：电控液压动力转向和电动助力转向，切向反作用力控制系统，四轮转向系统，车辆稳定性控制系统。

复习思考题

1. 什么是汽车的操纵性和稳定性？何谓汽车的稳态和瞬态响应？

2. 汽车的稳态转向特性有几种？一般汽车应具有哪些性质的转向特性？为什么？

3. 什么是汽车的稳定性因数？有几种方式可以判定或表征汽车的稳态转向特性？

4. 汽车的空载和满载对其稳态转向特性有何影响？

5. 汽车转向时瞬态响应好坏的评价指标是什么？

6. 汽车左、右轮垂直载荷重新分配，对汽车转向特性有什么影响？为什么？

7. 某汽车轮距 $L = 1.4$ m，质心高度 $h_g = 0.686$ m，地面附着系数 $\varphi = 0.6$。当汽车沿曲线半径为 40 m 无倾斜的道路及有 10° 横向坡度的道路上行驶时，求：

①侧翻在侧滑之前还是在侧滑之后？

②不发生侧滑的临界车速。

8. 某一小客车总质量为 2010 kg，轴距为 3.2 m，其轴荷分配在静止水平情况下，前轴为53.5%。

①已知每个前轮侧偏刚度为 −678.9 N/(°)，每个后轮侧偏刚度为 −667.2 N/(°)，试确定该车的稳态转向特性。

②若后轮保持不变，前轮换成子午线轮胎，每个子午线轮胎的侧偏刚度为 −834.2 N/(°)，试求这时的汽车稳态转向特性。

③求上述两种情况的特征车速或临界车速。

④求上述两种情况的静态储备系数。

9. 提高操纵稳定性的电子控制系统有哪些？

第 8 章　汽车的平顺性

　　汽车的行驶平顺性(简称汽车的平顺性),是指汽车保持在正常车速行驶过程中产生的振动和冲击环境对乘员舒适性的影响在一定的界限之内,对于载货汽车还包括保持货物完好的能力。汽车的平顺性主要是根据乘员主观感觉的舒适程度来评价,所以又称为乘坐舒适性,它是现代高速汽车的主要性能之一。

　　汽车是一个复杂的多质量振动系统,由路面不平而引起的冲击和加速、减速时的惯性力以及发动机、传动系和车轮等旋转部件产生的激振力作用于车辆系统,将使汽车发生复杂的振动。振动影响人的舒适性、工作效能、身体健康,影响货物的完整性以及零部件的性能和寿命。平顺性研究的目的是有效控制汽车振动系统的动态特性。

　　图 8-1 为路面-汽车-人系统框图。路面不平度和车速(发动机、传动系和车轮等旋转部件的非平衡干扰本章不考虑)作为对汽车振动系统的"输入"经过轮胎、悬架、(悬置)、坐垫等弹性元件、阻尼元件和车身、车轮质量构成的振动系统的传递,得到振动系统的"输出",包括车身传至人体的加速度、悬架弹簧的动挠度以及车轮与路面间的动载荷。其中车身传至人体的加速度通过人体对振动的反应即舒适性来评价汽车的平顺性,而后两者分别影响撞击悬架限位的概率和"行驶安全性"。

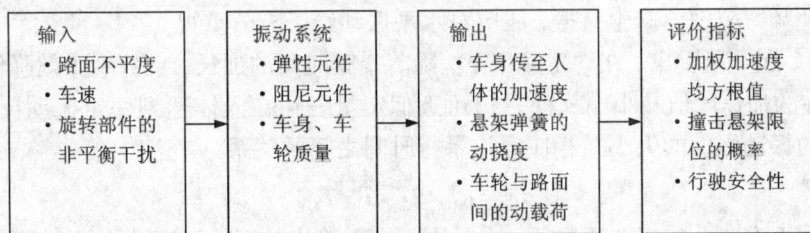

图 8-1　路面-汽车-人系统框图

8.1　人体对振动的反应和平顺性的评价

8.1.1　人体对振动的反应

　　机械振动对人体的影响,既取决于振动的频率、强度、振动作用方向和持续(暴露)时间,也取决于人的心理、生理状态,不同心理和身体素质的人,对振动敏感程度有很大差异。

国际标准化组织(ISO)在综合大量有关人体全身振动的研究工作和文献的基础上，1974年制定了国际标准 ISO2631《人体承受全身振动的评价指南》。1997 年又公布了 ISO2631 - 1：1997(E)《人体承受全身振动评价——第一部分：一般要求》，此标准能与主观感觉更好地符合。许多国家都参照该标准进行汽车的平顺性评价，我国对相应国际标准进行了修订，公布了 GB/T 4970—1996《汽车的平顺性随机输入行驶试验方法》和 GB/T 4970—2009《汽车的平顺性试验方法》。

《人体承受全身振动的评价指南》用加速度的均方根值给出了在 1~80 Hz 振动频率范围内人体对振动反应的三个不同的感觉界限。

(1)暴露极限

当人体承受的振动强度在这个极限之内，将保持健康或安全。通常把此极限作为人体可以承受振动量的上限。

(2)疲劳 - 工效降低界限 T_{FD}

这个界限与保持工作效能有关。当驾驶员承受的振动在此界限内时，能准确灵敏地反应，正常地进行驾驶。

(3)舒适降低界限 T_{CD}

此界限与保持舒适有关，在这个界限之内，人体对所暴露的振动环境主观感觉良好，能顺利完成吃、读、写等动作。

图 8 - 2(a)、图 8 - 2(b)分别为垂直和水平方向，在不同暴露时间下的疲劳 - 工效降低界限。另外两个不同反应界限只是允许的振动加速度值不同。暴露极限的值为疲劳 - 工效降低界限的 2 倍(双对数坐标中增加 6 dB)，舒适降低界限为疲劳 - 工效降低界限的 1/3.15(双对数坐标中降低 10 dB)。各界限允许加速度值，随频率的变化趋势完全一样。

由图 8 - 2 可以看出人最敏感的频率范围，对于垂直振动是 4~12.5 Hz。在 4~8 Hz 频率范围，人的内脏器官产生共振；8~12.5 Hz 频率范围，对人的脊椎系统影响很大。对于水平振动是 0.5~2 Hz。大约在 3 Hz 以下，人体对水平振动比对垂直振动更敏感，且汽车车身部分系统在此频率范围内产生共振，故应对水平振动给予充分重视。

由图 8 - 2 还可以看出，在一定频率下，随着暴露时间的加长，疲劳 - 工效降低界限曲线下移，即允许的加速度值减小。式(8 - 1)可近似定量表达在人体达到一定振动反应界限时，人体感觉到的振动强度的大小与相应允许暴露时间之间的关系。

$$a_{zw} = a_1 \times 2 \sqrt{T_0/T_{FD}} \qquad (8 - 1)$$

式中：a_{zw} 为垂直方向总加权加速度值；a_1 为 ISO2631 给出的 10 min 疲劳 - 工效降低界限垂直方向 4~8 Hz 加速度允许值，$a_1 = 2.8$ m/s^2；T_0 为 10 min，相当于 0.167 h。

ISO2631 - 1：1997(E)标准规定了图 8 - 3 所示的人体坐姿受振模型。模型表明在进行平顺性评价时，除考虑座椅支承面处输入点 3 个方向的线振动外，还考虑该点 3 个方向的角振动以及座椅靠背和脚支承面两个输入点各 3 个方向的线振动，共 3 个输入点 12 个轴向的振动。

该标准认为人体不仅对不同频率振动的敏感程度不同，而且不同输入点，不同轴向的振动对人体的影响也有差异。表 8 - 1 给出了 3 个输入点 12 个轴向的频率加权函数及相应的轴加权系数。

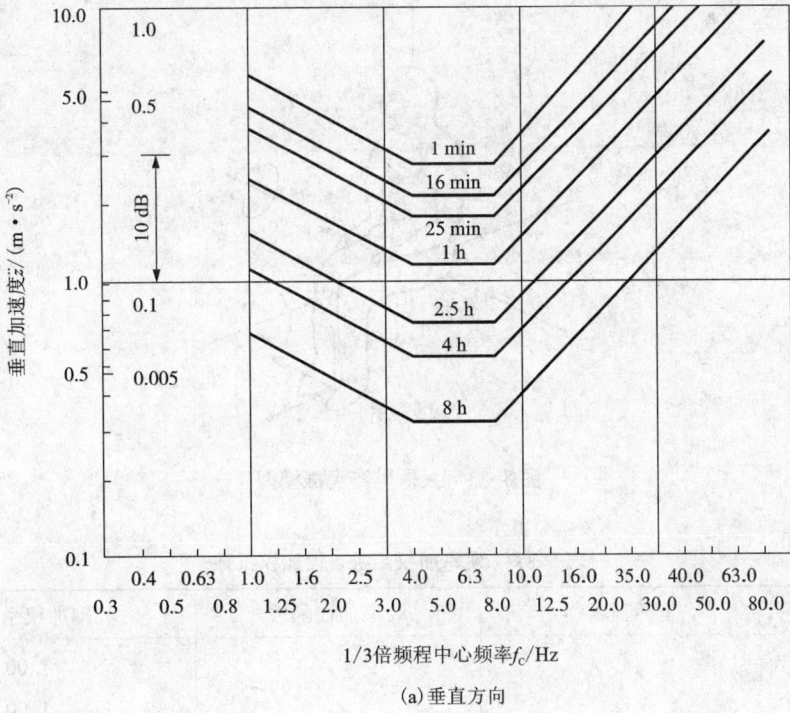

(a) 垂直方向

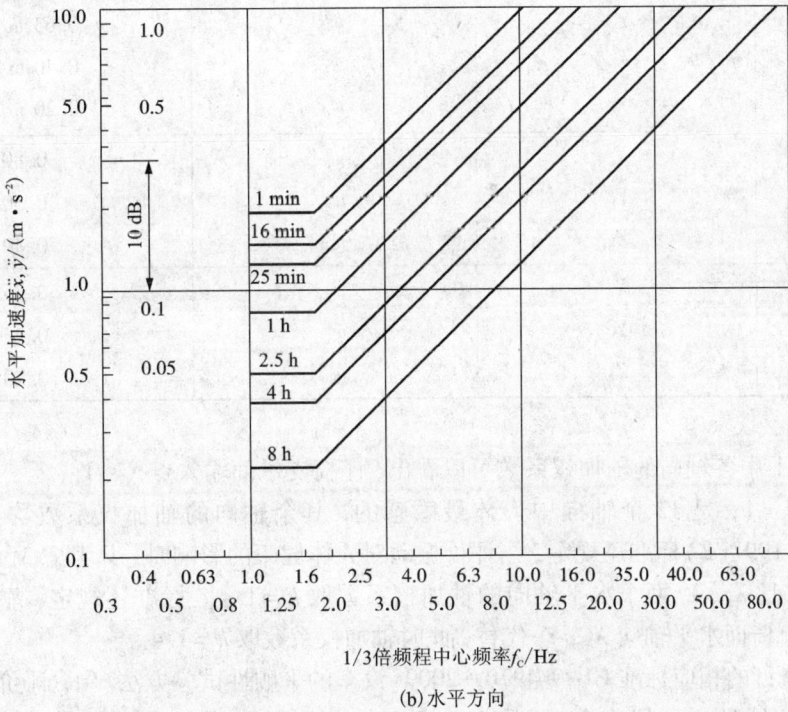

(b) 水平方向

图 8 - 2　ISO2631 人体对振动反应的疲劳 - 工效降低界限

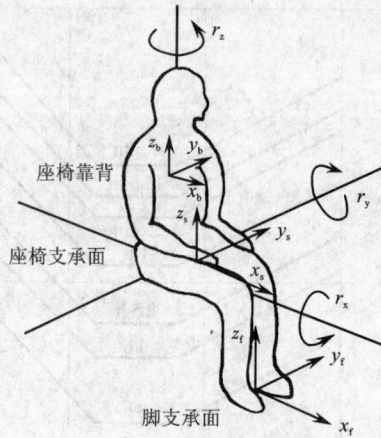

图 8-3　人体坐姿受振模型

表 8-1　频率加权函数、轴加权系数

位置	坐标轴名称	频率加权函数	轴加权系数 k
座椅支承面	X_s	w_d	1.00
	Y_s	w_d	1.00
	Z_s	w_k	1.00
	r_X	w_e	0.63 m/rad
	r_Y	w_e	0.40 m/rad
	r_Z	w_e	0.20 m/rad
座椅靠背	X_b	w_c	0.80
	Y_b	w_d	0.50
	Z_b	w_d	0.40
脚支承面	X_f	w_k	0.25
	Y_f	w_k	0.25
	Z_f	w_k	0.40

　　由表 8-1 中各轴向的轴加权系数可以看出，座椅支承面输入点 X_s、Y_s、Z_s 三个线振动的轴加权系数 $k=1$，是 12 个轴向中人体最敏感的，其余轴向的轴加权系数均不大于 0.8。ISO2631-1：1997（E）标准还规定，当评价振动对人体健康的影响时，只考虑 X_s、Y_s、z_s 这三个轴向振动，且 X_s、Y_s 两个水平轴向的轴加权系数取 $k=1.4$。标准还规定，靠背水平轴向 X_b、Y_b 可以由椅面水平轴向 X_s、Y_s 代替，此时轴加权系数取 $k=1.4$。

　　我国在修订的相应标准 GB/T 4970—2009《汽车的平顺性试验方法》中，评价汽车的平顺性时就考虑椅面、靠背、脚 3 个输入点各 3 个方向的线振动，共 9 个轴向振动。

8.1.2　平顺性的评价方法

ISO2631－1：1997(E)标准规定，当振动波形峰值系数小于9(峰值系数是加权加速度时间历程 $a_w(t)$ 的峰值与加权加速度均方根值 a_w 的比值)时，用基本的评价方法——加权加速度均方根值来评价振动对人体舒适和健康的影响。根据实验测量，各种汽车包括越野汽车，在正常行驶工况下对这一方法均适用。下面介绍平顺性的基本评价方法。

(1)计算各轴向加权加速度均方根值

①滤波网络法：对记录的加速度时间历程 $a(t)$，通过相应的频率加权函数 $w(f)$ 的滤波网络得到加权加速度时间历程 $a_w(t)$，用下式计算加权加速度均方根值

$$a_w = \left[\frac{1}{T} \int_0^T a_w^2(t)\,dt \right]^{\frac{1}{2}} \qquad (8-2)$$

式中：T 为振动的分析时间，一般取 120 s。

频率加权函数 $w(f)$(渐进线)可用以下公式表示

$$w_k(f) = \begin{cases} 0.5 & (0.5\ \text{Hz}<f<2\ \text{Hz}) \\ f/4 & (2\ \text{Hz}<f<4\ \text{Hz}) \\ 1 & (4\ \text{Hz}<f<12.5\ \text{Hz}) \\ 12.5/f & (12.5\ \text{Hz}<f<80\ \text{Hz}) \end{cases}$$

$$w_d(f) = \begin{cases} 1 & (0.5\ \text{Hz}<f<2\ \text{Hz}) \\ 2/f & (2\ \text{Hz}<f<80\ \text{Hz}) \end{cases}$$

$$w_c(f) = \begin{cases} 1 & (0.5\ \text{Hz}<f<8\ \text{Hz}) \\ 8/f & (8\ \text{Hz}<f<80\ \text{Hz}) \end{cases}$$

$$w_e(f) = \begin{cases} 1 & (0.5\ \text{Hz}<f<1\ \text{Hz}) \\ 1/f & (1\ \text{Hz}<f<80\ \text{Hz}) \end{cases}$$

②频谱分析法：对记录的加速度时间历程 $a(t)$ 进行频谱分析得到功率谱密度函数 $G_a(f)$，用下式计算加权加速度均方根值

$$a_w = \left[\int_{0.5}^{80} W^2(f) G_a(f)\,df \right]^{\frac{1}{2}} \qquad (8-3)$$

(2)计算三个方向总加权加速度均方根值(当同时考虑 x_s、y_s、z_s 这三个轴向振动时)

$$a_w = \left[(1.4a_{xw})^2 + (1.4a_{yw})^2 + a_{zw}^2 \right]^{1/2} \qquad (8-4)$$

(3)总加权振级 L_{aw} 与加权加速度均方根值 a_w 的换算

$$L_{aw} = 20\lg(a_w/a_0) \qquad (8-5)$$

式中：a_0 为参考加速度均方根值，$a_0 = 10^{-6}\ \text{m/s}^2$。

表 8－2 给出了加权振级 L_{aw} 和加权加速度均方根值 a_w 与人的主观感觉之间的关系。

表 8 – 2　L_{aw} 和 a_w 与人的主观感觉之间的关系

加权加速度均方根值 $a_w/(\mathrm{m \cdot s^{-2}})$	加权振级 L_{aw}/dB	人的主观感觉
<0.315	110	没有不舒适
0.315 ~ 0.63	110 ~ 116	有一些不舒适
0.5 ~ 1.0	114 ~ 120	相当不舒适
0.8 ~ 1.6	118 ~ 124	不舒适
1.25 ~ 2.5	122 ~ 128	很不舒适
>2.0	126	极不舒适

8.2　路面不平度的统计特性

路面不平度是汽车振动系统的基本输入,汽车的平顺性好坏主要取决于路面不平度引起的低频随机振动的大小。掌握了输入的路面不平度功率谱以及线性车辆系统的频响函数,就可以求出各响应物理量的功率谱,用来分析和评价平顺性。

8.2.1　路面不平度的功率谱密度

通常把路面相对基准平面的高度 q,沿道路走向长度 I 的变化 $q(I)$,称为路面纵断面曲线或不平度函数,如图 8 – 4 所示。

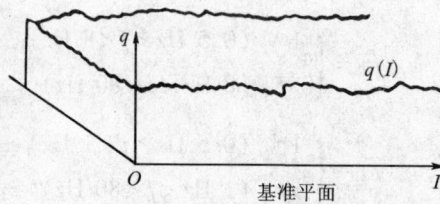

图 8 – 4　路面不平度函数

路面不平度函数可用水准仪或路面计测量,获得大量随机数据,然后用概率统计的方法在计算机上处理,得到路面不平度的功率谱密度 $G_q(n)$ 或方差 σ_q^2 等统计特性参数。

作为车辆振动输入的路面不平度,主要采用路面功率谱密度描述其统计特性。国际标准化组织和我国国家标准均建议路面不平度的功率谱密度 $G_q(n)$ 用下式拟合

$$G_q(n) = G_q(n_0)\left(\frac{n}{n_0}\right)^{-W} \tag{8 – 6}$$

式中:n 为空间频率,$\mathrm{m^{-1}}$,是波长的倒数,表示每米长度包括几个波长;n_0 为参考空间频率,$n_0 = 0.1\ \mathrm{m^{-1}}$;$G_q(n_0)$ 为参考空间频率 n_0 下的路面功率谱密度值,$\mathrm{m^3}$,也称路面不平度系数;W 为频率指数,为双对数坐标上斜线的斜率,它决定路面功率谱密度的频率结构。

式(8 – 6)在双对数坐标上为一斜线,对实测路面功率谱密度拟合时,为减少误差,在不同空间频率范围可以选用不同的拟合系数进行分段拟合,但不应超过 4 段。

国际标准化组织和我国国家标准还提出按路面功率谱密度把路面的不平度分为 8 级。表 8-3 规定了各级路面不平度系数 $G_q(n_0)$ 的几何平均值和均方根值 σ_q 的几何平均值,频率指数 $W=2$。

表 8-3　路面不平度 8 级分类标准

路面等级	$G_q(n_0)/(10^{-6}\ m^3)$ $(n_0 = 0.1\ m^{-1})$	$\sigma_q/(10^{-3}\ m)$ $0.011\ m^{-1} < n < 2.83\ m^{-1}$	路面等级	$G_q(n_0)/(10^{-6}\ m^3)$ $(n_0 = 0.1\ m^{-1})$	$\sigma_q/(10^{-3}\ m)$ $0.011\ m^{-1} < n < 2.83\ m^{-1}$
	几何平均值	几何平均值		几何平均值	几何平均值
A	16	3.81	E	4096	60.9
B	64	7.61	F	16384	121.8
C	256	15.23	G	65536	243.61
D	1024	30.45	H	262144	487.22

图 8-5 是路面不平度分级图,由图可以看出,路面功率谱密度 $G_q(n)$ 均值随空间频率 n 的提高或波长 λ 的减小而变小。图中阴影部分为德国 1983 年公路路面功率谱密度分布范围,可以看出公路路面功率谱密度主要集中在 A 级,部分延伸到 B、C 级。而我国高等级公路路面功率谱密度也基本在 A、B、C 三级范围之内,只是 B、C 级路面的比例较大。

上述路面功率谱密度 $G_q(n)$ 指的是垂直位移功率谱密度,还可以采用不平度函数 $q(I)$ 对纵向长度 I 的一阶导,即速度功率谱密度 $G_{\dot{q}}(n)$ 以及二阶导,即加速度功率谱密度 $G_{\ddot{q}}(n)$ 来描述路面不平度的统计特性。

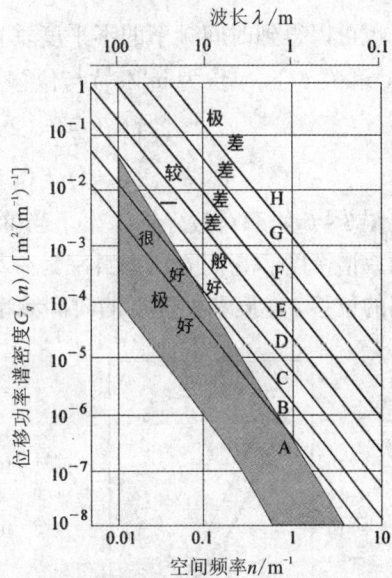

图 8-5　路面不平度分级图

$G_{\dot{q}}(n)$(单位为 $1/m^{-1} = m$) 和 $G_{\ddot{q}}(n)$(单位为 $m^{-2}/m^{-1} = m^{-1}$)与 $G_q(n)$ 的关系如下

$$\begin{cases} G_{\dot{q}}(n) = (2\pi n)^2 G_q(n) \\ G_{\ddot{q}}(n) = (2\pi n)^4 G_q(n) \end{cases} \qquad (8-7)$$

当频率指数 $W=2$ 时,将式(8-6)代入式(8-7)的 $G_{\dot{q}}(n)$ 式中得到

$$G_{\dot{q}}(n) = (2\pi n_0)^2 G_q(n_0) \qquad (8-8)$$

从式(8-8)可以看出,此时路面速度功率谱密度幅值在整个频率范围为一常数,即为"白噪声",幅值大小只与不平度系数 $G_q(n_0)$ 有关,用它来计算分析会带来一定的方便。

8.2.2 空间频率功率谱密度 $G_q(n)$ 化为时间频率功率谱密度 $G_q(f)$

对汽车振动的输入除了路面不平度，还要考虑车速这个因素。根据车速 u，将空间频率功率谱密度 $G_q(n)$ 换算为时间频率功率谱密度 $G_q(f)$。

当汽车以一定的车速 $u(\mathrm{m/s})$ 驶过空间频率 $n(\mathrm{m}^{-1})$ 的路面不平度时，输入的时间频率 $f(\mathrm{s}^{-1})$ 是 n 与 u 的乘积，即

$$f = un \tag{8-9}$$

根据路面功率谱密度的定义，路面功率谱密度是单位频带内的功率（均方值），利用式 $(8-9)$ 可得到 $G_q(n)$ 和 $G_q(f)$ 的换算式

$$G_q(f) = \frac{1}{u} G_q(n) \tag{8-10}$$

式 $(8-10)$ 说明在某一空间频率 n 下，空间频率功率谱密度 $G_q(n)$ 所相应的时间频率功率谱密度 $G_q(f)$ 与车速 u 成反比。

将式 $(8-6)$、式 $(8-9)$ 代入式 $(8-10)$，得到时间频率功率谱密度 $G_q(f)$（单位为 $\mathrm{m}^2/\mathrm{s}^{-1} = \mathrm{m}^2\mathrm{s}$）的表达式，当 $W=2$ 时，得

$$G_q(f) = \frac{1}{u} G_q(n_0) \left(\frac{n}{n_0}\right)^{-2} = G_q(n_0) n_0^2 \frac{u}{f^2} \tag{8-11}$$

也可以得到时间频率的不平度垂直速度 $\dot{q}(t)$ 和加速度 $\ddot{q}(t)$ 的功率谱密度 $G_{\dot{q}}(f)$（单位为 m^2/s）和 $G_{\ddot{q}}(f)$（单位为 $\mathrm{m}^2/\mathrm{s}^3$）与位移功率谱密度 $G_q(f)$ 的关系如下

$$\begin{cases} G_{\dot{q}}(f) = (2\pi f)^2 G_q(f) = 4\pi^2 G_q(n_0) n_0^2 u \\ G_{\ddot{q}}(f) = (2\pi f)^4 G_q(f) = 16\pi^4 G_q(n_0) n_0^2 u f^2 \end{cases} \tag{8-12}$$

图 $8-6$ 用双对数坐标给出了当 $W=2$ 时，路面不平度垂直位移、速度和加速度的时间频率功率谱密度。它们分别是斜率为 $-2:1$、$0:1$、$2:1$ 的直线。图中还同时给出了一典型路面实测的位移、速度和加速度的时间频率功率谱密度。

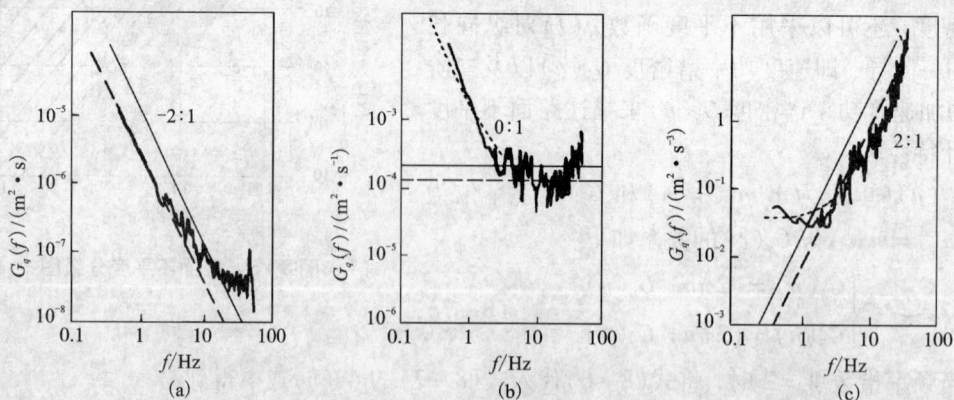

图 8-6　路面不平度位移、速度和加速度功率谱密度

由式 $(8-11)$ 和式 $(8-12)$ 可以看出，$G_q(f)$、$G_{\dot{q}}(f)$、$G_{\ddot{q}}(f)$ 都与不平度系数 $G_q(n_0)$ 以及车速 u 成正比。$G_q(n_0)$ 与 u 提高，都可使图 $8-6$ 中三个谱密度曲线向上平移。

8.3 汽车振动系统的简化

汽车是一个复杂的振动系统，应根据所分析的问题进行简化。图 8-7 为一个把汽车车身质量看作为刚体的立体模型。汽车的悬挂质量（车身质量）为 m_2，它由车身、车架及其上的总成所构成。该质量绕通过质心的横轴 Y 的转动惯量为 I_Y，悬挂质量通过减振器和悬架弹簧与车轴、车轮相连接。车轮、车轴构成的非悬挂（车轮）质量为 m_1。车轮再经过具有一定弹性和阻尼的轮胎支承在不平的路面上。这一立体模型，车身质量在讨论平顺性时主要考虑垂直、俯仰、侧倾 3 个自由度，4 个车轮质量有 4 个垂直自由度，共 7 个自由度。

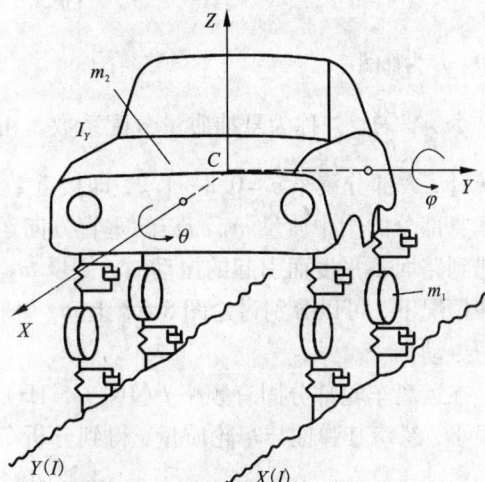

图 8-7 四轮汽车简化的立体模型

当汽车对称于其纵轴线，且左、右车辙的不平度函数 $X(I) = Y(I)$，此时汽车车身只有垂直振动 z 和俯仰振动 φ，这两个自由度的振动对平顺性影响最大。图 8-8 为汽车简化成 4 个自由度的平面模型。

在这个模型中，又因轮胎阻尼较小而予以忽略，同时把质量为 m_2，转动惯量为 I_Y 的车身按动力学等效的条件分解为前轴上、后轴上及质心 C 上的三个集中质量 m_{2f}、m_{2r}、m_{2c}。这三个质量由无质量的刚性杆连接，它们的大小由下述三个条件决定：

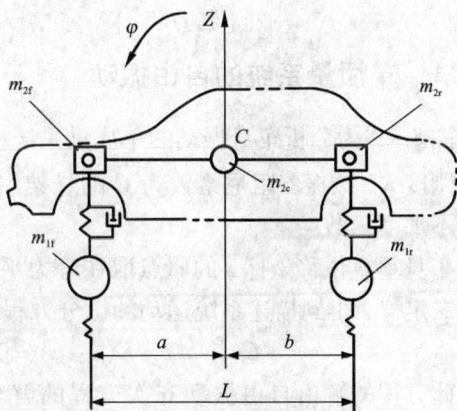

图 8-8 双轴汽车简化的平面模型

①总质量保持不变

$$m_{2f} + m_{2r} + m_{2c} = m_2 \qquad (8-13)$$

②质心位置不变

$$m_{2f}a - m_{2r}b = 0 \qquad (8-14)$$

③转动惯量 I_Y 的值保持不变

$$I_Y = m_2\rho_Y^2 = m_{2f}a^2 + m_{2r}b^2 \qquad (8-15)$$

式中：ρ_Y 为绕横轴 Y 的回转半径；a，b 为车身质量部分的质心至前、后轴的距离。

由式（8-13）、式（8-14）和式（8-15）得出三个集中质量的值为

$$\begin{cases} m_{2f} = m_2 \dfrac{\rho_Y^2}{aL} \\[2mm] m_{2r} = m_2 \dfrac{\rho_Y^2}{bL} \\[2mm] m_{2c} = m_2 \left(1 - \dfrac{\rho_Y^2}{ab} \right) \end{cases} \tag{8-16}$$

式中：L 为轴距。

令 $\varepsilon = \dfrac{\rho_Y^2}{ab}$，并称为悬挂质量分配系数。由式(8-16)可知，当 $\varepsilon = 1$ 时，联系质量 $m_{2c} = 0$。据统计，大部分汽车 $\varepsilon = 0.8 \sim 1.2$，即接近 1。而通过分析可知在 $\varepsilon = 1$ 的情况下，前、后轴上方车身部分的集中质量 m_{2f}、m_{2r} 的垂直方向运动是相互独立的。这样在 $\varepsilon = 1$ 的情况下，当前轮遇到路面不平度而引起的振动时，质量 m_{2f} 运动而质量 m_{2r} 不运动；反之亦然。因此在这种特殊情况下，可以分别讨论图 8-8 上 m_{2f} 和前轮轴以及 m_{2r} 和后轮轴所构成的两个双质量系统的振动。

在远离车轮部分固有频率 f_t (10 ~ 15 Hz) 的较低激振频率范围(如 5 Hz 以下)，轮胎动变形很小，忽略其弹性与车轮质量，得到分析车身垂直振动的最简单的单质量系统。

8.4　单质量系统的振动

8.4.1　单质量系统的自由振动

图 8-9 为分析车身振动的单质量系统模型，它由 m_2 和弹簧刚度 K、减振器阻尼系数为 C 的悬架组成。q 是输入的路面不平度函数。

车身垂直位移坐标 z 的原点取在静力平衡位置，根据牛顿第二定律，得到描述系统运动的微分方程为

$$m_2 \ddot{z} + C(\dot{z} - q) + K(z - q) = 0 \tag{8-17}$$

此方程的解由自由振动齐次方程的解与非齐次方程特解之和组成。

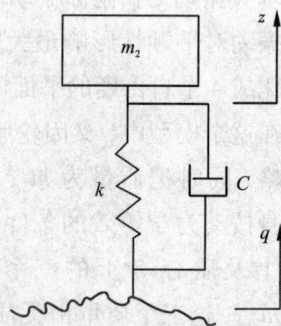

图 8-9　车身单质量系统模型

令 $2n = \dfrac{C}{m_2}$，$\omega_0^2 = \dfrac{K}{m_2}$，则齐次方程为

$$\ddot{z} + 2n\dot{z} + \omega_0^2 z = 0 \tag{8-18}$$

式中：ω_0 为系统固有圆频率，[rad/s]。

而阻尼对运动的影响取决于 n 和 ω_0 的比值 ζ，ζ 称为阻尼比

$$\zeta = \frac{n}{\omega_0} = \frac{C}{2\sqrt{m_2 K}} \tag{8-19}$$

汽车悬架系统阻尼比 ζ 的数值通常在 0.25 左右，属于小阻尼，此时微分方程的解为

$$z = A e^{-nt} \sin\left(\sqrt{\omega_0^2 - n^2}\, t + \alpha \right) \tag{8-20}$$

这个解说明，有阻尼自由振动时，m_2 以有阻尼固有频率 $\omega_r = \sqrt{\omega_0^2 - n^2}$ 振动，其振幅按 e^{-nt} 衰减，如图 8 - 10 所示。

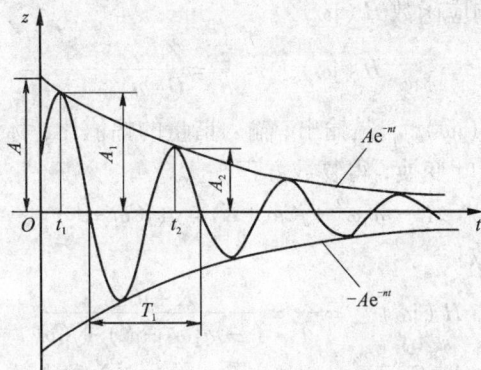

图 8 - 10　衰减振动曲线

阻尼比 ζ 对衰减振动有两方面影响。

（1）与有阻尼固有频率 ω_r 有关

$$\omega_r = \sqrt{\omega_0^2 - n^2} = \omega_0 \sqrt{1 - \zeta^2} \tag{8-21}$$

由式（8-21）可知，ζ 增大，ω_r 下降。当 $\zeta = 1$ 时，$\omega_r = 0$，此时运动失去振荡特征。汽车悬挂系统阻尼比 ζ 大约为 0.25，ω_r 比 ω_0 只下降了 3% 左右，在工程上可以近似认为 $\omega_r \approx \omega_0$，车身部分振动的固有圆频率 ω_0（rad/s）、固有频率 f_0 [s^{-1} 或 Hz] 为

$$\omega_0 = \sqrt{\frac{K}{m_2}}$$

$$f_0 = \frac{\omega_0}{2\pi} = \frac{1}{2\pi}\sqrt{\frac{K}{m_2}} \tag{8-22}$$

（2）决定振幅的衰减程度

图 8 - 10 上两个相邻的振幅 A_1 与 A_2 之比称为减幅系数，以 d 表示

$$d = \frac{A_1}{A_2} = \frac{Ae^{-nt_1}}{Ae^{-n(t_1+T_1)}} = e^{nT_1} = e^{\frac{2\pi\zeta}{\sqrt{1-\zeta^2}}} \tag{8-23}$$

对式（8-23）取自然对数

$$\ln d = \frac{2\pi\zeta}{\sqrt{1-\zeta^2}} \tag{8-24}$$

可以由实测的衰减振动曲线得到减幅系数 d，由下式求出阻尼比 ζ

$$\zeta = \frac{1}{\sqrt{1 + 4\pi^2/\ln^2 d}} \tag{8-25}$$

8.4.2　单质量系统的频率响应特性

现在讨论在激励 q 的作用下，单质量系统运动微分方程式（8-17）的解。通解部分由于阻尼作用随时间减小；稳态条件下系统的响应 z 由特解确定，取决于激励 q 和系统的频率响

应特性。

（1）频率响应函数和幅频特性的确定

由输出、输入谐量复振幅 z 与 q 的比值或 $z(t)$ 与 $q(t)$ 的傅里叶变换 $Z(\omega)$ 与 $Q(\omega)$ 的比值，可以确定系统的频率响应函数 $H(j\omega)_{z \sim q}$

$$H(j\omega)_{z \sim q} = \frac{z}{q} = \frac{Z(\omega)}{Q(\omega)} \qquad (8-26)$$

频率响应函数的模 $|H(j\omega)_{z \sim q}|$ 是输出、输入谐量的幅值比，称为幅频特性。

对式(8-17)进行傅里叶变换，得复数方程

$$z(-m_2\omega^2 + jC\omega + K) = q(jC\omega + K)$$

并由此得频率响应函数

$$H(j\omega)_{z \sim q} = \frac{z}{q} = \frac{K + jC\omega}{(-m_2\omega^2 + K) + jC\omega}$$

将频率比 $\lambda = \omega/\omega_0$（$\omega_0 = \sqrt{K/m_2}$）和阻尼比 $\zeta = C/(2\sqrt{Km_2})$ 代入上式，得

$$H(j\omega)_{z \sim q} = \frac{1 + 2j\zeta\lambda}{1 - \lambda^2 + 2j\zeta\lambda} \qquad (8-27)$$

此式的模为幅频特性，即

$$|H(j\omega)|_{z \sim q} = \left| \frac{z}{q} \right| = \left[\frac{1 + (2\zeta\lambda)^2}{(1 - \lambda^2)^2 + (2\zeta\lambda)^2} \right]^{\frac{1}{2}} \qquad (8-28)$$

（2）幅频特性曲线分析

图 8-11 为双对数坐标下的幅频特性 $|z/q|$。用双对数坐标作幅频特性时，先确定其低频段和高频段的渐近线。

当 $\lambda \ll 1$ 时（低频段），$|z/q| \to 1$，$\lg |z/q| = 0$，渐近线为水平线，斜率为 0∶1，渐近线的"频率指数"为 0。

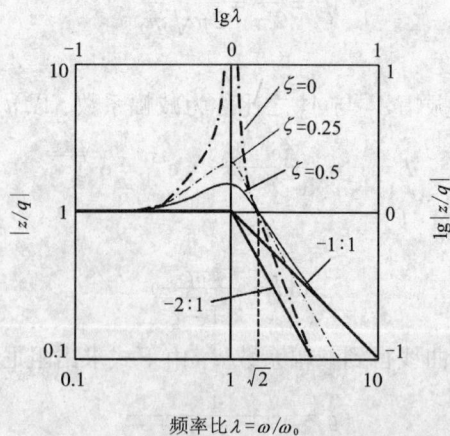

图 8-11 单质量系统位移输入与位移输出的幅频特性

当 $\lambda \gg 1$ 时（高频段），分析阻尼比 $\zeta = 0$、$\zeta = 0.5$ 两种情况。

180

①$\zeta = 0$ 时，$|z/q| \to \dfrac{1}{\lambda^2}$，$\lg|z/q| = -2\lg\lambda$，渐近线的斜率为 $-2:1$，渐近线的频率指数为 -2。

②$\zeta = 0.5$ 时，$|z/q| \to \left[\dfrac{\lambda^2}{\lambda^2(\lambda^2+1)}\right]^{\frac{1}{2}} \to \dfrac{1}{\lambda}$，$\lg|z/q| = -\lg\lambda$，渐近线的斜率为 $-1:1$，渐近线的频率指数为 -1。

可由低频和高频段两个渐近线方程解得低、高频段渐近线交点的频率比为 $\lambda = 1$。下面确定在交点频率比 $\lambda = 1$，即共振时的幅值。$\lambda = 1$ 时

$$|z/q|_{\omega = \omega_0} = \sqrt{1 + \dfrac{1}{4\zeta^2}}$$

$\zeta = 0$ 时

$$|z/q|_{\omega = \omega_0} = \infty$$

$\zeta = 0.5$ 时

$$|z/q|_{\omega = \omega_0} = \sqrt{2}$$

确定了渐近线和交点频率下的幅值，就可作出频率特性曲线。

对单质量系统位移输入与位移输出的幅频特性分析如下：

①低频段（$0 \leqslant \lambda \leqslant 0.75$），$|z/q|$ 略大于 1，阻尼比 ζ 对这一频段的影响不大。

②共振段（$0.75 \leqslant \lambda \leqslant \sqrt{2}$），$|z/q|$ 出现峰值，将输入位移放大，加大阻尼比 ζ 可使共振峰值明显下降。

③高频段（$\lambda \geqslant \sqrt{2}$），在 $\lambda = \sqrt{2}$ 时，$|z/q| = 1$，与 ζ 无关；在 $\lambda > \sqrt{2}$ 时，$|z/q| < 1$，悬架对输入位移起衰减作用，阻尼比 ζ 减小对减振有利。

8.4.3　单质量系统对路面随机输入的响应

（1）用随机振动理论分析汽车的平顺性概述

1）平顺性分析的振动响应量

车身加速度 $\ddot{z}$ 是评价汽车的平顺性的主要指标，悬架弹簧的动挠度 f_d 与其限位行程 $[f_d]$ 有关。若配合不当会增加撞击限位的概率，使平顺性变坏。车轮与路面间的动载 F_d 影响车轮与路面的附着效果，与行驶安全性有关。在平顺性分析时，要在路面随机输入下对汽车振动系统上述三个振动响应量进行统计计算，以综合进行评价和选择悬挂系统的设计参数。

2）振动响应量的功率谱密度与均方根值

将汽车振动系统近似为线性系统，且当分析简化模型，路面只经过一个车轮对系统输入时，振动响应量的功率谱密度 $G_x(f)$ 与路面位移输入的功率谱密度 $G_q(f)$ 有如下简单关系

$$G_x(f) = |H(f)|^2_{x \sim q} G_q(f) \tag{8-29}$$

式中：$|H(f)|_{x \sim q}$ 为系统响应量 x 对输入 q 的幅频特性。

由于振动响应量 $\ddot{z}$、f_d、F_d/G 取正、负值的概率相同，所以其均值近似为零。因此这些量的统计特征值——方差等于均方值，并可由下式求得

$$\sigma_x^2 = \int_0^\infty G_x(f)\,\mathrm{d}f = \int_0^\infty |H(f)|^2_{x \sim q} G_q(f)\,\mathrm{d}f \tag{8-30}$$

式中：σ_x 为标准差，均值为零时，其值等于均方根值。

进行汽车的平顺性分析时，可根据路面不平度系数和车速确定的路面位移输入谱 $G_q(f)$ 和由悬挂系统参数求出频率响应函数 $H(f)_{x\sim q}$，按照式(8-29)、式(8-30)计算振动响应量的功率谱密度 $G_x(f)$ 和标准差 σ_x。这样就可以分析悬挂系统参数对振动响应的影响，也可以反过来根据平顺性评价指标来优化悬挂系统设计参数。

(2)车身加速度的功率谱密度 $G_{\ddot{z}}(\omega)$ 的计算分析

将响应量 $\ddot{z}$ 代入式(8-29)，得到

$$G_{\ddot{z}}(\omega) = |H(j\omega)|^2_{\ddot{z}\sim q} G_q(\omega) \tag{8-31}$$

路面输入除采用位移功率谱密度 $G_q(\omega)$ 外，还可以采用速度功率谱密度 $G_{\dot{q}}(\omega)$ 和加速度功率谱密度 $G_{\ddot{q}}(\omega)$。相应地，幅频特性要采用 $|H(j\omega)|_{\ddot{z}\sim\dot{q}}$ 和 $|H(j\omega)|_{\ddot{z}\sim\ddot{q}}$。

为分析方便，对输入 q、$\dot{q}$、$\ddot{q}$ 与输出 $\ddot{z}$ 之间的功率谱密度的关系式等号两边都开方，得到输入、输出均方根值谱之间的关系

$$\sqrt{G_{\ddot{z}}(\omega)} = \begin{cases} |H(j\omega)|_{\ddot{z}\sim q} \sqrt{G_q(\omega)} \\ |H(j\omega)|_{\ddot{z}\sim\dot{q}} \sqrt{G_{\dot{q}}(\omega)} \\ |H(j\omega)|_{\ddot{z}\sim\ddot{q}} \sqrt{G_{\ddot{q}}(\omega)} \end{cases} \tag{8-32}$$

将式(8-11)、式(8-12)开方，得到三种不同形式路面输入的均方根值谱

$$\left. \begin{aligned} \sqrt{G_q(\omega)} &= (2\pi/\omega)\sqrt{G_q(n_0)n_0^2 u} \\ \sqrt{G_{\dot{q}}(\omega)} &= 2\pi\sqrt{G_q(n_0)n_0^2 u} \\ \sqrt{G_{\ddot{q}}(\omega)} &= 2\pi\omega\sqrt{G_q(n_0)n_0^2 u} \end{aligned} \right\} \tag{8-33}$$

图8-12以图解的形式来表示式(8-32)中用三种不同形式路面输入均方根值谱计算响应量车身加速度均方根值谱的过程。

由图8-12可知，由于 $\sqrt{G_{\dot{q}}(\omega)}$ 为"白噪声"，斜率为 0:1，位移谱 $\sqrt{G_q(\omega)} = \sqrt{G_{\dot{q}}(\omega)}/\omega$，斜率为 -1:1，加速度谱 $\sqrt{G_{\ddot{q}}(\omega)} = \sqrt{G_{\dot{q}}(\omega)} \cdot \omega$，斜率为 1:1。

相应的三个幅频特性为

$$\left. \begin{aligned} |H(j\omega)|_{\ddot{z}\sim q} &= \left|\frac{\ddot{z}}{q}\right| = \left|\frac{z\omega^2}{q}\right| = \omega^2\left|\frac{z}{q}\right| \\ |H(j\omega)|_{\ddot{z}\sim\dot{q}} &= \left|\frac{\ddot{z}}{\dot{q}}\right| = \left|\frac{z\omega^2}{q\omega}\right| = \omega\left|\frac{z}{q}\right| \\ |H(j\omega)|_{\ddot{z}\sim\ddot{q}} &= \left|\frac{\ddot{z}}{\ddot{q}}\right| = \left|\frac{z\omega^2}{q\omega^2}\right| = \left|\frac{z}{q}\right| \end{aligned} \right\} \tag{8-34}$$

与 $|\ddot{z}/\dot{q}|$ 相比，$|\ddot{z}/q|$ 的渐近线斜率加1，$|\ddot{z}/\ddot{q}|$ 斜率减1，它们与相应的均方根路面输入谱相乘后，得到的车身加速度均方根谱 $\sqrt{G_{\ddot{z}}(\omega)}$ 完全相同。

由于路面速度谱 $\sqrt{G_{\dot{q}}(\omega)}$ 为"白噪声"，车身加速度的均方根值谱 $\sqrt{G_{\ddot{z}}(\omega)}$ 与响应量 $\ddot{z}$ 对速度输入 $\dot{q}$ 的幅频特性图形完全相同，只是在双对数坐标上移动 $\lg\sqrt{G_{\dot{q}}(\omega)}$。因此可以用响应量对速度输入的幅频特性来定性分析响应的均方根谱。下面就用这个方法分析固有频率 ω_0、阻尼比 ζ 对车身加速度 $\ddot{z}$ 的影响。

182

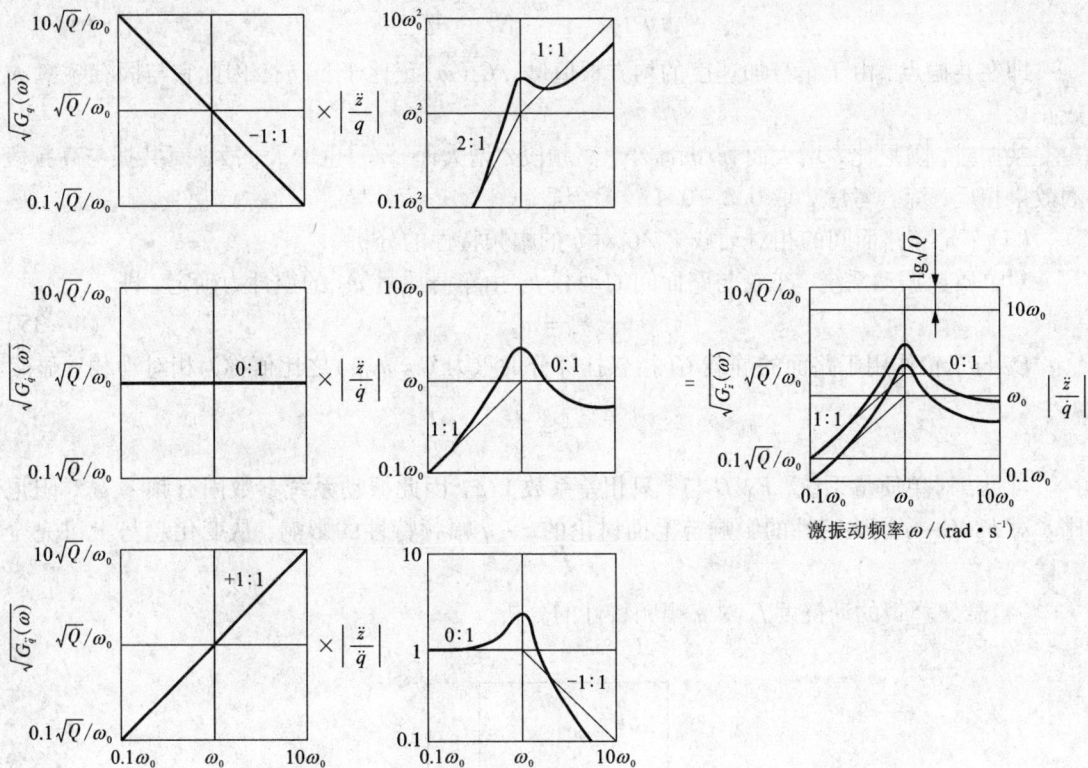

图 8 - 12　用路面位移、速度、加速度均方根值谱

图 8 - 13 画出了固有圆频率 $\omega_0 = 2\pi$ rad/s、$\omega_0 = 4\pi$ rad/s，阻尼比 $\zeta = 0.25$、$\zeta = 0.5$ 四种情况下的 $|\ddot{z}/\dot{q}|$ 曲线。

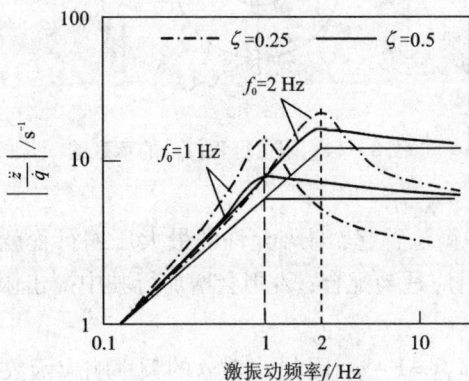

图 8 - 13　$|\ddot{z}/\dot{q}|$ 曲线

由图 8 - 13 的曲线可以看出，随着固有频率 ω_0 的增大，$|\ddot{z}/\dot{q}|$ 在共振和高频段都成比例增大。可计算得到共振时

$$\left|\frac{\ddot{z}}{\ddot{q}}\right|_{\omega=\omega_0} = \omega_0\sqrt{1+\frac{1}{4\zeta^2}}$$

即在共振点，由于车身加速度的均方根值谱 $\sqrt{G_{\ddot{z}}(\omega)}$ 正比于 $|\ddot{z}/\dot{q}|$，因此它与固有频率 ω_0 成正比。

共振时，阻尼比 ζ 增大而 $|\ddot{z}/\dot{q}|$ 减小，高频段 ζ 增大而 $|\ddot{z}/\dot{q}|$ 也增大，故 ζ 对共振与高频段的效果相反，综合考虑 ζ 取 $0.2\sim0.4$ 较为合适。

（3）车轮与路面间的相对动载 F_d/G 对 $\dot{q}$ 的幅频特性的分析

对单质量振动系统，车轮与路面间的动载 F_d 由车身质量 m_2 的惯性力确定，即

$$F_d = m_2\ddot{z} \tag{8-35}$$

F_d 与车轮作用于路面的静载 G（指悬挂部分的重力 $G=m_2g$）之比值称为相对动载。显然

$$\frac{F_d}{G} = \frac{\ddot{z}}{g}$$

可见，对单质量系统，F_d/G 与 $\ddot{z}$ 只相差系数 $1/g$，因此振动系统参数固有频率 ω_0、阻尼比 ζ 对 $F_d/G-\dot{q}$ 幅频特性的影响与上面讨论的 $\ddot{z}-\dot{q}$ 幅频特性的影响，从变化趋势上讲完全一样。

（4）悬架弹簧的动挠度 f_d 对 $\dot{q}$ 幅频特性的分析

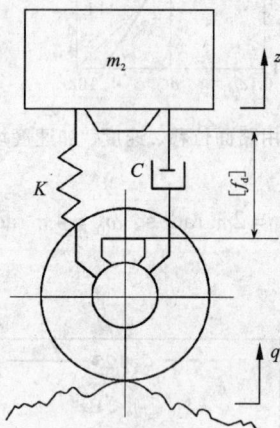

图 8-14 限位行程 $[f_d]$ 的示意图

图 8-14 上，由车身平衡位置起，悬架允许的最大压缩行程就是其限位行程 $[f_d]$。弹簧的动挠度 f_d 与限位行程 $[f_d]$ 应适当配合，否则会增加行驶中撞击限位的概率，使汽车的平顺性变差。

弹簧的动挠度的复振幅 $f_d=z-q$，因此 f_d 对 q 的频率响应函数为

$$\frac{f_d}{q} = \frac{z-q}{q} = \frac{z}{q} - 1$$

将式（8-27）代入上式，得

$$\frac{f_d}{q} = \frac{\lambda^2}{1-\lambda^2+2j\zeta\lambda}$$

f_d 对 q 幅频特性

$$\left|\frac{f_d}{q}\right| = \left[\frac{\lambda^4}{(1-\lambda^2)^2+(2\zeta\lambda)^2}\right]^{\frac{1}{2}} \tag{8-36}$$

图 8-15 画出了固有圆频率 $\omega_0 = 2\pi$ rad/s、$\omega_0 = 4\pi$ rad/s,阻尼比 $\zeta = 0.25$、$\zeta = 0.5$ 四种情况下的 $|f_d/\dot{q}|$ 曲线。

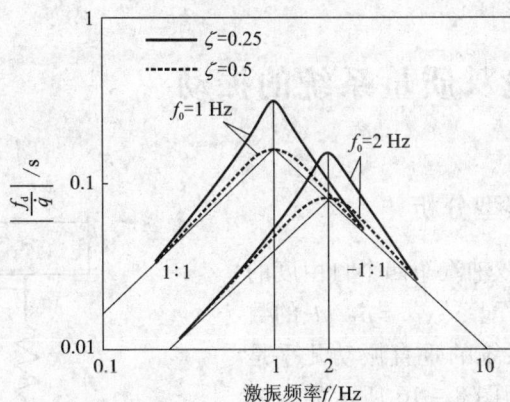

图 8-15 $|f_d/\dot{q}|$ 曲线

由图 8-15 可以看出,随着固有频率 ω_0 的减小,$|f_d/\dot{q}|$ 在共振和低频段均与 ω_0 成反比而增大。可计算得到共振时

$$|f_d/\dot{q}|_{\omega=\omega_0} = \frac{1}{2\zeta\omega_0}$$

可知在共振点,由于悬架弹簧的动挠度的均方根值谱 $\sqrt{G_{f_d}(\omega)}$ 正比于 $|f_d/\dot{q}|$,因此它与固有频率 ω_0 以及阻尼比 ζ 成反比。

(5)悬架系统固有频率 f_0 与阻尼比 ζ 的选择

以上分析说明,降低固有频率 f_0 可以明显减小车身加速度,是改善汽车的平顺性的基本措施之一。但随着 f_0 的降低,动挠度 f_d 增大,$[f_d]$ 就必须与固有频率 f_0 成反比相应增大,而限位行程 $[f_d]$ 受结构布置限制不能太大,所以降低 f_0 是有限度的。

目前大多数汽车悬架系统的固有频率 f_0、静挠度 f_s、限位行程 $[f_d]$ 和阻尼比 ζ 的实用范围如表 8-4 所示。

表 8-4 悬架系统 f_0、f_s、$[f_d]$ 和 ζ 的实用范围

车型	f_0/Hz	f_s/cm	$[f_d]/cm$	ζ
轿车	1.2~1.1	15~30	7~9	
货车	2~1.5	6~11	6~9	0.2~0.4
大客车	1.8~1.2	7~15	5~8	
越野汽车	2~1.3	6~13	7~13	

轿车舒适性要求高，而行驶的路面相对货车和越野车通常好些，悬架的动挠度 f_d 引起的撞击限位概率很小，故车身部分固有频率 f_0 选择得比较低，以减小车身加速度，一般是在 $1 \sim 1.5$ Hz 范围。而货车和越野车行驶的路面较差，为减少撞击限位的概率，车身部分固有频率 f_0 较高，一般选择在 $1.5 \sim 2$ Hz 范围。在固有频率 f_0 比较低，行驶路面又比较差的情况（例如某些越野车）下，动挠度 f_d 会相当大。为减少撞击限位的概率，此时阻尼比 ζ 应取得偏大些。

8.5　车身与车轮双质量系统的振动

8.5.1　运动方程与振型分析

对于图 8-8 所示的双轴汽车四个自由度的振动模型，当悬挂质量分配系数 $\varepsilon = \rho_Y^2/ab$ 的数值接近 1 时，前后悬挂系统的垂直振动几乎是独立的。于是可以简化为图 8-16 所示的两个自由度振动系统。这个系统除了具有上一节讨论过的车身部分的动态特性外，还能反映车轮部分在 $10 \sim 15$ Hz 范围产生高频共振时的动态特性，它对汽车的平顺性和车轮的接地性有较大影响，更接近汽车悬挂系统的实际情况。图中，m_2 为悬挂质量（车身质量）；m_1 为非悬挂质量（车轮质量）；K 为弹簧刚度；C 为减振器阻尼系数；K_t 为轮胎刚度。

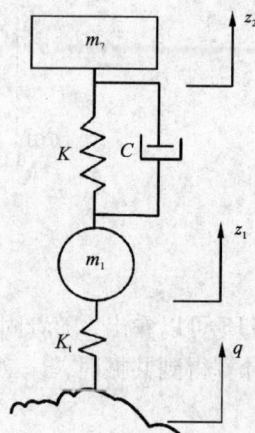

图 8-16　车身与车轮两个自由度振动系统

车轮与车身垂直位移坐标为 z_1、z_2，坐标原点选在各自的平衡位置，其运动方程为

$$\left.\begin{array}{l} m_2\ddot{z}_2 + C(\dot{z}_2 - \dot{z}_1) + K(z_2 - z_1) = 0 \\ m_1\ddot{z}_1 + C(\dot{z}_1 - \dot{z}_2) + K(z_1 - z_2) + K_t(z_1 - q) = 0 \end{array}\right\} \qquad (8-37)$$

无阻尼自由振动时，运动方程变成

$$\left.\begin{array}{l} m_2\ddot{z}_2 + K(z_2 - z_1) = 0 \\ m_1\ddot{z}_1 + K(z_1 - z_2) + K_t z_1 = 0 \end{array}\right\} \qquad (8-38)$$

由运动方程可以看出，m_2 与 m_1 的振动是相互耦合的。若 m_1 不动（$z_1 = 0$），则得

$$m_2\ddot{z}_2 + Kz_2 = 0$$

这相当于只有车身质量 m_2 的单自由度无阻尼自由振动，其固有圆频率 $\omega_0 = \sqrt{K/m_2}$。同样，若 m_2 不动（$z_2 = 0$），相当于车轮质量 m_1 作单自由度无阻尼振动，于是可得

$$m_1\ddot{z}_1 + (K + K_t)z_1 = 0$$

车轮部分固有圆频率

$$\omega_t = \sqrt{(K + K_t)/m_1} \qquad (8-39)$$

ω_0 与 ω_t 是双质量系统，只有单独一个质量振动时的部分频率（偏频）。

在无阻尼自由振动时,设两个质量以相同的圆频率 ω 和相角 φ 作简谐振动,振幅为 z_{10}、z_{20}、则其解为

$$z_1 = z_{10}e^{j(\omega t + \varphi)} \qquad z_2 = z_{20}e^{j(\omega t + \varphi)}$$

将上面两个解代入微分方程组(8 – 38)得

$$-z_{20}\omega^2 + \frac{K}{m_2}z_{20} - \frac{K}{m_2}z_{10} = 0 \tag{8 – 40}$$

$$-z_{10}\omega^2 - \frac{K}{m_1}z_{20} + \frac{K + K_t}{m_1}z_{10} = 0 \tag{8 – 41}$$

将 $\omega_0^2 = K/m_2$、$\omega_t^2 = (K + K_t)/m_1$ 代入式(8 – 40)和式(8 – 41),可得

$$(\omega_0^2 - \omega^2)z_{20} - \omega_0^2 z_{10} = 0$$

$$-\frac{K}{m_1}z_{20} + (\omega_t^2 - \omega^2)z_{10} = 0$$

此方程组有非零解的条件是 z_{10} 和 z_{20} 的系数行列式为零,即

$$\begin{vmatrix} (\omega_0^2 - \omega^2) & -\omega_0^2 \\ -\dfrac{K}{m_1} & (\omega_t^2 - \omega^2) \end{vmatrix} = 0$$

或 $(\omega_0^2 - \omega^2)(\omega_t^2 - \omega^2) - \omega_0^2 K/m_1 = 0$

$$\omega^4 - (\omega_t^2 + \omega_0^2)\omega^2 + \omega_0^2\omega_t^2 - \omega_0^2 K/m_1 = 0 \tag{8 – 42}$$

式(8 – 42)称为系统的频率方程或特征方程,它的两个根为双质量系统主频率 ω_1 和 ω_2 的平方

$$\omega_{1,2}^2 = \frac{1}{2}(\omega_t^2 + \omega_0^2) \mp \sqrt{\frac{1}{4}(\omega_t^2 + \omega_0^2)^2 - \frac{KK_t}{m_2\,m_1}} \tag{8 – 43}$$

为了读者能对主频率 ω_1、ω_2 和它们对应的振型有一具体的概念,下面举例说明:设某一汽车,$\omega_0 = 3\pi$ rad/s,质量比 $\mu = m_2/m_1 = 10$,刚度比 $\gamma = K_t/K = 9$。代入式(8 – 39)得

$$\omega_t^2 = (K + K_t)/m_1 = 100\omega_0^2; \quad \omega_t = 10\omega_0 \text{ 及 } \frac{KK_t}{m_2\,m_1} = 90\omega_0^4$$

将上述关系代入式(8 – 43)得

$$\omega_1 = 0.95\omega_0 = 2.85\pi \text{ rad/s} \qquad \omega_2 = 10.01\omega_0 = 30.03\pi \text{ rad/s}$$

显然,低的主频率 ω_1 与 ω_0 接近,高的主频率 ω_2 与 ω_t 接近,且有 $\omega_1 < \omega_0 < \omega_t < \omega_2$ 的关系。

将 $\omega_1 = 0.95\omega_0$, $\omega_2 = 10.01\omega_0$ 代入式(8 – 40)或式(8 – 41),即可确定两个主振型中 z_{10} 与 z_{20} 的振幅比

一阶主振型

$$\left(\frac{z_{10}}{z_{20}}\right)_1 = \frac{\omega_0^2 - \omega_1^2}{\omega_0^2} = 0.1$$

二阶主振型

$$\left(\frac{z_{10}}{z_{20}}\right)_2 = \frac{\omega_0^2 - \omega_2^2}{\omega_0^2} = -99.2$$

车身与车轮两个自由度系统的主振型如图 8–17 所示。在强迫振动情况下，激振频率 ω 接近 ω_1 时产生低频共振，按一阶主振型振动，车身质量 m_2 的振幅比车轮质量 m_1 的振幅大将近 10 倍，所以主要是车身质量 m_2 在振动，称为车身型振动。当激振频率 ω 接近 ω_2 时，产生高频共振，按二阶主振型振动，此时车轮质量 m_1 的振幅比车身质量 m_2 的振幅大将近 100 倍(实际由于阻尼存在不会相差这样多)，称为车轮型振动。此时，由于车身基本不动，所以可将两个自由度系统简化为图 8–18 所示车轮部分的单质量系统，来分析车轮部分在高频共振区的振动。

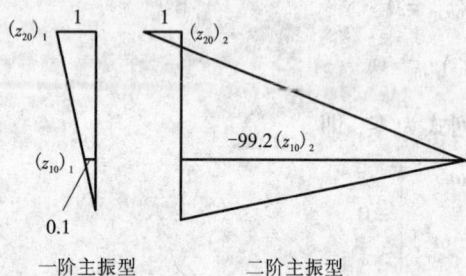

图 8–17　车身与车轮两个自由度系统的主振型

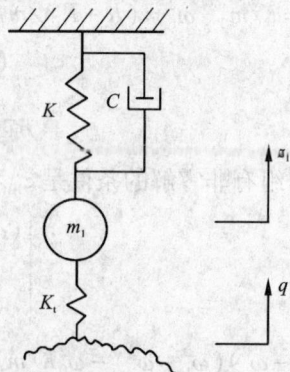

图 8–18　车轮部分单质量系统

此时，车身质量 m_1 的运动方程为

$$m_1 \ddot{z}_1 + C \dot{z}_1 + (K + K_t) z_1 = K_t q$$

将各复振幅代入上式得

$$-\omega^2 m_1 z_1 + j\omega C z_1 + (K + K_t) z_1 = K_t q$$

车轮位移 z_1 对路面位移 q 的频率响应函数为

$$z_1 / q = \frac{K_t}{-\omega^2 m_1 + (K + K_t) + j\omega C} = \frac{K_t / (K + K_t)}{1 - (\omega/\omega_t)^2 + j2\zeta_t \omega/\omega_t}$$

式中：ζ_t 为车轮部分阻尼比。

车轮位移 z_1 对路面位移 q 的幅频特性为

$$\left| z_1 / q \right| = \frac{K_t / (K + K_t)}{\sqrt{[1 - (\omega/\omega_t)^2]^2 + (2\zeta_t \omega/\omega_t)^2}} \tag{8–44}$$

在高频共振 $\omega = \omega_t$ 时，车轮加速度均方根谱 $\sqrt{G_{\ddot{z}_1}(\omega_t)}$ 正比于幅频特性

$$\left| \frac{\ddot{z}_1}{\dot{q}} \right|_{\omega = \omega_t} = \omega_t \left| \frac{z_1}{q} \right|_{\omega = \omega_t} = \frac{\omega_t K_t / (K + K_t)}{2\zeta_t} \tag{8–45}$$

式中：$\omega_t = \sqrt{(K + K_t)/m_1}$，$\zeta_t = C/2\sqrt{(K + K_t)m_1}$。

可见，降低轮胎刚度 K_t 能使 ω_t 下降和 ζ_t 加大，这是减小车轮部分高频共振时加速度的有效方法；降低非悬挂质量 m_1 使 ω_t 和 ζ_t 都加大，车轮部分高频共振时的加速度基本不变，但车轮部分动载 $m_1 \ddot{z}_1$ 下降，对降低相对动载 F_d/G 有利。

8.5.2　双质量系统的频率响应特性

将有关各复振幅代入式(8-37)得

$$z_2(-\omega^2 m_2 + \mathrm{j}\omega C + K) = z_1(\mathrm{j}\omega C + K) \tag{8-46}$$

$$z_1(-\omega^2 m_1 + \mathrm{j}\omega C + K + K_\mathrm{t}) = z_2(\mathrm{j}\omega C + K) + qK_\mathrm{t} \tag{8-47}$$

为简化表达式,令

$$A_1 = \mathrm{j}\omega C + K$$

$$A_2 = -\omega^2 m_2 + \mathrm{j}\omega C + K$$

$$A_3 = -\omega^2 m_1 + \mathrm{j}\omega C + K + K_\mathrm{t}$$

由式(8-46)得 z_2 对 z_1 的频响函数

$$\frac{z_2}{z_1} = \frac{\mathrm{j}\omega C + K}{-\omega^2 m_2 + \mathrm{j}\omega C + K} = \frac{A_1}{A_2} \tag{8-48}$$

其幅频特性 $|z_2/z_1|$ 与式(8-28)表示的单质量系统的幅频特性 $|z/q|$ 完全一样。

将式(8-48)代入式(8-47)得 z_1 对 q 的频响函数

$$\frac{z_1}{q} = \frac{A_2 K_\mathrm{t}}{A_3 A_2 - A_1^2} \tag{8-49}$$

可求得其幅频特性 $|z_1/q|$ 为

$$\left| \frac{z_1}{q} \right| = \gamma \left[\frac{(1-\lambda^2)^2 + 4\zeta^2\lambda^2}{\Delta} \right]^{\frac{1}{2}} \tag{8-50}$$

式中

$$\Delta = \left[(1 - (\omega/\omega_0)^2)\left(1 + \gamma - \frac{1}{\mu}(\omega/\omega_0)^2 \right) - 1 \right]^2 + 4\zeta^2 (\omega/\omega_0)^2 \left[\gamma - \left(\frac{1}{\mu} + 1 \right)(\omega/\omega_0)^2 \right]^2$$

其中, $\gamma = K_\mathrm{t}/K$ 为刚度比, $\mu = m_2/m_1$ 为质量比。

由式(8-48)及式(8-49)两个环节的频响函数相乘得到

$$\frac{z_2}{q} = \frac{z_2}{z_1}\frac{z_1}{q} = \frac{A_1}{A_2}\frac{A_2 K_\mathrm{t}}{A_3 A_2 - A_1^2} = \frac{A_1 K_\mathrm{t}}{A_3 A_2 - A_1^2} \tag{8-51}$$

其幅频特性 $|z_2/q|$ 为

$$\left| \frac{z_2}{q} \right| = \left| \frac{z_2}{z_1} \right| \left| \frac{z_1}{q} \right| = \gamma \left[\frac{1 + 4\zeta^2\lambda^2}{(1-\lambda^2)^2 + 4\zeta^2\lambda^2} \right]^{\frac{1}{2}} \times \left[\frac{(1-\lambda^2)^2 + 4\zeta^2\lambda^2}{\Delta} \right]^{\frac{1}{2}}$$

$$= \gamma \left[\frac{1 + 4\zeta^2\lambda^2}{\Delta} \right]^{\frac{1}{2}} \tag{8-52}$$

图 8-19(a)为幅频特性 $|z_2/q|$,它是由图 8-19(b)幅频特性 $|z_2/z_1|$ 与图 8-19(c)幅频特性 $|z_1/q|$ 相乘得到,在双对数坐标上为后两幅频特性曲线的叠加。

由幅频特性曲线可以看出,对于车身车轮双质量振动系统,当激振频率接近两阶固有频率 ω_1 和 ω_2 时,都会发生共振,车身位移和车轮位移的幅频特性均有高频和低频两个共振峰。路面输入 q 在 $f \geqslant \sqrt{2}f_0$ 时由悬架衰减,在 $f \geqslant f_\mathrm{t}$ 时,又进一步被轮胎衰减。

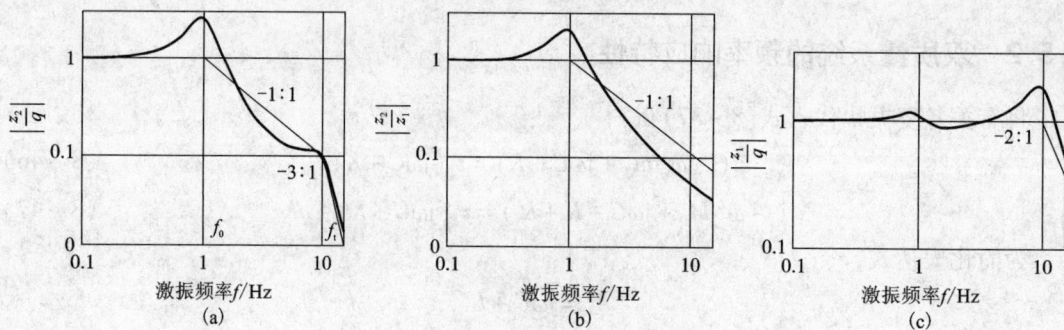

图 8−19　双质量系统的传递特性

8.5.3　车身车轮双质量系统的平顺性分析

（1）车身加速度 $\ddot{z}_2$ 对路面输入速度 $\dot{q}$ 的幅频特性

$$\left| H(j\omega) \right|_{\ddot{z} \sim \dot{q}} = \left| \frac{\ddot{z}_2}{\dot{q}} \right| = \omega \left| \frac{z_2}{q} \right| = \omega\gamma \left[\frac{1 + 4\zeta^2\lambda^2}{\Delta} \right]^{\frac{1}{2}} \tag{8−53}$$

图 8−20 上实线所示为双质量系统在 $f_0 = 1$ Hz，质量比 $\mu = 10$，刚度比 $\gamma = 9$，$\zeta = 0.25$、0.5 两种情况下的 $|\ddot{z}_2/\dot{q}|$ 曲线。与单质量系统 $\ddot{z} - \dot{q}$ 幅频特性曲线（图 8−20 上虚线部分）比较，在 $f = f_0$ 低频共振区二者基本相同；而在 $f = f_t$ 高频共振区，双质量系统出现另一共振峰；在 $f > f_t$ 之后，当 $\zeta = 0.5$ 时按 $-2:1$ 斜率衰减。

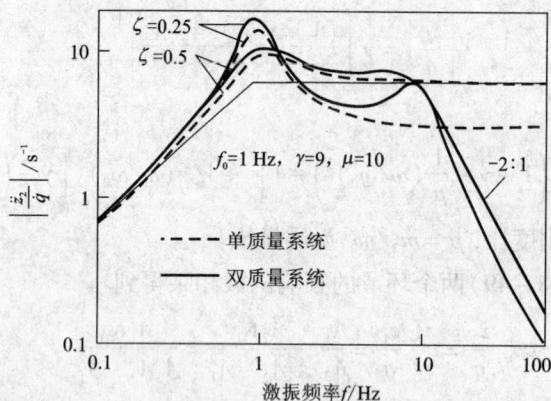

图 8−20　$\left| \dfrac{\ddot{z}_2}{\dot{q}} \right|$ 曲线

（2）相对动载荷 F_d/G 对路面输入速度 $\dot{q}$ 的幅频特性

车轮动载 $F_d = K_t(z_1 - q)$，而车轮静载 $G = (m_1 + m_2)g = (\mu + 1)m_1 g$。则 F_d/G 对 q 的频响函数为

$$H(j\omega)_{F_d/G \sim q} = \frac{F_d/G}{q} = \frac{K_t(z_1 - q)}{q(\mu + 1)m_1 g} = \frac{z_1 - q}{q} \frac{K_t}{(\mu + 1)m_1 g}$$

$$\left| \frac{F_d/G}{\dot{q}} \right| = \frac{\gamma\omega}{g} \left[\frac{(\lambda^2/(1 + \mu) - 1)^2 + 4\zeta^2\lambda^2}{\Delta} \right]^{\frac{1}{2}} \tag{8−54}$$

图 8−21 采用与图 8−20 所示双质量系统相同的参数。$F_d/G - \dot{q}$ 幅频特性曲线在 $f = f_0$

低频共振区与 $\ddot{z}_2 - \dot{q}$ 幅频特性曲线趋势相同；在 $f = f_t$ 高频共振区，阻尼比对 $F_d/G - \dot{q}$ 幅频特性曲线的峰值影响很大；在 $f > f_t$ 之后，当 $\zeta = 0.5$ 时按 $-1:1$ 斜率衰减。

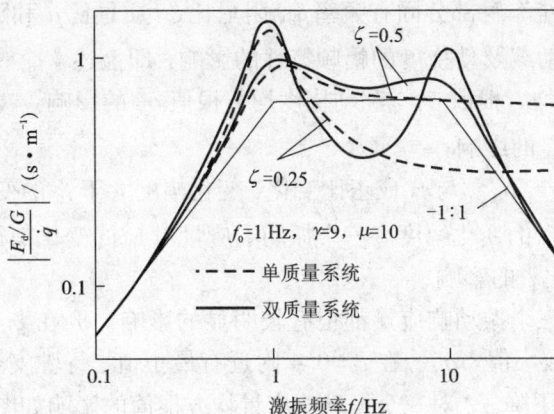

$$\text{图 8-21} \quad \left| \dfrac{F_d/G}{\dot{q}} \right| \text{曲线}$$

（3）悬架动挠度 f_d 对路面输入速度 $\dot{q}$ 的幅频特性

悬架动挠度 $f_d = z_2 - z_1$，其对路面输入 q 的频响函数为

$$H(j\omega)_{f_d - q} = \frac{f_d}{q} = \frac{z_2 - z_1}{q} = \frac{z_2}{q} - \frac{z_1}{q} = \frac{K_t(A_1 - A_2)}{A_3 A_2 - A_1^2}$$

$$\left| \frac{f_d}{\dot{q}} \right| = \frac{\gamma}{\omega} \lambda^2 \left[\frac{1}{\Delta} \right]^{\frac{1}{2}} \tag{8-55}$$

图 8-22 仍采用与图 8-20 所示双质量系统相同的参数。与单质量系统 $f_d - \dot{q}$ 幅频特性曲线（图 8-22 上虚线部分）比较，在 $f = f_0$ 低频共振区二者相同；而在 $f = f_t$ 高频共振区，双质量系统又出现另一共振峰；在 $f > f_t$ 之后，当 $\zeta = 0.5$ 时按 $-3:1$ 斜率衰减。

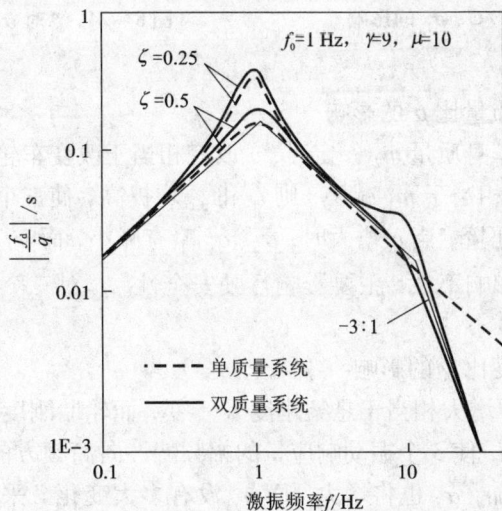

$$\text{图 8-22} \quad \left| \dfrac{f_d}{\dot{q}} \right| \text{曲线}$$

8.5.4 系统参数对振动响应量的影响

以下总结双质量系统车身部分固有频率 f_0、阻尼比 ζ、质量比 μ 和刚度比 γ 这 4 个参数对振动响应加速度、相对动载及动挠度的幅频特性的影响，即上述 4 个参数对振动响应加速度均方根值 $\sigma_{\ddot{z}}$、相对动载均方根值 $\sigma_{F_d/G}$ 和动挠度均方根值 σ_{f_d} 的影响。

（1）车身固有频率 f_0 的影响

如图 8-23 所示，$\sigma_{\ddot{z}}$、$\sigma_{F_d/G}$ 与 f_0 成正比变化，变化幅度大于 f_0 的变化幅度，σ_{f_d} 与 f_0 成反比变化，变化幅度小于 f_0 的变化幅度。三个振动响应量对 f_0 的变化都很敏感。

（2）车身部分阻尼比 ζ 的影响

阻尼比 ζ 的变化对三个振动响应量都很有较明显的影响。$\sigma_{\ddot{z}}$ 在 $\zeta = 0.15 \sim 0.2$ 时有一最小值，平顺性要求 ζ 取较小值。$\sigma_{F_d/G}$ 在 $\zeta = 0.4$ 附近有最小值，行驶安全性要求 ζ 取较大值。ζ 增大土要使 σ_{f_d} 有明显下降。ζ 对三个振动响应量均方根值的影响如图 8-24 所示。

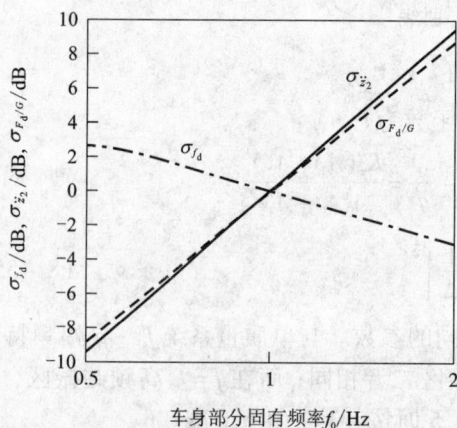

图 8-23 f_0 对 $\sigma_{\ddot{z}}$、σ_{F_d}/G、σ_{f_d} 的影响

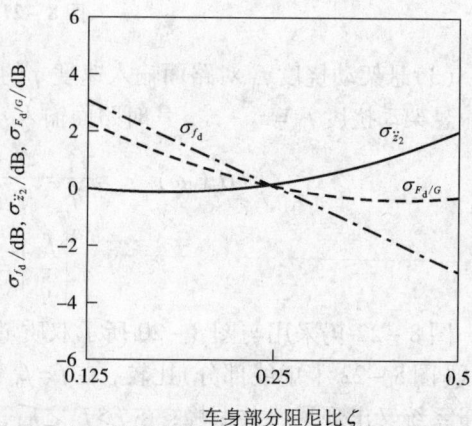

图 8-24 ζ 对 $\sigma_{\ddot{z}}$、σ_{F_d}/G、σ_{f_d} 的影响

（3）车身与车轮部分质量比 μ 的影响

当 f_0、ζ、γ 不变，且车身质量 m_2 一定时，μ 改变相当于改变车轮质量 m_1，影响车轮系统参数 f_t 和 ζ_t 的值。μ 增大相当于 m_1 减小，则 f_t 和 ζ_t 均提高，使三个振动响应量的幅频特性向高频方向移动，而峰值下降；当 μ 增大时，$\sigma_{\ddot{z}}$、σ_{f_d} 略有减小，而 σ_{F_d}/G 减小较多。因此，减小车轮质量 m_1 对平顺性影响不大，主要影响行驶安全性。μ 对三个振动响应量均方根值的影响如图 8-25 所示。

（4）悬架与轮胎的刚度比 γ 的影响

当 f_0、ζ、μ 不变时，γ 增大相当于悬架刚度 K 不变，而轮胎刚度 K_t 增大，从而提高车轮部分系统参数 f_t 而 ζ_t 下降，使 3 个振动响应量的幅频特性向高频方向移动，且峰值提高；当 γ 增大时，$\sigma_{F_d/G}$ 大幅度增加，$\sigma_{\ddot{z}}$ 也将增大，而 σ_{f_d} 没有多大变化。采用软的轮胎对改善平顺性，尤其是提高车轮与地面间的附着性能有明显好处。γ 对 3 个振动响应量均方根值的影响如图 8-26 所示。

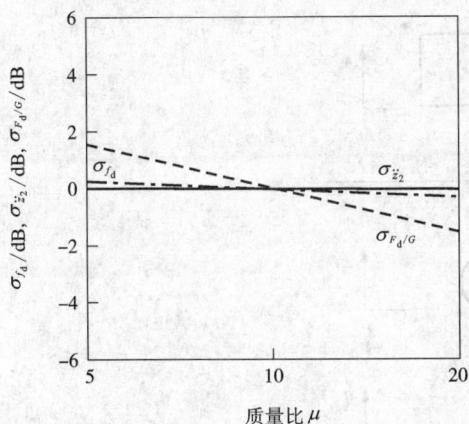

图 8 – 25　μ 对 $\sigma_{\ddot{z}}$、$\sigma_{F_d/G}$、σ_{f_d} 的影响

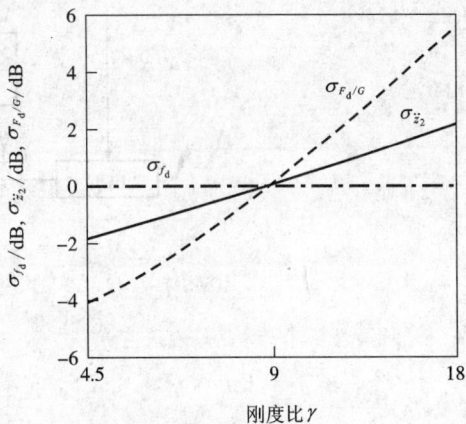

图 8 – 26　γ 对 $\sigma_{\ddot{z}}$、$\sigma_{F_d/G}$、σ_{f_d} 的影响

8.5.5　主动与半主动悬架

上面讨论的车身与车轮两个自由度振动系统,其悬架由弹簧和减振器组成。它们的特性参数为弹簧刚度 K 和减振器阻尼系数 C。在一定路面输入下,可根据设计对平顺性指标 $\sigma_{\ddot{z}}$ 和行驶安全性指标 $\sigma_{F_d/G}$ 的综合要求建立目标函数,把弹簧动挠度指标 σ_{f_d} 作为约束条件,对系统参数进行优化选择。对于这种传统的悬架,上述元件的特性和参数在设计时一旦选定后无法更改,称为被动悬架。

汽车在使用过程中,载荷、车速、路况等行驶状态会有较大变化,不同工况对平顺性和操纵稳定性要求的侧重点不同,悬架特性也要相应变化。例如,汽车的平顺性一般要求悬架较软;而在急转弯、紧急制动和加速、高速驾驶操纵时,行驶安全性又要求悬架较硬,以保持车身的姿态和轮胎的接地性。被动悬架则难以满足各种行驶状态下对悬架性能的较高要求。

20 世纪 60 年代以来开始研究由外部提供能源,采用液压伺服机构作为主动力发生器的主动悬架,如图 8 – 27 所示。它将传感器测量的系统运动状态信号输入电控单元,电控单元经过分析、判断后给力发生器发出指令,产生主动控制力,从而满足不同工况对悬架系统特性参数变化的要求。70 年代开始推出半主动悬架,它通过控制阀调节弹簧刚度和减振器阻尼力,能耗很小,结构也比主动悬架相对简单。90 年代以来,可以进行悬架刚度和阻尼有级调节以及车高调节的半主动悬架,在高档轿车上的应用范围不断扩大,阻尼调节能在 10 ~ 12 ms 内反应道路和行驶状态;进入 21 世纪,采用磁流变的可调阻尼减振器,其反应时间进一步缩短到 1 ms,逐步做到实时动态调节,提供几乎连续变化、范围更宽的阻尼调节。

可控(主动与半主动)悬架按性能由低到高的分类如下:

(1)被动自适应悬架:可根据车速或制动、转向等行驶状态有级地切换刚度及阻尼的大小,以满足"舒适 – 平顺性"、"运动 – 行驶安全性"以及保持车身姿态的要求;但切换过程较慢,通常在 30 ms 以上,这种控制是准静态的。此时力的方向仍由悬架相对位移($z_2 - z_1$)和相对速度($\dot{z}_2 - \dot{z}_1$)的符号(正、负)决定。

(2)半主动悬架:比被动自适应悬架的切换速度快,通常在 10 ms 以内,可在车辆每个振

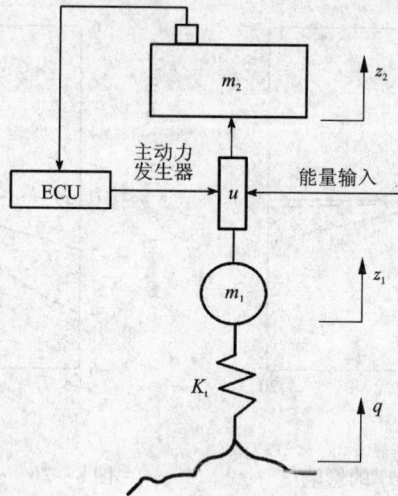

图 8-27　车身与车轮两个自由度可控悬架模型

动周期内频繁地切换。如图 8-28 所示，采用"空钩(sky-hook)"或"地钩(ground-hook)"控制的半主动悬架。空钩控制时，根据悬架的相对速度($\dot{z}_2 - \dot{z}_1$)和车身的绝对速度($\dot{z}_2$)的符号来切换阻尼设置。两者符号相同时，阻尼力的方向和车身的运动方向相反，此时切换为硬阻尼设置，否则为软设置，这样可以有效抑制车身的运动（地钩控制用来抑制车轮的运动，其原理类似）。

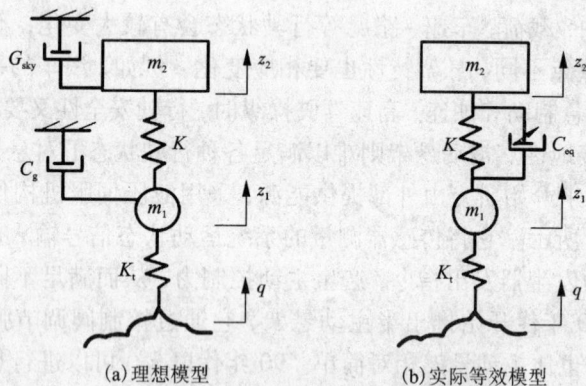

(a)理想模型　　　　　　　　(b)实际等效模型

图 8-28　空钩与地钩控制悬架模型

（3）主动悬架：车身与车轮之间的力和车身与车轮之间的相对运动独立。主动悬架又分为慢主动悬架和全主动悬架。

①慢主动悬架：通常作动器与弹簧串联（如液气弹簧），再与一个减振器并联。此系统在 5~6 Hz 以下可实现有限带宽主动控制，高于此频率则控制阀不再响应，恢复为被动悬架，因为被动悬架在高频时隔振效果比较好。

②全主动悬架：作动器带宽一般至少覆盖 0~15 Hz，能有效跟踪力控制信号。为了减少

能量消耗，一般作动器与一个承受车身静载的弹簧并联。

上述可控（主动与半主动）悬架与被动悬架比较，其主要差别是作用在车身和车轮之间的力不再单纯取决于悬架相对位移$(z_2 - z_1)$和相对速度$(\dot z_2 - \dot z_1)$单一的特性。

8.6　人体 – 座椅系统的振动

车身地板上的振动通过人体 – 座椅系统传到人体，在掌握了传至人体的振动加速度后，就可以用 8.1 中介绍的 ISO 2631 – 1：1997（E）推荐的方法对平顺性进行评价。

8.6.1　人体 – 座椅系统的传递特性

当把人体简化为一刚性质量 m_s 时，它与座椅的弹性、阻尼元件构成一单自由度子系统，将其附加在 8.1 讨论的"车身 – 车轮"双质量系统上，构成图 8 – 29 所示的三个自由度振动系统。

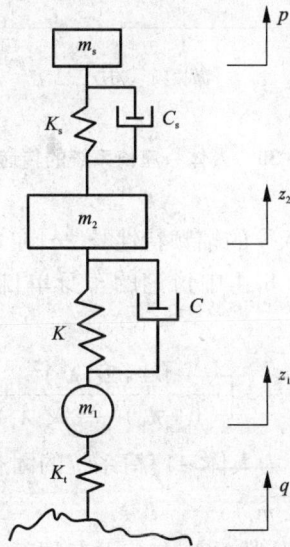

图 8 – 29　在"车身 – 车轮"双质量系统上
附加人体 – 座椅子系统的振动模型

由于人体质量 m_s 比车身质量 m_2 小很多时，可以忽略人体质量 m_s 的惯性力 $m_s \ddot p$ 对车身质量 m_2 运动的影响，而车身垂直振动 z_2 是人体 – 座椅子系统的输入（即串联环节），于是传至人体的加速度 $\ddot p$（即第一节中的 $a(t)$）对路面速度输入 $\dot q$ 的幅频特性 $|\ddot p / \dot q|$［图 8 – 30（c）］等于人体 – 座椅子系统的幅频特性 $|p/z_2|$［图 8 – 30（b）］与"车身 – 车轮"双质量系统幅频特性 $|\ddot z_2 / \dot q|$［图 8 – 30（a）］的乘积

$$\left| \frac{\ddot p}{\dot q} \right| = \left| \frac{p}{z_2} \right| \left| \frac{\ddot z_2}{\dot q} \right|$$

$$(8 - 56)$$

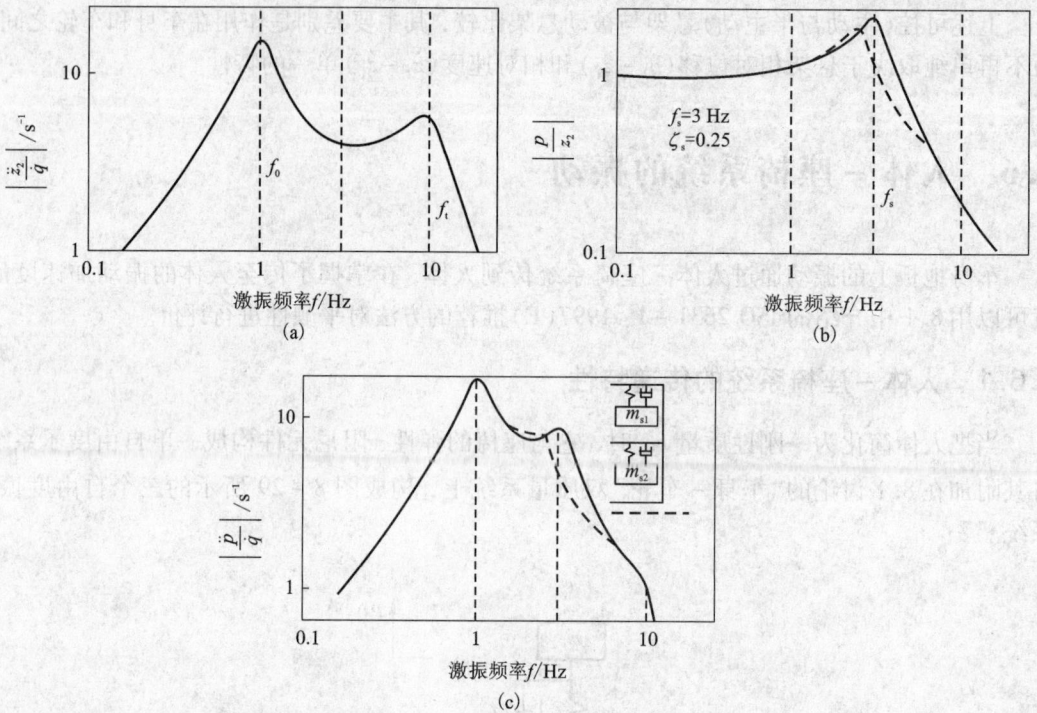

图 8 – 30　人体 – 座椅系统的传递特性

车身加速度 $\ddot{z}_2$ 对路面速度输入 $\dot{q}$ 的幅频特性 $|\ddot{z}_2/\dot{q}|$ 在 8.5 节中已讨论过，人体 – 座椅单自由度子系统的幅频特性 $|p/z_2|$ 与 8.4 中讨论的车身单自由度系统的幅频特性相同，可表示为

$$|p/z_2| = \left[\frac{1 + (2\zeta_s\lambda_s)^2}{(1 - \lambda_s^2)^2 + (2\zeta_s\lambda_s)^2} \right]^{\frac{1}{2}} \qquad (8 - 57)$$

式中：λ_s 为频率比，$\lambda_s = \omega/\omega_s$；$\omega_s$ 为人体 – 座椅系统的固有频率，$\omega_s = \sqrt{K_s/m_s}$；$\zeta_s$ 为人体 – 座椅系统的阻尼比，$\zeta_s = C_s/(2\sqrt{K_s m_s})$。

由图 8 – 30 可以看出，人体 – 座椅系统在其固有频率 $f_s = \omega_s/2\pi$ 附近，对车身地板的振动输入有一定放大；在激振频率 ω 超过 $\sqrt{2}f_s$ 后，对地板振动输入起衰减作用。实际人体是一个复杂的振动系统，当把人体简化为图 8 – 30(c)右上角所示两个自由度系统时，得到的人体 – 座椅系统幅频特性，在图 8 – 30(b)上用虚线表示。它与人乘坐时实测的幅频特性比较一致，与图 8 – 30(b)上实线所示把人体简化为一刚性质量时的幅频特性比较，它的特点是共振频率和共振幅值均有所降低，开始衰减的频率由 $\sqrt{2}f_s$ 降到 f_s 附近，甚至低于 f_s。这说明实际人体坐在坐垫上，比刚性质量放在坐垫上得到的减振效果要好。

8.6.2　人体 – 座椅系统的参数选择

为了改善平顺性，使传至人体的总加权加速度均方根值比较小，在选择人体 – 座椅系统参数时，首先要保证人体垂直方向最敏感的频率范围 4 ~ 12.5 Hz 处于减振区。按人体 – 座椅单自由度系统来考虑，其固有频率 $f_s \leqslant 4$ Hz$/\sqrt{2} \approx 3$ Hz。在选择固有频率 f_s 时，还要避开与车身部分固有频率 f_0 重合，防止传至人体的加速度 $\ddot{p}$ 的响应谱出现突出的尖峰，这对平顺性很不利。车身部分的固有频率 f_0 一般在 $1.2 \sim 2$ Hz 范围，于是人体 – 座椅单自由度系统固有频率要选在 3 Hz 附近。若把人体的减振效果考虑进去，实际衰减的频率范围向低频扩展，因此 f_s 值可以选得高一些。目前泡沫成形坐垫的 f_s 值，有的选到 $5 \sim 6$ Hz，在适当的阻尼比 ζ_s 配合下，仍可保证 $4 \sim 12.5$ Hz，处于衰减区。

人体 – 座椅系统的阻尼比 ζ_s 希望达到 0.2 以上才有较好的减振效果。有的高阻尼材料制成的泡沫成形坐垫，其阻尼比 ζ_s 可达 $0.3 \sim 0.4$。

8.7　影响汽车的平顺性因素

第 8.3 节对汽车这一复杂的振动系统进行了简化。而将汽车视为由彼此相联系的悬挂质量与非悬挂质量所组成。汽车的悬挂质量由车身、车架及其上的总成所构成。该质量由减振器和悬架弹簧与车轴、车轮相连。车轮、车轴构成非悬挂质量，车轮再经过具有一定弹性和阻尼的轮胎支承在路面上。

悬架结构、轮胎、悬挂质量和非悬挂质量是影响汽车的平顺性的重要因素。

8.7.1　悬架结构

悬架结构主要指弹性元件、导向装置与减振装置，其中弹性元件与悬架系统的阻尼对平顺性影响较大。

（1）弹性元件

将汽车车身看成一个在弹性悬架上作单自由度振动的质量时，减少悬架刚度，可降低车身的固有频率，提高汽车行驶的平顺性。但是，如果增加高频的非悬挂质量的振动位移，大幅度的车轮振动有时会使车轮离开地面，在紧急制动时，会产生严重的汽车"点头"现象。为解决这一问题，可采取一些相应措施，如采用具有非线性特性的变刚度悬架，即悬架的刚度随载荷而变，这样可以使得在载荷变化时，保持车身振动的固有频率不变，从而获得良好的平顺性。悬挂的非线性弹性特性，可通过下述方法来实现：

①在线性悬架中，加入辅助弹簧、复合弹簧，采用适当的导向机构以及与车架的支承方式等。

②选用具有非线性特性的弹性元件，如空气弹簧、油气弹簧、橡胶弹簧和硅油弹簧等。

（2）悬架系统的阻尼

为了衰减车身自由振动和抑制车身、车轮的共振，以减小车身的垂直振动加速度和车轮的振幅，悬架系统中应具有适当的阻尼。

在悬架系统中，引起振动衰减的阻尼来源很多。如轮胎变形时，橡胶分子间产生摩擦、系统中的减振器、钢板弹簧叶片间的摩擦等。

减振器的阻尼效果好，可提高汽车行驶的平顺性，改善车轮与道路的接触条件，防止车轮离开路面，因而可改善汽车的稳定性，提高汽车的行驶安全性。改进减振器的性能，对提高汽车在不平道路上的行驶速度有很大的作用。

8.7.2 轮胎

轮胎由于本身的弹性，在很大程度上吸收了因路面不平所产生的振动，因此它和悬架系统共同保证了汽车的平顺性。

轮胎性能的好坏，是用轮胎在标准气压和载荷下，压缩系数的大小（轮胎被压下的高度与充气断面高度的百分比）来表示的。在最大允许负荷作用下，普通轮胎的压缩系数为 10% ~ 12%，为了乘坐舒适，客车轮胎的压缩系数稍大些，为 12% ~ 14%。

近年来，随着车速的提高，希望轮胎的缓冲性能越来越好。目前，提高轮胎缓冲性能的方法如下：

①增大轮胎断面、轮辋宽度和空气容量，并相应降低轮胎气压。

②改变轮胎结构形式，如采用子午线轮胎。因子午线轮胎径向弹性大，可以缓和不平路面的冲击，并吸收大部分冲击能量，使汽车的平顺性得到改善。

③提高帘线和橡胶的弹性，采用较柔软的胎冠。

车轮旋转质量的不平衡，对汽车的行驶平顺性和稳定性都有影响。为了避免因转向轮不平衡而引起振动，必须对每一车轮进行静平衡和动平衡试验。越是车速高的轿车，对平衡的要求就越高。

8.7.3 悬挂质量

如前所述，悬挂质量分配系数为 $\varepsilon = \dfrac{\rho_y^2}{ab}$，$\varepsilon$ 是评价汽车的平顺性极其重要的参数。它取决于悬挂质量的分布情况。悬挂质量的布置应使 $\varepsilon \approx 1$。当 $\varepsilon \approx 1$ 时，前、后悬挂质量的振动彼此互不影响。

8.7.4 非悬挂质量

减少非悬挂质量，可以减少传给车身的冲击力。非悬挂质量的振动，对悬挂质量振动加速度有较显著的影响，会使其数值加大。因此，为了提高汽车的平顺性，采用非悬挂质量较小的独立悬挂更为有利。悬挂质量与非悬挂质量之比越大，则行驶平顺性越好。

总之，影响汽车的平顺性的结构参数有很多，并且彼此间的关系较复杂，必须对这些参数进行综合分析，才能正确地选择参数，以便提高汽车的平顺性。

本章小结

1. 汽车的行驶平顺性（简称平顺性），是指汽车保持在正常车速行驶过程中产生的振动和冲击环境对乘员舒适性的影响在一定的界限之内，对于载货汽车还包括保持货物完好的能力。

2. 机械振动对人体的影响，主要取决于振动的频率、强度、振动作用方向和持续（暴露）时间。

3. 人体对振动反应的三种感觉界限：

　　暴露极限——当人体承受的振动强度在这个极限之内，将保持健康或安全。通常把此极限作为人体可以承受振动量的上限。

　　疲劳－工效降低界限——这个界限与保持工作效能有关。当驾驶员承受的振动在此界限内时，能准确灵敏地反应，正常地进行驾驶。

　　舒适降低界限——此界限与保持舒适有关，在这个界限之内，人体对所暴露的振动环境主观感觉良好，能顺利完成吃、读、写等动作。

　　这三个界限只是允许的振动加速度值不同。暴露极限的值为疲劳－工效降低界限的2倍，舒适降低界限为疲劳－工效降低界限的1/3.15。

　　4. 总加权振级 L_{aw} 与加权加速度均方根值 a_w 的换算关系：$L_{aw} = 20\lg(a_w/a_0)$。

　　5. 不平度函数：路面相对基准平面的高度 q，沿道路走向长度 I 的变化 $q(I)$。

　　6. 路面不平度的功率谱密度 $G_q(n)$ 的拟合公式：$G_q(n) = G_q(n_0)\left(\dfrac{n}{n_0}\right)^{-W}$。

　　7. 空间频率功率谱密度 $G_q(n)$ 化为时间频率功率谱密度 $G_q(f)$：

$$G_q(f) = \frac{1}{u}G_q(n)$$

　　8. 汽车振动系统的简化过程和车身振动的单质量系统模型。

　　9. 悬挂质量分配系数：$\varepsilon = \dfrac{\rho_y^2}{ab}$。

　　10. 车身振动的单质量系统模型：

$$2n = \frac{C}{m_2}, \quad \omega_0^2 = \frac{K}{m_2}, \quad \zeta = \frac{n}{\omega_0} = \frac{C}{2\sqrt{m_2 K}},$$

$$\left|\frac{z}{q}\right| = \left[\frac{1 + (2\zeta\lambda)^2}{(1-\lambda^2)^2 + (2\zeta\lambda)^2}\right]^{\frac{1}{2}}, \quad \left|\frac{\ddot{z}}{\dot{q}}\right|_{\omega=\omega_0} = \omega_0\sqrt{1 + \frac{1}{4\zeta^2}},$$

$$\left|\frac{f_d}{q}\right| = \left[\frac{\lambda^4}{(1-\lambda^2)^2 + (2\zeta\lambda)^2}\right]^{\frac{1}{2}}, \quad |f_d/\dot{q}|_{\omega=\omega_0} = \frac{1}{2\zeta\omega_0}。$$

　　11. 由实测的衰减振动曲线得到减幅系数 d 求阻尼比 ζ：$\zeta = \dfrac{1}{\sqrt{1 + 4\pi^2/\ln^2 d}}$。

　　12. 单质量振动系统幅频特性曲线分析。

　　13. 悬架系统固有频率 f_0 的选择：降低固有频率 f_0 可以明显减小车身加速度，但随着 f_0 的降低，动挠度 f_d 增大。

　　14. 双质量系统车身部分固有频率 f_0、阻尼比 ζ、质量比 μ 和刚度比 γ 等参数对振动响应加速度、相对动载及动挠度的影响。

　　15. 主动与半主动悬架的概念和分类。

　　16. 人体－座椅系统的参数选择。

　　17. 汽车的平顺性影响因素：悬架结构（弹性元件、导向装置与减振装置）、轮胎、悬挂质量和非悬挂质量。

复习思考题

1. 评价汽车行驶平顺性的方法有哪些?

2.《人体承受全身振动的评价指南》规定的人体对振动反应的三个感觉界限分别是哪些? 各是何含义?

3. 人体对振动加速度反应主要取决于那几个因素? 在不同方向人体对振动最敏感的频率范围分别是多少?

4. 某汽车在常用工况下要求疲劳 – 工效降低界限时间为 4 h,请求相应的垂直方向总加权加速度均方根值、总加权振级和舒适降低界限时间为多少?

5. 作出单质量振动系统的幅频特性图,分析振动频率和阻尼比对振动的影响。

6. 在分析车身振动时,如将车身简化为单质量系统模型,设车身质量为 m,弹簧刚度为 K,减振器阻尼系数为 C,车身的垂直位移为 z,输入的路面不平度函数为 q,路面波长为 2 m,路面不平度系数为 256×10^{-6} m^3,空间频率指数为 2,汽车速度为 108 km/h,试求车身垂直振动加速度功率谱密度。

7. 说明用试验测定某汽车阻尼比的原理及方法?

8. 在分析车身振动时,如将车身简化为单质量系统模型,设车身质量为 m,弹簧刚度为 K,减振器阻尼系数为 C,车身的垂直位移为 z,输入的路面不平度函数为 q:
①请分析推导悬架动挠度幅频特性。
②请分析车身固有频率及阻尼比对悬架动挠度的影响。

9. 为何轿车的车身固有频率 f_0 选得比较低,而货车和越野车的车身固有频率 f_0 选得比较高?

10. 设车速 $u = 20$ m/s,路面不平度系数 $G_q(n_0) = 2.56 \times 10^{-4}$ m^3,参考空间频率 $n_0 = 0.1$ m^{-1}。画出路面垂直位移、速度和加速度 $G_q(f)$、$G_{\dot{q}}(f)$、$G_{\ddot{q}}(f)$ 的谱图。画图时要求用双对数坐标,选好坐标刻度值,并注明单位。

11. 汽车的平顺性影响因素有哪些?

第 9 章　汽车的通过性

9.1　汽车的通过性评价指标及几何参数

9.1.1　汽车的通过性概述

汽车的通过性(越野性)是指它在一定载质量下能以足够高的平均车速通过各种坏路和无路地带(如松软地面、凹凸不平地面等)及各种障碍(如陡坡、侧坡、壕沟、台阶、灌木丛、水障等)的能力。

根据地面对汽车的通过性影响的原因,汽车的通过性可分为支承通过性和几何通过性。前者是指车辆顺利通过松软土壤、沙漠、雪地、冰面、沼泽等地面的能力;后者表征车辆通过坎坷不平路段和障碍的能力。

汽车的通过性主要取决于地面的物理和力学性质及汽车的结构参数和几何参数。同时,还与汽车的其他性能(如动力性、平顺性、机动性、稳定性、视野性等)密切相关。

山区、矿区、建设工地等使用的车辆或军用车辆,经常行驶在坏路和无路地面上。因此,要求这些汽车应具有良好的通过性。本章主要讨论汽车的几何通过性。

9.1.2　汽车的间隙失效与通过性几何参数

由于汽车与地面间的间隙不足而被地面托住、无法通过的情况,称为间隙失效。当汽车中间底部的零部件碰到地面而被顶住时,称为顶起失效;当车辆前端或尾部触及地面而不能通过时,则分别称为触头失效和托尾失效。后两种情况属于同一类失效。

与间隙失效有关的汽车整车几何参数,称为汽车的通过性几何参数。

汽车的通过性几何参数如图 9-1 所示,主要包括最小离地间隙、纵向通过角、接近角、离去角等。

另外,汽车的最小转弯直径、转弯通道圆等,也是汽车的通过性重要轮廓参数。

(1)最小离地间隙 h

最小离地间隙 h 是指汽车满载、静止时,支承平面与汽车上的中间区域最低点之间的距离。它表征汽车无碰撞地越过石块、树桩等障碍物的能力。汽车的前桥、飞轮壳、变速器壳、消声器和主减速器外壳等,通常离地间隙较小。在设计越野汽车时,应保证有较大的最小离地间隙。h 越大,顶起失效的可能性越小,汽车的通过性越好。

图 9-1　汽车的通过性几何参数

h—最小离地间隙；γ_1—接近角；γ_2—离去角；β—纵向通过角

（2）纵向通过角 β

纵向通过角 β 是指汽车满载、静止时，分别通过前、后车轮外缘作垂直于汽车纵向对称平面的切平面，两切平面交于车体下部较低部位时所夹的最小锐角。它表示汽车无碰撞地通过小丘、拱桥等障碍物的轮廓尺寸。β 越大，顶起失效的可能性越小，汽车的通过性越好。

（3）接近角 γ_1

接近角 γ_1 是指汽车满载、静止时，前端突出点向前轮所引切线与地面间的夹角。接近角 γ_1 越大，越不容易发生触头失效。

（4）离去角 γ_2

离去角 γ_2 是指汽车满载、静止时，后端突出点向后轮所引切线与地面间的夹角。离去角 γ_2 越大，越不容易发生托尾失效。

（5）最小转弯直径 d_{min}

如图 9-2 所示，最小转弯直径 d_{min} 是指当转向盘转到极限位置、汽车以最低稳定车速转向行驶时，外侧转向轮的中心平面在支承平面上滚过的轨迹圆直径。它在很大程度上表征了汽车能够通过狭窄弯曲地带或绕过不可越过的障碍物的能力。d_{min} 越小，汽车的机动性越好。

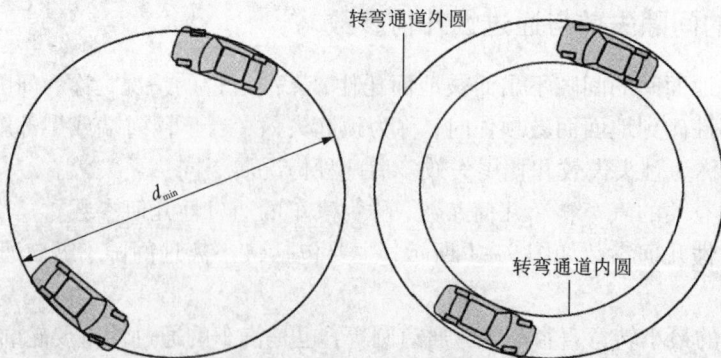

图 9-2　汽车最小转弯直径 d_{min} 和转弯通道圆

（6）转弯通道圆

转向盘转到极限位置、汽车以最低稳定车速转向行驶时，车体上所有点在支承平面上的投影均位于圆周以外的最大内圆,称为转弯通道内圆;车体上所有点在支承平面上的投影均位于圆周以内的最小外圆,称为转弯通道外圆,如图9-2所示。转弯通道内、外圆半径的差值为汽车极限转弯时所占空间的宽度,此值决定了汽车转弯时所需的最小空间。

9.2 汽车越过台阶、壕沟的能力

越野行驶中的汽车常常要克服台阶、壕沟等障碍。这时由于汽车车速很低,因此可用解静力学平衡方程来求解障碍物与汽车参数间的关系。

9.2.1 汽车越过台阶的能力

(1)后轮驱动4×2汽车的越台能力

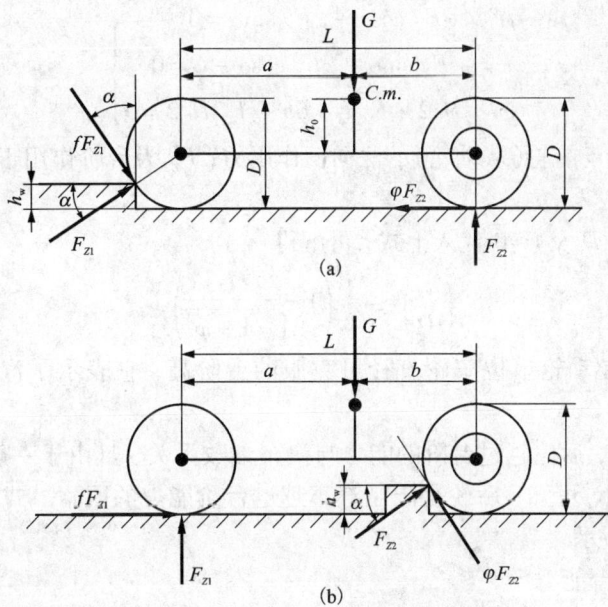

图9-3 4×2汽车通过台阶时的受力图

图9-3(a)是后轮驱动的四轮汽车越过硬地面上的台阶时的受力情况。由该图可知,前轮(从动轮)碰到台阶时有下列平衡方程式

$$\left.\begin{aligned}
F_{Z1}\cos\alpha + fF_{Z1}\sin\alpha - \varphi F_{Z2} &= 0 \\
F_{Z1}\sin\alpha + F_{Z2} - fF_{Z1}\cos\alpha - G &= 0 \\
fF_{Z1}D/2 + F_{Z2}L - Ga - \varphi F_{Z2}D/2 &= 0
\end{aligned}\right\} \tag{9-1}$$

式中:G为汽车重力;F_{Z1}为台阶作用于前轮(从动轮)的反作用力;F_{Z2}为地面作用于后轮(驱动轮)的法向反作用力;φ为附着系数;f为滚动阻力系数。

将上列方程中的G、F_{Z1}、F_{Z2}消去,可得如下无因次方程式

$$\left(\frac{\varphi+f}{\varphi}\frac{a}{L}-\frac{f}{\varphi}+\frac{fD}{2L}\right)\sin\alpha-\left(\frac{1}{\varphi}-\frac{1-f\varphi}{\varphi}\frac{a}{L}-\frac{D}{2L}\right)\cos\alpha=\frac{fD}{2L} \tag{9-2}$$

由图 9 - 3(a)中的几何关系可得

$$\sin\alpha=\frac{0.5D-h_w}{0.5D}=1-2\frac{h_w}{D} \tag{9-3}$$

式中:h_w 为台阶高度。

代入上式并设硬路面上的 $f\approx0$,则上式成为

$$\left(\frac{h_w}{D}\right)_1=\frac{1}{2}\left\{1-\left[1+\left(\frac{\varphi a/L}{1-a/L-\varphi D/2L}\right)^2\right]^{-\frac{1}{2}}\right\} \tag{9-4}$$

式中:$(h_w/D)_1$ 为前轮单位车轮直径可克服的台阶高,它表示了汽车前轮越过台阶的能力。

由上式可知,附着系数 φ 越大、L/D 越小及 a/L 越大,$(h_w/D)_1$ 就越大,即汽车的前轮也越容易越过较高的台阶。

当后轮(驱动轮)碰到台阶时,如图 9 - 3(b)所示,其平衡方程式为

$$\left.\begin{array}{l} fF_{Z1}+F_{Z2}\cos\alpha-\varphi F_{Z2}\sin\alpha=0 \\ F_{Z1}+F_{Z2}\sin\alpha+\varphi F_{Z2}\cos\alpha-G=0 \\ \varphi F_{Z2}D/2+F_{Z1}L-Gb-fF_{Z1}D/2=0 \end{array}\right\} \tag{9-5}$$

式中:F_{Z1} 为地面作用于前轮(从动轮)的法向反作用力;F_{Z2} 为台阶作用于后轮(驱动轮)的反作用力。

将 $\sin\alpha=1-2h_w/D$ 及 $f\approx0$ 代入上式,可解得

$$\left(\frac{h_w}{D}\right)_2=\frac{1}{2}\left(1-\frac{1}{\sqrt{1+\varphi^2}}\right) \tag{9-6}$$

式中:$(h_w/D)_2$ 为后驱动轮单位车轮直径可克服的台阶高,它表示了汽车后轮越过台阶的能力。

由式(9 - 6)可知,后轮越过台阶的能力与汽车参数无关,且由于一般情况下,$a>b$,比较式(9 - 4)、式(9 - 6)可知,后轮是限制汽车越过台阶能力的因素。式(9 - 6)计算所得的曲线如图 9 - 5 下部所示。

(2)4×4 汽车越台能力

图 9 - 4 是 4×4 汽车在硬路面上越过台阶时的受力情况。按照上述同样的分析方法,当前轮与台阶相碰时有

$$\left(\frac{1}{\varphi}-\frac{1+\varphi^2}{\varphi}\frac{a}{L}-\frac{D}{2L}\right)\cos\alpha-\left(1-\frac{\varphi D}{2L}\right)\sin\alpha-\frac{\varphi D}{2L}=0 \tag{9-7}$$

同样以 $\sin\alpha=1-2h_w/D$ 代入,可求出 $(h_w/D)_1$。

经分析计算后可知,$(h_w/D)_1$ 是随着 L/D 的增加而降低的;同时,增加 a/L 的比值时,可以使 4×4 汽车前轮越过台阶的能力显著提高,甚至可使车轮爬上高度大于其半径的台阶。

当后轮碰到台阶时,见图 9 - 4(b),这时有

$$\left(\cos\beta-\varphi\sin\beta+\frac{\varphi D}{2L}\right)\sin\alpha-\frac{\varphi D}{2L}-\left[\left(\frac{1+\varphi^2}{\varphi}\frac{a}{L}-\varphi\right)\cos\beta+\left(\frac{1+\varphi^2}{\varphi}\frac{h_0}{L}-1\right)\sin\beta+\frac{D}{2L}\right]\cos\alpha=0$$

$$\tag{9-8}$$

对上式的分析可知,a/L 比值的影响正好与 4×4 汽车前轮越过台阶的情况相反。a/L 较

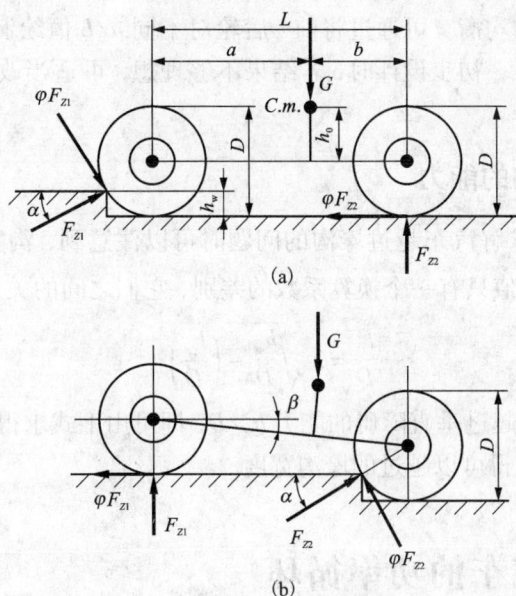

图 9 - 4　4 × 4 汽车通过台阶时的受力图

小(长轴距、前轴负荷大的汽车)时，其后轮越过台阶的能力要比前轮大。较大的 L/D 比值时，不论汽车的总质量如何在轴间分配，总会改善后轮的越障能力。

(3)4 × 2 汽车和 4 × 4 汽车的越障能力比较

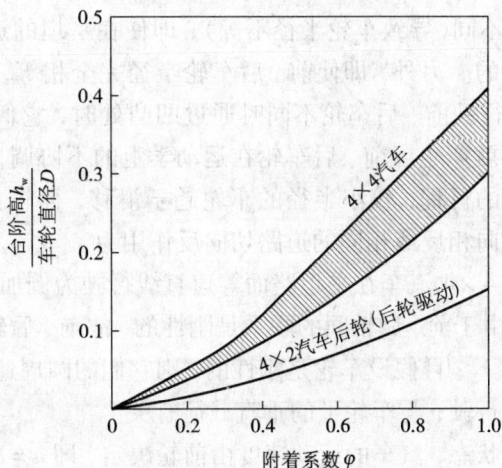

图 9 - 5　汽车越障能力与附着系数的关系

由图 9 - 5 可知，4 × 2 汽车的越障能力要比 4 × 4 汽车差很多。4 × 4 汽车的越障能力与 a/L 的比值有关，图中曲线阴影区域的上、下限决定于汽车的几何参数。由图可知，当 $\varphi = 0.7$ 时，根据 a/L 的参数不同，4 × 4 汽车的 $h_w/D = 0.18 \sim 0.26$，但后轮驱动的 4 × 2 汽车的越障能力比 4 × 4 汽车约降低一半。

对 4×4 汽车，就 L/D 与 a/L 比值的变化而言，前、后轮在越障能力方面有不同的反映。设计时应考虑这两方面的均衡。可通过将前、后轮对不同 a/L 值绘制 $h_w/D = F(\varphi)$ 曲线，找出它们的理想交点来求得。初步设计时，若结果不够理想，可适当改变 a/L 值，以得到较好的性能。

9.2.2　汽车越过壕沟的能力

用上述同样的方法求解汽车越过壕沟的问题时可以注意到，沟宽 l_d 与车轮直径之比值 l_d/D 与上面求得的 h_w/D 值只有一个换算系数的差别，它们之间的关系为

$$\frac{l_d}{D} = 2\sqrt{\frac{h_w}{D} - \left(\frac{h_w}{D}\right)^2} \qquad (9-9)$$

因此，只要知道车轮越过垂直障碍的能力 h_w/D，即可由上式求得越过壕沟的宽度与车轮直径的比值 l_d/D，从而求得可以越过的壕沟宽度。

9.3　多轴驱动汽车的功率循环

由于汽车的最大驱动力 F_{tmax} 受附着力 F_φ 的限制，因此在越野行驶的条件下，为防止附着条件被破坏，越野汽车总是将其全部车轮做成驱动轮，以充分利用车重，获得尽可能大的地面切向力。

全部车轮都驱动的多轴汽车，若前、后轴之间未安装轴间差速器而呈刚性联接，则当汽车行驶时，前、后车轮将以同样的角速度旋转。但在实际使用中，由于轮胎气压的不等、载荷不等、轮胎的磨损程度不同(导致车轮半径不等)，即使在平坦的道路上直线行驶，前后车轮的角速度也应是不一样的。另外，即使前、后车轮半径完全相等，当汽车转向或作非直线行驶，或当在不平路面上行驶前、后车轮不同时通过凹凸处时，它们在单位时间内所通过的行程也是不相等的。这样就产生了前、后车轮在运动学上的不协调，以致引起车轮的滑转或滑移。这时为了通过同样的行程，较小半径的车轮趋于滑移，而较大半径的车轮趋于滑转，并分别引起与汽车行驶方向相反或相同的道路切向反作用力。

现以无轴间差速器的 4×4 汽车在平坦路面等速直线行驶为例加以分析。

当接上前轴驱动时，由于前、后轴间的联系是刚性的，故前、后轮的角速度 ω 应相等，若前轮半径 r_1 大于后轮半径 r_2，且假设车轮是刚性的，则它们的圆周速度不相等，即 $\omega r_1 > \omega r_2$，究竟按哪个车轮的线速度行驶，与车轮上的垂直载荷有关。

先假定前轮处于滚动状态，汽车的运动速度由前轮决定，即 $u = \omega r_1$，而后轮由于 $\omega r_2 < u$，必然产生滑移。这时作用在两前轮上的道路切向反作用 $F_{X1}(F_{X1} \leqslant \varphi F_{Z1})$ 是指向汽车前方，推动汽车前进；而作用在两后轮上的道路切向反作用力 $F_{X2}(F_{X2} = \varphi F_{Z2})$ 指向汽车后方，成为事实上的制动轮。这时，作用在汽车上的纵向力的平衡条件是

$$F_{X1} = F_{X2} + \sum F \qquad (9-10)$$

式中：$\sum F$ 为汽车行驶阻力之和。

一般汽车常有 $F_{Z2} > F_{Z1}$，即当前轮切向反作用力达到其最大值 $F_{X1} = \varphi F_{Z1}$ 时仍有

$$F_{X2} > F_{X1}$$

所以 $\sum F$ 将是负值，这是不可能的。因此得出结论：上述假定前轮滚动后轮滑移的情况是不会出现的。

如后轮处于滚动状态，这时汽车的运动速度由后轮决定，即 $u = \omega r_2$，而前轮由于 $\omega r_1 > u$，而必然产生滑转。此时作用在两前轮上的道路切向反作用力 F_{X1}（$F_{X1} = \varphi F_{Z1}$）总是指向汽车的前方推动汽车前进，成为真正的驱动轮。而作用于两后轮上的道路切向反作用力 F_{X2}（$F_{X2} \le \varphi F_{Z2}$）可通过以下平衡方程式确定

$$F_{X1} + F_{X2} = \varphi F_{Z1} + F_{X2} = \sum F \tag{9-11}$$

由上式可知，作用于后轮的道路切向反作用力 F_{X2} 的大小及方向取决于 $\sum F$。当 $\sum F < \varphi F_{Z1} = F_{X1}$ 时，则 F_{X2} 是负值，即其方向指向汽车后方，阻碍汽车前进，使后驱动轮成为事实上的制动轮。此时作用在前驱动轮上的道路切向反作用力 F_{X1} 不仅要克服行驶阻力，还要克服后驱动轮上的负驱动力。即

$$F_{X1} = \left| F_{X2} \right| + \sum F \tag{9-12}$$

而传到汽车前驱动轮上的功率应为

$$P_1 = P_f + P_s + P_w + P_2' \tag{9-13}$$

式中：P_1 为汽车前驱动轮上的功率；P_f 为克服前、后轮滚动阻力所消耗的功率；P_s 为前驱动轮滑转（与地面发生相对滑动）所消耗的功率；P_w 为克服空气阻力所消耗的功率；P_2' 为克服后驱动上负驱动力所消耗的功率。

显然 P_2' 是前驱动轮输出功率的一部分，而对后驱动轮而言，因为作用于其上的道路切向反作用力的方向与车轮的旋转方向一致，故为输入功率。因此，可以认为，功率 P_2' 是从前驱动轮传到地面传给后驱动轮，并重新返回传动系。也可以认为，功率 P_2' 从前驱动轮→地面→后驱动轮→传动系→前驱动轮周而复始地循环传递。因此，功率 P_2' 称为循环功率。由于它对多轴汽车的行驶是有害的，因此又称为寄生功率。这种寄生功率的循环现象称为功率循环。图 9-6 为功率循环示意图。

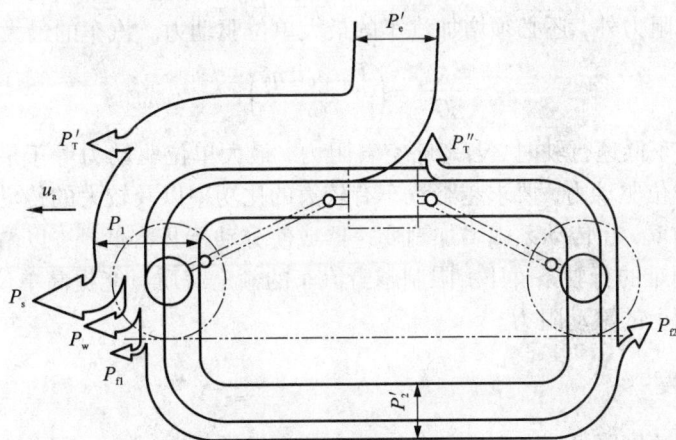

图9-6　功率循环示意图

由图 9-6 可知，从分动器至前轮传递的功率除发动机经变速器传入的功率 P_e' 外，还有

$[P'_2 - (P_{f2} + P''_T)]$，式中 P_{f2} 为后轮滚动阻力消耗的功率，P''_T 为大部分寄生功率通过后驱动轮至分动器间的功率损耗。因此前驱动轮的载荷大幅度增加，轮胎磨损增加；后驱动轮却传递着无用的寄生功率。而发动机发出的功率应等于外部阻力功率、车轮滑转消耗的功率与传动系各处的机械消耗功率之和，即

$$P_e = P_f + P_w + P_s + P_T$$

发动机的负荷增加，总的能量损耗增加，汽车的动力性和经济性均有所下降，同时降低了汽车的通过性。

因此，无轴间差速器的 4×4 汽车，在松软或附着性能很低的道路上，应该用全轮驱动行驶。但在良好路面上，为了防止传动系部件的损坏，减少磨损和节省燃料，只能用后轴或前轴驱动。

应指出，上面的分析是在假定汽车装有刚性轮的前提下进行的。实际上轮胎具有相当的弹性，并且在负的切向反作用力的作用下，较小的车轮滚动半径要增大，而在正的反作用力作用下较大的车轮滚动半径要减小。结果使前、后车轮半径的差别减少或趋于相等。这样就使功率循环大为减小或完全消除。还应指出，在松软地面行驶条件下由于土壤剪切变形造成的车轮滑转很大，行驶阻力也很大，所以不易出现功率循环。前、后轮上运动学不协调只会影响驱动功率在前后轴上的分配。

在驱动轴之间安装轴间差速器可使前、后车轮以与其位移相适应的角速度旋转而完全避免功率循环现象的产生，但普通的行星齿轮差速器将显著地降低车轮的通过性。

9.4 汽车的通过性影响因素

9.4.1 汽车的最大单位驱动力

由于汽车越野行驶时的阻力很大，为了充分利用地面提供的牵引力，保证汽车的通过性，除了减少行驶阻力外，还必须增加汽车的最大单位驱动力。汽车的最大单位驱动力为

$$\frac{F_{X\max}}{G} = \left(\frac{T_{tq} i_g i_0 i_c \eta_T}{Gr} \right)_{\max} \tag{9-14}$$

实际上，在汽车低速行驶时，若忽略空气阻力，最大单位驱动力等于最大动力因数。为了获得足够大的单位驱动力，要求越野汽车有较大的比功率以及较大的传动比。这些要求可通过提高发动机功率，在传动系中增加副变速器或使分动器具有低挡，以增加传动系的总传动比来实现。在困难的行驶条件下，限制越野汽车的额定载质量能提高单位驱动力，同时也能降低在松软地面上的滚动阻力。

9.4.2 行驶速度

当汽车的行驶速度降低时，土壤的剪切和车轮滑转的倾向减少。因此，用低速行驶克服困难路段，也可改善汽车的通过性。因此越野汽车传动系最大总传动比一般较大。越野汽车最低稳定车速可按表 $9-1$ 选取，其值随汽车总质量而定。

表 9 – 1　越野汽车的最低稳定车速

汽车总质量/kg	< 2000	< 6500	< 8000	> 8000
最低稳定车速/(km·h⁻¹)	≤5	≤2～3	≤1.5～2.5	≤0.5～1

9.4.3　汽车车轮

车轮对汽车的通过性有着决定性的影响，为了提高汽车的通过性，必须正确选择轮胎的花纹尺寸、结构参数、气压等，使汽车行驶滚动阻力较小，附着能力较大。

（1）轮胎花纹

轮胎花纹对附着系数有很大影响。正确地选择轮胎花纹、对提高汽车在一定类型地面上的通过性有很大作用。越野汽车的轮胎具有宽而深的花纹；当汽车在湿路面上行驶时，由于只有花纹的凸起部分与地面接触，使轮胎对地面有较高的单位压力，足以挤出水层；而在松软地面上行驶时，轮胎下陷，嵌入土壤的花纹凸起的数目增加，与地面接触面积及土壤剪切面积都迅速增加，因此，同样能保证有较好的附着性能。

在表面滑溜泥泞而底层坚实的道路上，提高通过性的最简单办法是在轮胎上套防滑链（或使用带防滑钉的轮胎），相当于在轮胎上增加了一层高而稀的花纹。这时，防滑链能挤出表面的水层，直接与地面接触，有的还会增加土壤剪切面积，从而提高附着能力。

另外，越野汽车的轮胎花纹的形状应具有脱掉自身泥的性能。

（2）轮胎直径和宽度

增大轮胎直径和宽度都能降低轮胎的接地比压。轮胎的接地比压是指单位轮胎接地面积的平均压力，用增加车轮直径的方法来减小接地比压，增加接触面积以减少土壤阻力和减少滑转，要比增加宽度更为有效。但增大轮胎直径会使轮胎惯性增大，汽车质心升高，轮胎成本增加，并要采用大传动比的传动系统。因此，大直径轮胎的推广使用受到了限制。

加大轮胎宽度不仅直接降低了轮胎的接地比压，而且轮胎较宽，允许胎体有较大的变形，而不降低其使用寿命，因而可使轮胎气压取得低些。若将后轮的双胎换为一个断面比普通轮胎大 2～2.5 倍、气压很低（29.4～83.3 kPa）、断面具有拱形的"拱形轮胎"时，接地面积将增大 1.5～3 倍，则可大幅度地减小接地比压，使汽车在沙漠、雪地、沼泽地面上行驶时，具有特别良好的通过性。但这种专用于松软地面的特种轮胎，花纹较大，气压过低，不应在硬路面上工作，否则将过早损坏和迅速磨损。

（3）轮胎的气压

在松软地面上行驶的汽车，应相应降低轮胎气压，以增大轮胎与地面的接触面积，降低接地比压，从而减小轮胎在松软地面的沉陷量及滚动阻力，提高土壤推力。轮胎气压降低时，虽然土壤的压实阻力减小，但却使轮胎本身的迟滞损失增加。所以，在一定的地面上有一个最小地面阻力的轮胎气压。实际上，轮胎气压应比该气压略高 19.2～29.4 kPa。此时，地面阻力虽稍有增加，但由于在潮湿地面上的附着系数将较大的提高，从而可改善汽车的通过性。

为了提高越野汽车通过松软地面的能力，而在硬路面上行驶时又不致引起大的滚动阻力和影响轮胎寿命，可装用轮胎中央充气系统，使驾驶员能根据道路情况，随时调节轮胎气压。

通常，越野汽车的超低压轮胎气压可以在 49～343 kPa 范围内变化。

在低压条件下工作的超低压越野轮胎，其帘布层数较少，具有薄而坚固，又富有弹性的胎体，以减少由于轮胎变形引起的迟滞损失，并保证其使用寿命。

（4）前、后轮距

当汽车在松软地面上行驶时，各车轮都要克服滚动阻力，如果汽车前轮距与后轮距相等：并有相同的轮胎宽度，则前轮辙与后轮辙重合，后轮就可沿被前轮压实的轮辙行驶，使汽车总滚动阻力减少，提高汽车的通过性。所以，多数越野汽车的前轮距与后轮距相等。

（5）前、后轮的接地比压

试验证明，前轮距与后轮距相等的汽车行驶于松软地面时，当前轮对地面的单位压力比后轮的小 20%～30% 时，汽车滚动阻力最小。为此，除在设计汽车时，可将负荷按此要求分配于前、后轴，也可以使前、后轮的轮胎气压不同，以产生不同的接地比压。

9.4.4 液力传动

当汽车装有液力变矩器或液力耦合器时，能提高发动机工作的稳定性，使汽车可以长时间稳定地以低速(0.5～1.5 km/h)行驶，从而可减小滚动阻力，提高附着力，改善汽车的通过性。装有普通机械式传动系的汽车在突然起步时，驱动轮转矩急剧上升，并产生对土壤起破坏作用的振动，即使在缓慢起步时，驱动转矩也比滚动阻力矩大得多。在松软地面上起步时，这种过大的驱动转矩并不能使汽车得到较大的加速度，相反却使土壤被破坏，轮辙加深，起步困难；而液力传动能保证驱动轮转矩逐渐而平顺地增长，从而防止土壤被破坏和车轮滑移。

液力传动还能消除机械式传动系经常发生的扭振现象。这种扭振现象会引起驱动力产生周期性冲击，减少土壤颗粒间的摩擦，增加了轮辙深度，并减少轮胎与土壤间的附着力，因而使车轮滑转的可能性大为增加。转矩脉动所引起的土壤内摩擦力的减小，还会使汽车前轮所造成的轮辙立即展平，使后轮滚动阻力增加。

装有普通机械传动系的汽车，在松软地面行驶时，由于车速低，汽车惯性不足以克服较大的行驶阻力，致使换挡时，因切断功率而停车。采用液力传动即可消除因换挡所引起的功率传递间断现象，因而使汽车的通过性显著提高。

9.4.5 差速器

为了保证各驱动车轮能以不同的角速度旋转，传动系统装有差速器。普通的齿轮差速器，具有使驱动车轮之间转矩平均分配的特性；当某一驱动车轮陷入泥泞或冰雪路面时，得到较小的附着力，因此该驱动车轮以较小的驱动转矩工作，而与之对应的另一驱动车轮，也只能获得同样较小的驱动力转矩。为了避免这种情况的发生，某些越野汽车上装有差速锁，以便必要时能锁止差速器。

差速器的内摩擦，能使左、右车轮传递的转矩不等以达到使汽车在附着系数较小的路面上驱动的目的。但是普通的齿轮式差速器的内摩擦不大，为了增加差速器的内摩擦，越野汽车常采用高摩擦式差速器，提高了汽车的通过性。

多轴驱动车轮各轴间也应装置具有防滑功能的差速器。

9.4.6　悬架

6×6 和 8×8 多轴驱动的越野汽车在异常坎坷不平的地面上行驶时,常会因非独立悬架的结构引起某驱动车轮的垂直载荷大幅度减小,乃至离开地面而悬空的现象,使驱动车轮失去与地面的附着而影响通过性。独立悬架和平衡式悬架允许车轮与车架间有较大的相对位移,使驱动车轮与地面经常保持接触,以保证有较好的附着性能。同时独立悬架可显著地提高汽车的最小离地间隙,从而提高汽车的通过性。

9.4.7　驱动防滑系统(ASR)

汽车在泥泞道路或冰雪路面行驶时,因路面的附着系数小,常会出现驱动轮滑转现象。当驱动轮滑转时,产生的驱动力很小。特别是驱动轮原地空转时,驱动力接近零。例如,汽车驱动轮陷入泥坑时,汽车不能前进,即汽车的驱动轮一侧或两侧滑转后,汽车的总驱动力不足以克服行驶阻力,使汽车通过坏路的行驶能力受到限制。汽车驱动轮滑转,限制了汽车的动力性发挥,增加了轮胎的磨损,降低了轮胎的使用寿命;并使汽车抗侧向力的能力下降,当遇到侧风或横向斜坡时,容易发生侧滑,影响汽车行驶的横向稳定性。

ASR 可以自动调节发动机转矩到驱动轮的驱动力,使驾驶员的工作强度得以减小,稳定性和操纵性得到安全的调节,驱动力的发挥得以改善。ASR 系统保持驱动轮处于最佳滑转范围内的控制方式有以下几种:调节发动机输出转矩,制动驱动轮以及锁止差速器。这些控制方式的目的都是调节驱动轮上的驱动力矩。

在第 6 章曾述及,现代高级轿车,一般把 ABS 和 ASR 结合为一体,组成汽车统一的防滑控制系统。当然 ASR 系统也可独立装车使用。

9.4.8　驾驶方法

驾驶方法对提高汽车的通过性有很大影响。在通过沙地、泥泞、雪地等松软地面时,应该使用低速挡,以保证车辆有较大的驱动力和较低的行驶速度。在行驶中应避免换挡加速,并保持直线行驶,因为转弯时将引起前后轮辙不重合,增加滚动阻力。

后轮是双胎的汽车,常会在两胎间夹杂泥石,或使车轮表面黏附一层很厚的泥,因而使得附着系数降低,增加车轮滑转趋势。遇到这种情况,驾驶员应适当提高车速,将车轮上的泥甩掉。

当汽车传动系统装有差速锁时,驾驶员应该在估计有可能使车轮滑转的地区前,就将差速器锁住。因为车轮一旦滑移后,土壤表面就会被破坏,附着系数下降,再锁住差速器不会起到显著作用。当汽车离开坏路地段后,驾驶员应将差速锁脱开,避免由于功率循环现象使发动机、传动系和轮胎磨损增加,汽车的燃油经济性和动力性变坏,以及通过性降低等不良后果。

此外,为了提高越野汽车的涉水能力,应注意发动机的分电器总成、火花塞、曲轴箱通气口等处的密封问题,并提高空气滤清器的位置,不得浸入水中。普通汽车一般能通过深度为 $0.5 \sim 0.6$ m 的硬底浅水滩。

本章小结

1. 汽车的通过性：也称为越野性，是指汽车在一定载质量下能以足够高的平均车速通过各种坏路和无路地带(如松软地面、凹凸不平地面等)及各种障碍(如陡坡、侧坡、壕沟、台阶、灌木丛、水障等)的能力。

2. 汽车的间隙失效：由于汽车与地面间的间隙不足而被地面托住、无法通过的情况，称为间隙失效，包括顶起失效、触头失效和托尾失效。

3. 汽车的通过性几何参数：主要包括最小离地间隙、纵向通过角、接近角、离去角等。

最小离地间隙 h 是指汽车满载、静止时，支承平面与汽车上的中间区域最低点之间的距离。它表征汽车无碰撞地越过石块、树桩等障碍物的能力。h 越大，顶起失效的可能性越小，汽车的通过性越好。

纵向通过角 β 是指汽车满载、静止时，分别通过前、后车轮外缘作垂直于汽车纵向对称平面的切平面，两切平面交于车体下部较低部位时所夹的最小锐角。它表示汽车无碰撞地通过小丘、拱桥等障碍物的轮廓尺寸。β 越大，顶起失效的可能性越小，汽车的通过性越好。

接近角 γ_1 是指汽车满载、静止时，前端突出点向前轮所引切线与地面间的夹角。γ_1 越大，越不容易发生触头失效。

离去角 γ_2 是指汽车满载、静止时，后端突出点向后轮所引切线与地面间的夹角。γ_2 越大，越不容易发生托尾失效。

4. 后轮驱动 4×2 汽车的越台能力：$\left(\dfrac{h_w}{D} \right)_2 = \dfrac{1}{2} \left(1 - \dfrac{1}{\sqrt{1 + \varphi^2}} \right)$。

5. 汽车跨过壕沟的能力：$\dfrac{l_d}{D} = 2 \sqrt{\dfrac{h_w}{D} - \left(\dfrac{h_w}{D} \right)^2}$。

6. 功率循环：两轴驱动汽车，克服后驱动轮上负驱动力所消耗的功率 P_2' 是前驱动轮输出功率的一部分，功率 P_2' 从前驱动轮→地面→后驱动轮→传动系→前驱动轮周而复始地循环传递，称为循环功率(寄生功率)。这种寄生功率的循环现象称为功率循环。功率循环存在于无轴间差速器的多轴驱动车辆中。

7. 汽车的通过性影响因素：汽车的最大单位驱动力、行驶速度、汽车车轮(轮胎的花纹尺寸、结构参数、气压等)、液力传动、悬架、差速器以及驾驶方法。

复习思考题

1. 评价汽车的通过性几何参数有哪些？它们分别与哪种间隙失效有关？
2. 后轮驱动的 4×2 汽车越台能力主要由哪个车轮决定？为什么？
3. 什么是功率循环？功率循环是如何产生的？
4. 影响汽车的通过性因素有哪些？

第 10 章　汽车的性能试验

汽车的性能试验对于汽车的设计开发制造、汽车的安全使用十分重要。本章介绍的汽车的性能试验包括汽车的动力性试验、汽车的燃油经济性试验、汽车的制动性试验、汽车的操纵稳定性试验和汽车的平顺性试验及数据处理方法。

10.1　汽车的动力性试验

汽车的动力性试验包括动力性评价指标(最高车速、加速时间、最大爬坡度)、驱动力、行驶阻力及附着力的测量。动力性试验可在道路上和试验室内进行。道路试验主要是测定最高车速、加速时间、最大爬坡度等评价指标。在实验室内可测量汽车的驱动力和各种阻力。

10.1.1　道路试验

动力性道路试验应在混凝土或沥青路面的直线路段上进行。路面要求平整、干燥、清洁、纵向坡度不大于0.1%。试验时,大气温度为 0 ~ 40℃,风速不大于 3 m/s。测量时汽车应处于良好的技术状况。我国规定动力性能试验时汽车的载荷为满载,德国规定轿车为半载。一些权威汽车期刊的轿车试验中,轿车的载荷为 100 ~ 180 kg,客车或轿车的乘员可以用重物替代,每名乘客的质量按 60 kg 重物计。轮胎的充气压力应符合技术条件,误差不超过10 kPa。

(1)最高车速

汽车在试验道路上行驶,达到最高车速后,测定汽车通过一定距离路段(我国规定为200 m,国际汽车联合会 FIA 规定在其认可的环道上行驶一周)所需的时间,计算出 u_{amax} 值。通过的时间可用高精度测时计(光电或激光测时仪)或秒表来测量。

(2)加速时间

原地起步加速时间测定时,轿车以Ⅰ挡起步,货车常以Ⅱ挡起步,节气门处于最大开度,按最佳换挡时刻逐次换至高挡,测量全力加速至 100 km/h 所需的时间。也有用原地起步加速行驶至某一距离(如 400 m)所需的时间来表征汽车的加速能力。

超车加速时间测定时,汽车一般在最高挡或次高挡工作,节气门开至最大,由 60 km/h 加速至 100 km/h 的加速过程所需时间。

加速过程用五轮仪、非接触式汽车速度计或 GPS 惯性测量系统来记录。早期采用车速测量仪,并配合磁带记录仪及 X - Y 记录仪,直接绘制出速度 - 时间和速度 - 行程曲线。非接触式汽车速度计是利用光电原理和跟踪滤波技术,将车辆的行驶速度转换为电信号频率来测量汽车车速,安装方便,测量精度高,适用于高车速测量,最高测量速度可达 250 km/h,但在低车速时测量误差较大。加速过程也可以采用数字式电子装置五轮仪来测定,但用五轮仪进行试验时,由于道路不平使第五轮产生跳动和侧滑,影响测量精度。

(3)最大爬坡度

测量汽车的最大爬坡度,应有一系列不同坡度的坡道,坡道长度不小于 25 m。小于 30% 的坡道路面可用沥青铺装,等于或大于 30% 的坡道应为混凝土路面。试验时,汽车停于坡道前平地上,接上传动系的最低挡,迅速将节气门开至最大进行爬坡,直至试验终了。汽车所能通过的最陡坡道的坡度,就是汽车的最大爬坡度。如果坡度不合适(过大或过小),可以采用增、减负荷或变换挡位的方法,折算出最大爬坡度,即

$$\alpha_0 = \arcsin\left(\frac{G_a}{G} \frac{i_{g1}}{i_{ga}} \sin\alpha_a\right) \tag{10-1}$$

式中:α_0 为换算得到的最大爬坡度,(°);α_a 为试验时实际坡度,(°);G 为汽车最大总质量的重力,N;G_a 为试验时的汽车重力,N;i_{g1} 为变速器 I 挡传动比;i_{ga} 为试验时变速器所用挡位的传动比。

为了防止爬陡坡中出现事故,大于 40% 的坡道应设有安全装置。

(4)汽车的滚动阻力与空气阻力

用室内转鼓试验台进行汽车排放、燃油经济性试验时,需要知道被测汽车在行驶中遇到的滚动阻力与空气阻力,可以用道路滑行试验来测定。滑行试验是汽车在水平路面无风条件下加速至某预定速度后,摘挡脱开发动机,利用汽车的动能继续减速滑行,直至停车。试验中用五轮仪等测速仪器记录滑行过程中的速度与时间的关系 $u-t$ 曲线,通过计算可以得到减速度与车速的关系 $\frac{du}{dt}-u$ 曲线,如图 10-1 所示。

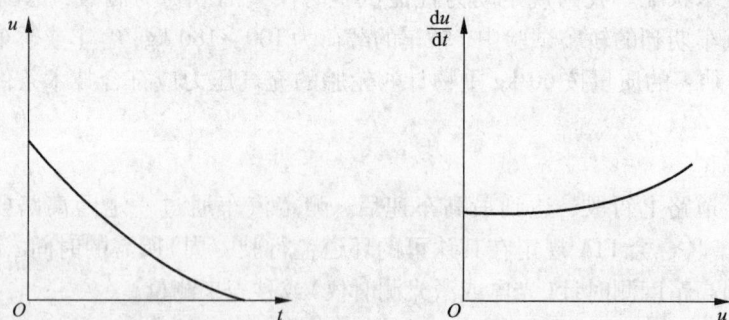

图 10-1 滑行过程中的 $u-t$ 曲线与 $\frac{du}{dt}-u$ 曲线

滑行时汽车的滚动阻力与空气阻力之和为

$$F_f + F_w = \delta_c m \frac{du}{dt} - \frac{T_r}{r} \tag{10-2}$$

式中:δ_c 为滑行时的汽车旋转质量换算系数;T_r 为滑行时传动系加于驱动轮的摩擦阻力矩与从动轮摩擦阻力矩之和,N·m,一般常忽略不计。

滑行时汽车的运动只与 $F_f + F_w$ 及汽车的质量参数有关，因此可以根据滑行中的减速度、滑行时间、滑行距离等来求得汽车的行驶阻力。由于低速时空气阻力 F_w 小，所以可利用低速时的减速度值，不计空气阻力，直接求出低速时的滚动阻力 F_f。利用上述方法的测量精度得不到保证，现在采用的方法主要有时间法、行程法以及曲线拟合法等，结果较为精确。

轮胎的滚动阻力也常用装有测力传感器的单轮或双轮试验拖车来测量。地面与轮胎间的附着系数，用装有制动器或能驱动轮胎的试验拖车在各种路面上实地测量。

10.1.2　室内试验

动力性室内试验主要是驱动力的测量以及动力性相关结构特性参数(传动系的机械效率、滚动阻力系数及空气阻力系数)的测定等。

(1)驱动力的测量

汽车的驱动力由汽车转鼓试验台来测量。通常有单鼓式和双鼓式两种转鼓试验台，图 10 − 2 是一种单鼓式的汽车转鼓试验台。试验汽车的驱动轮放在转鼓上，驱动轮的中心应与转鼓的中心在同一垂直平面内。转鼓轴端部装有液力测功器或电力测功器。测功器能产生一定的阻力矩并能调节转鼓的转速，也就相当于调节汽车的车速。

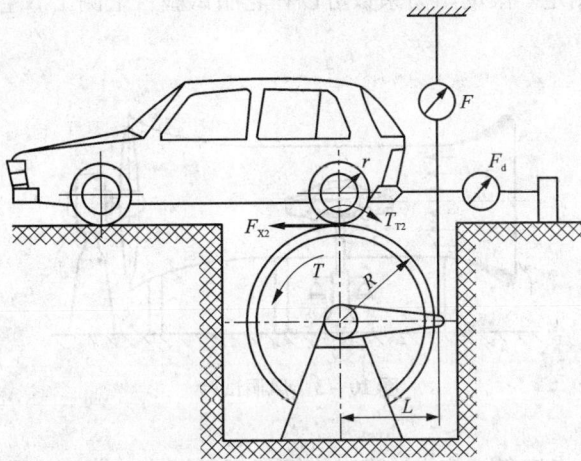

图 10 − 2　汽车转鼓试验台

由测力装置可以测出施加于转鼓的转矩 T 值

$$T = FL \tag{10 − 3}$$

式中：F 为由拉力表测出的作用于转鼓试验台外壳长臂上的拉力，N；L 为测功器外壳长臂上的长度，m。

试验时，应用钢丝绳拉住试验汽车。并在钢丝绳中装上拉力表，表上可读出汽车的挂钩拉力 F_d，而

$$F_d = F_{X2} \tag{10 − 4}$$

根据汽车驱动轮和转鼓的力矩平衡，有

$$T_t = F_{X2} r + T_{f2} \tag{10 − 5}$$

$$T = F_{X2} R − T_{f2} \tag{10 − 6}$$

由此可得驱动轮上的驱动转矩 T_t 为

$$T_t = F_{X2}r + F_{X2}R - T = F_d(r+R) - FL \qquad (10-7)$$

故汽车的驱动力为

$$F_t = \frac{T_t}{r} = \frac{F_d(r+R) - FL}{r}$$

在汽车各挡位、各种车速下测得节气门全开时的 F 值，便能得到表征汽车的动力性的驱动力图。

为了在实验室能直接测量汽车的加速性能，汽车转鼓试验台装有由电子调节器控制转鼓试验台负荷的装置，可以模拟加速过程中的全部阻力——滚动阻力、空气阻力和加速阻力。也有用不同转动惯量的飞轮组来代替试验汽车的质量，构成汽车在转鼓上加速所遇到的各种惯性阻力。

汽车转鼓试验台除了能做汽车的动力性试验外，还可以进行燃油经济性与排气分析等多种试验，是一种用途较广泛的汽车试验设备。

（2）与动力性相关的结构特性参数的测定

在室内还可进行一些与动力性相关的结构特性参数的测定。传动系的机械效率在专门的传动系效率试验台上测定。滚动阻力系数可以在轮胎试验台上测出。空气阻力系数可以在风洞中测出。

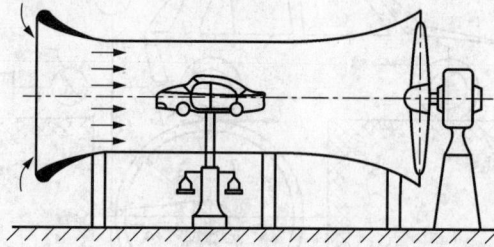

图 10-3　风洞试验

如图 10-3 所示，将汽车或缩小的汽车模型置于风洞中，借助于强大鼓风机使空气以所需要速度流过风洞，并测量汽车或汽车模型所承受的空气阻力及其他空气动力特性参数，即可求出空气阻力系数。根据长期实践，目前已认识到采用缩小的汽车模型试验中测得的空气阻力系数误差较大，一般为 10% ~ 20% ，最大时误差可达40% 。因此，近年来为了满足节约燃油对汽车外形提出的严格要求，已建立一批大型风洞，对实际的汽车进行空气动力学的研究。

10.2　汽车的燃油经济性试验

汽车的燃油经济性试验包括等速行驶百公里燃油消耗量试验和多工况燃油消耗量试验。等速行驶百公里燃油消耗量试验可在道路上进行，多工况燃油消耗量试验通常在实验室内进行。

10.2.1 等速行驶百公里燃油消耗量试验

试验路段应路面良好、平直,长度为 500 m 或 1000 m。汽车挂常用挡(一般为最高挡),以 20 km/h(最低稳定车速高于 20 km/h 时,从 30 km/h)开始试验,以 10 km/h 的整数倍均匀选取车速直至最高车速的 90%,至少测定 5 个试验车速,同一车速往返各进行两次。利用燃油流量计与秒表测出通过该路段的油耗与时间,计算得到相应的百公里油耗与实际平均车速。以车速为横坐标,等速燃油消耗量为纵坐标,绘制等速燃油消耗量散点图,根据散点图绘制等速燃油消耗量特性曲线。

我国要求载荷为满载(货车)或半载(轿车)。美国环保局(EPA)规定,测量汽车排放与燃油经济性时的载荷为 2 名 68 kg 乘员。日本规定等速油耗试验中的载荷为 170 kg。

10.2.2 多工况燃油消耗量试验

为模拟实际汽车运行状况以进行汽车排放污染物与燃油消耗量的测量,各国都制定了多工况试验标准,我国采用的是 15 工况(参见图 4-3)。多工况燃油消耗试验都在室内转鼓试验台上进行,如图 10-2 所示。测试前,测试汽车应先到路上进行滑行试验,以确定其行驶阻力,即 $F_f + F_w$。将滑行试验结果及汽车质量参数输入转鼓试验台后,静止的汽车驱动转鼓时将会遇到与道路上行驶完全一样的阻力,包括整车的滚动阻力、空气阻力与加速阻力。这样在室内配备排气分析与燃油量测定的仪器,就可以利用固定在转鼓试验台上的汽车进行多工况燃油消耗试验与排放试验。当然,在转鼓试验台上也可以做等速百公里油耗试验。

10.3 汽车的制动性试验

汽车的制动性主要通过道路试验来评定。一般要测定冷制动及高温下汽车的制动距离、制动减速度、制动时间等参数。另外还要测定在转弯与变更车道时汽车制动的方向稳定性。

10.3.1 高附着系数路面的制动试验

(1)试验基本条件

试验路段应为干净、平整、坡度不大于 1% 的硬路面。路面附着系数不宜小于 0.72 ~ 0.75。试验时,风速应小于 5 m/s,气温在 0 ~ 35℃。试验前,汽车应充分预热。以 $0.8 \sim 0.9 u_{amax}$ 行驶 1 h 以上。

(2)试验仪器

道路试验的主要仪器是五轮仪、惯性式减速度计和压力传感器。近代的五轮仪采用电磁感应传感器、光电传感器与数字显示装置,能精确测出起始车速、制动距离和时间以及横向偏移,明显提高了试验的准确性。

(3)冷制动试验

冷制动试验时,制动器温度不能超过 100℃。令汽车加速超过起始制动车速 3 ~ 5 km/h,摘挡滑行,待车速降至起始制动车速时,紧急制动直至停车。用仪器记录各项评定指标。为保证试验结果的可靠性，一般都应该进行 200 次的制动器的磨合制动试验，制动减速度为 3.5 m/s²。试验中，若汽车纵轴线转角大于 8°或超越试验路段宽度 3.5 m 界线时，应重新调整被测试汽车的制动系，再进行试验。

（4）高温工况试验

高温工况试验包含两个阶段：加热制动器与测定制动性指标。连续制动是一种常用的加热方法，即令汽车加速到 $0.8u_{amax}$ 时，以 3 m/s² 的减速度制动减速到 $0.4u_{amax}$；再加速，再制动减速。每次制动的时间间隔为 45~60 s。根据不同车型共制动 15~20 次。最后轿车制动器温度可升至 250~270℃，中型货车达 140~150℃，重型货车达 170~200℃。也可令汽车维持 40 km/h 车速驶下 1.7 km、7% 的坡道来加热制动器。加热前后及中间应进行数次制动性指标测定，以评定制动系的热衰退性能。

另一种高温工况是下长坡连续制动。如令汽车由坡度为 6%~10%、长为 7~10 km 的坡道上以车速 30 km/h 制动卜坡，最后检查制动性指标。

（5）汽车制动方向稳定性试验

汽车转弯试验在平坦的干地面上进行（ABS 系统的转弯制动在冰雪路面上进行）。试验时汽车沿一定半径做圆周行驶，达到下述开始制动前的稳定状态：转弯半径为 40 m 或 50 m，侧向加速度为（5±0.5）m/s²，相应车速为 51 km/h 或 57 km/h，或者转弯半径为 100 m，侧向加速度为（4±0.4）m/s²，相应车速为 72 km/h；保持方向盘转角不变动，放松加速踏板，迅速踩下制动踏板，离合器可以脱开也可以不脱开，使汽车以不同的等制动减速度制动。记录制动减速度、汽车横摆角速度、汽车纵轴线转角、制动时侧向路径偏离量等参数。根据试验结果绘制最大横摆角速度、汽车纵轴线转角、制动时侧向路径偏离量等参数与制动减速度的关系曲线。利用这些曲线来评价汽车的转弯制动方向稳定性。

因为湿路面附着系数降低很多，转弯制动试验也常在湿路面上进行。

评定制动时方向稳定性的试验，也在汽车的左、右两侧车轮行径不同附着系数的路面上进行，如左轮行径为 $\varphi=0.7$ 的路面，右轮为 $\varphi=0.3$ 的路面。

（6）汽车 ABS 的制动性能试验

对于采用 ABS 的轿车，试验时测量附着系数利用率。附着系数利用率 ε 是 ABS 工作时的最大制动强度 z 与附着系数 φ 的比值，即 $\varepsilon = z/\varphi$。附着系数利用率 ε 应在 $\varphi \leq 0.3$ 和 $\varphi \approx 0.8$ 的两种路面上测量，且应满足 $\varepsilon \geq 0.75$ 的条件。同时还应保证在对接路面（从高附着系数 φ_H 到低附着系数 φ_L 或者反过来。$\varphi_H \geq 0.5$，$\varphi_H/\varphi_L > 2$）和左右车轮分别位于两种不同附着系数（φ_H 和 φ_L）的对开路面上（$\varphi_H \geq 0.5$，$\varphi_H/\varphi_L > 2$），以 50 km/h 起始制动车速制动，车轮不能抱死。并且还要求在对开路面上，用转向来修正方向时，在最初 2 s，转向盘转角不得超过 120°，总转角不得超过 240°。

（7）制动距离、制动减速度和车辆的侧向路径偏移量

在汽车道路制动试验中，关键是要测准制动距离、制动减速度和车辆的侧向路径偏离量。测量制动距离时，首先要测准制动的起始时刻。一般采用制动踏板开关和制动灯开关来进行测量。制动初速度在极限偏差为 3% 的范围内，制动距离按式（10-8）修正

$$L = L'(u/u')^2 \qquad (10-8)$$

式中：L 为校正后的制动距离，m；L' 为测定的制动距离，m；u 为初速度的规定值，km/h；u' 为初速度的测定值，km/h。

制动减速度的测量有两种方法：一种是采用减速度计；另一种是采用五轮仪的速度信号微分。减速度计的选择要注意频率响应特性、灵敏度和噪声。

侧向路径偏移量的测量有两种方法：一种是采用皮尺测量汽车相对行驶航道的偏离，最大测量误差为 0.05 m；另一种是采用航向陀螺仪测量纵轴线转角，这种方法一般用于研究。

10.3.2　制动性能的室内试验

道路试验虽能全面地反映汽车的制动性，但试验需要有特定的场地，且颇费时间。因此，在汽车使用企业及一般车辆检测单位，常用室内试验装置测试汽车制动器的摩擦力矩来检查汽车的制动性。

室内试验装置主要有平板式及滚筒式两种。图 10-4 为平板式制动试验台简图。试验台由四块可活动的平板组成，左右平板中心的间隔距离等于轮距的宽度，前、后平板中心的间距等于轴距，每一块平板的长度都大于一个车轮的直径，大约为 1 m。试验时，车辆用低速驶上平板并踩制动踏板。由于四个平板的纵向运动受到测力传感器的约束，于是每一块平板所测出的力等于轮胎和平板之间的制动力。平板式试验台的好处是可以反映制动时载荷的转移，测试方便、时间短。平板式试验台容易模拟道路的附着情况，而滚筒式制动试验台为了增加筒面与轮胎胎面的附着力，筒面应有横向槽形花纹，以保持附着系数在 0.65 以上。有时还应使用一定加载装置，以增加附着重量。

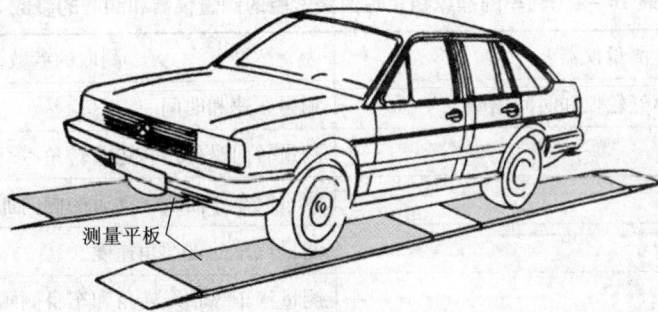

测量平板

图 10-4　平板式制动试验台

轿车制动力大部分是由前轮制动器提供的，在滚筒式试验台上测量轿车前轮制动力常常会不准确。这是因为试验中作用于滚筒的垂直力仅是处于静止状态汽车的前轴轴荷（大大小于真实制动时前轴对地面的动态作用力），轮胎与筒面间的附着系数较低，造成轮胎与筒面间的附着力明显不足所致。采用平板式试验台进行测试时，注意要有一定的引车距离和稳定的车速，以提高其测试的重复性。平板式试验台不容易测量制动鼓的失圆度，测量制动力随踏板力的变化不如滚筒式试验台方便。在测量左、右侧制动力的偏差时，目前常用检测线上的滚筒式试验台，通过计算机采集踏板力增长过程中的左、右侧制动力，然后计算出不相等度。

10.4 汽车的操纵稳定性试验

汽车的操纵稳定性试验大致可分为道路试验和室内(台架)试验两类。本节主要介绍汽车的操纵稳定性道路试验。

10.4.1 试验条件和试验仪器

(1)试验条件

汽车的操纵稳定性道路试验主要在汽车试验场的专用场地上进行。场地应为平坦、干燥、清洁的混凝土或沥青路面,场地在任意方向的坡度不大于2%。试验风速不大于5 m/s,大气温度一般在0~40℃之间。所有对试验结果有影响的零部件均应经过检查、紧固和调整,特别是转向系和悬架机构的各零部件。所有轮胎和轮辋形式及大小必须满足有关要求。使用新轮胎需有200 km的正常行驶磨合;若使用旧轮胎,则在试验终了,从花纹沟底测量残留花纹的高度不小于1.5 mm。轮胎气压按有关规定,气压小于250 kPa时,允许的偏差为±5 kPa,若气压大于250 kPa,则允许的偏差为±2 kPa。应在汽车轻载及额定满载两种状态下进行试验。

(2)试验仪器

汽车的操纵稳定性道路试验的测量仪器和测取的参数如表10-1所示。

表10-1 汽车的操纵稳定性道路试验的测量仪器和测取的参数

测量仪器	测取的参数
非接触式车速仪或第五轮仪和时间信号发生器	测量车速和时间
转向盘测力仪	测量转向盘作用转矩及转角
侧(纵)向加速度计	测量汽车作曲线运动时的侧向加速度和纵向加速度
角速度陀螺仪	测量汽车的横摆角速度
垂直陀螺仪	测量汽车纵轴线转角和车身侧倾角、俯仰角

10.4.2 试验项目和试验方法

(1)低速行驶转向轻便性试验(GB/T 6323.5—1994)

该试验用于测定汽车在低速大转弯时的转向轻便性。

试验时汽车按照画在场地上的双纽线,如图10-5所示,以10 km/h的车速行驶。双纽线轨迹的极坐标方程为

$$l = d\sqrt{\cos 2\Psi}$$

在$\Psi = 0$时,双纽线顶点处的曲率半径最小,其数值为$R_{min} = d/3$。双纽线的最小曲率半径应按试验汽车的最小转弯半径乘以1.1倍,并圆整到比此乘积大的一个整数来确定。

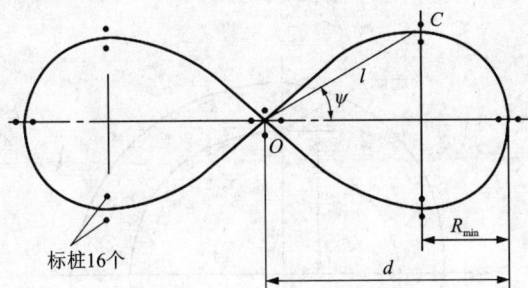

图 10 – 5 测定转向轻便性的双纽线

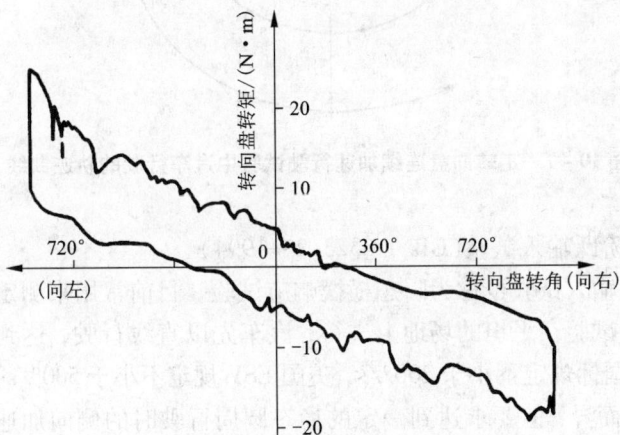

图 10 – 6 转向盘转矩－转向盘转角曲线

试验中记录转向盘转角及转向盘转矩，并按双纽线路径每一周整理出如图 10 – 6 所示的转向盘转矩－转向盘转角曲线。通常以转向盘最大转矩、转向盘最大作用力及转向盘作用功等来评价转向轻便性。

（2）汽车稳态回转试验（GB/T 6323.6—1994）

汽车稳态回转试验的目的是测定汽车对转向盘转角输入达到稳定行驶状态时汽车的稳态横摆响应。我国主要采用定转向盘转角试验法。

试验前，在试验场地上画出半径为 15 m 或 20 m 的圆周作为试验起始圆周。先使轮胎升温，而后汽车以最低稳定速度沿所画圆周行驶。此时转向盘转角为 δ_{sw0}；测定此时的车速 u_0 及横摆角速度 ω_{r0}，因此可以计算出不计轮胎侧偏（由于车速极低，离心力很小，轮胎侧偏角可以忽略不计）时的转向半径为

$$R_0 = u_0 / \omega_{r0} \qquad (10-9)$$

保持转向盘转角 δ_{sw0} 不变，使汽车缓慢连续而均匀地加速（纵向加速度不超过 0.25 m/s²），直至汽车的侧向加速度达到 6.5 m/s²。记录不同车速 u 下的横摆角速度 ω_r，根据瞬时的 u 和 ω_r 值，按公式 $R = u / \omega_r$，$a_y = u\omega_r$ 求出相应的 R 和 a_y 值，这样就获得了不同侧向加速度下有侧偏角时的转弯半径，进而求得 $R/R_0 - a_y$ 曲线 [参看图 7 – 9（b）]。同时绘制出不同侧向加速度下的转弯半径曲线。对于不足转向的汽车，随车速的增加，转弯半径越来越大；而过多

221

转向汽车的转弯半径越来越小。图 10 – 7 所示为这种试验中汽车行驶的轨迹曲线。

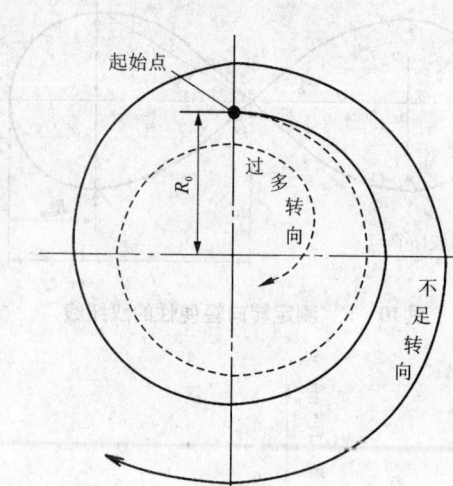

图 10 – 7　定转向盘连续加速行驶试验中汽车行驶的轨迹曲线

（3）转向盘转角阶跃输入试验（GB/T 6323.2—1994）

转向盘转角阶跃输入试验也称为瞬态横摆响应试验。目前常用来测定汽车对转向盘转角输入时的瞬态响应。试验在平坦的场地上进行，汽车先以直线行驶，达到试验车速后，突然以最快的速度（我国国标规定不小于 200°/s，美国 ESV 规定不小于 500°/s）打转向盘。转向盘转角位移因车速不同而异，但要求达到一定的稳态圆周行驶时的侧向加速度，如 1 ~ 3 m/s²，间隔为 0.5 m/s² 或 0.4g（美国 ESV 规定）。转向盘转至应有转角后保持不变，节气门（油门）亦不变，汽车从直线进入圆周行驶。试验要求在最高车速的 70% 车速下或在 40 km/h 及 110 km/h 两种车速下（美国 ESV 规定）进行。记录汽车车速 u、时间 t、转向盘转角 δ_{sw}、横摆角速度 ω_r 和侧向加速度 a_y 等数据。根据所记录的数据，整理成横摆角速度增益 ω_r/δ 与稳态横摆角速度增益之比 ω_{r0}/δ 随时间变化的曲线。从曲线上可找出反应时间、超调量和稳定时间等参数。

阶跃试验要求很大的场地，试验中要特别注意安全。

（4）转向回正能力试验（GB/T 6323.4—1994）

回正试验是表征和测定汽车从曲线行驶自行回复到直线行驶的过渡过程，是测定自由操纵力输入的基本性能试验。

汽车回正能力试验在平坦的场地上进行。令汽车沿半径为 15 m 的圆周行驶，调整车速使侧向加速度达 4 m/s²。然后突然松开转向盘，在回正力矩作用下，前轮将要回复到直线行驶，记录这个过程的时间 t、车速 u、转向盘转角 δ_{sw} 和横摆角速度 ω_r，整理出 $\omega_r - t$ 曲线。

对于最高车速超过 100 km/h 的汽车，还要进行高速回正性能试验，试验车速为最高车速的 70%。令汽车以试验车速直线行驶，随后驾驶员转动转向盘使侧向加速度达到 2 m/s²。然后突然松开转向盘作回正试验。

回正能力是汽车的操纵稳定性的一个重要方面，一辆没有回正能力的汽车，或基本上回不到正中（即有较大一点的残余横摆角速度）、或回正过程中行驶方向往复摆动的汽车，驾驶员和乘客都是不满意的。

（5）转向盘角脉冲输入试验（GB/T 6323.3—1994）

汽车的频率响应可以说明汽车对一定的输入下的真实响应程度，因此也可以用来对汽车的性能进行评价。试验要求给转向盘正弦角位移输入，利用在此输入下汽车的横摆角速度频响特性作为评价的指标。因为直接给汽车转向盘正弦角位移输入是很复杂的，所以经常用转向盘角位移脉冲试验来确定汽车的频率特性，如图 10 - 8 所示。进行这种试验时，给等速行驶的汽车一转向盘角位移脉冲输入，记录下输入的角脉冲与输出的汽车横摆角速度。通过求得输入、输出的傅里叶变换，便可确定频率特性。

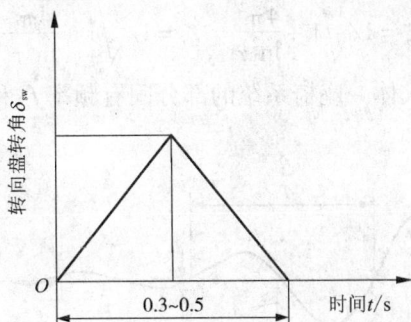

图 10 - 8 转向盘角脉冲

转向盘角脉冲试验在平坦的场地上进行。试验车速为最高车速的 70%。汽车以试验车速行驶，然后给转向盘一个角脉冲转角输入。转向盘转角输入脉宽为 0.3 ~ 0.5 s，其最大转角应使汽车最大侧向加速度为 4 m/s^2。输入转向盘角脉冲时，汽车行驶方向发生摆动，经过不长时间回复到直线行驶。记录试验过程的时间 t、转向盘转角 δ_{sw}、车速 u、横摆角速度 ω_r 和侧向加速度 a_y。对试验结果进行处理，便得汽车的频率特性。

10.5 汽车的平顺性试验和数据处理

汽车的平顺性试验主要是为汽车的平顺性评价提供依据。同时，还要测定影响平顺性的汽车结构参数和特性参数，探索改善汽车的平顺性的各种途径。

10.5.1 汽车的平顺性试验的主要内容

（1）汽车悬挂系统的刚度、阻尼和惯性参数的测定

通过测定轮胎、悬架、坐垫的弹性特性（载荷与变形的关系曲线），可以求出在规定载荷下轮胎、悬架、坐垫的刚度。由加、卸载曲线包围的面积，可以确定这些元件的阻尼。另外，还要测量悬挂（车身）质量 m_2、非悬挂（车轮）质量 m_1、车身质量分配系数 ε 等振动系统惯性方面的参数。

（2）悬挂系统部分固有频率（偏频）和阻尼比的测定

将汽车前轮、后轮分别从一定高度抛下，记录车身和车轮质量的衰减振动曲线，如

图 10 – 9 所示，由图上曲线可以得到车身质量振动周期 T 和车轮质量振动周期 T'，然后按下式计算出各部分的固有频率

车身部分固有频率

$$f_0 = \omega_0/2\pi = \frac{1}{T}$$

车轮部分固有频率

$$f_t = \omega_t/2\pi = \frac{1}{T'}$$

由车身和车轮部分的衰减率 $\tau = A_1/A_2$、$\tau' = A_1'/A_2'$，按下式求出阻尼比 ζ、ζ_t

$$\zeta = 1/\sqrt{1 + \frac{4\pi^2}{\ln^2\tau}} \quad \zeta_t = 1/\sqrt{1 + \frac{4\pi^2}{\ln^2\tau'}} \quad\quad (10-10)$$

用同样方法也可以求出人体 – 座椅系统的部分固有频率 f_s 和阻尼比 ζ_s。

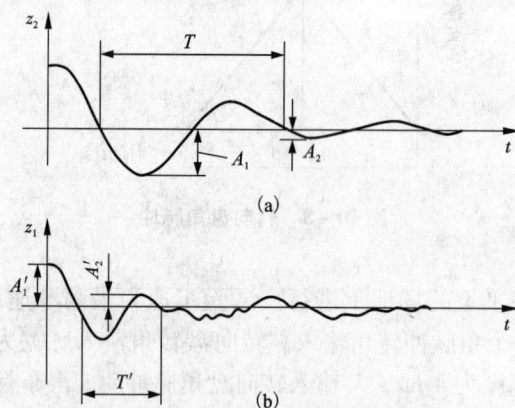

图 10 – 9　悬挂系统衰减振动曲线

（3）汽车振动系统的频率响应函数的测定

在实际随机输入的路面上或在电液振动台上，给车轮 0.5 ~ 30 Hz 范围的振动输入，记录车轴、车身、坐垫上各测点的振动响应；然后由数据统计分析仪处理得到悬架、坐垫各环节的频率响应函数。其幅频特性的峰值所在频率即为各环节的固有频率，共振时的幅值 A 可用于近似求出各环节的阻尼比 ζ，$\zeta = \dfrac{1}{2\sqrt{A^2-1}}$。

（4）实际路面随机输入行驶平顺性试验

此项试验是评定汽车的平顺性最主要的试验。按照 GB/T 4970—1996《汽车的平顺性随机输入行驶试验方法》进行。随机输入试验主要以总加权加速度均方根值来评价，车厢底板及车轴上采用该处的加速度均方根值来评价。

（5）脉冲输入试验

汽车行驶时偶尔会遇到凸块和凹坑，尽管遇到的几率并不多但过大的冲击会严重影响汽车的平顺性，脉冲输入试验按 GB/T 5902—1986《汽车的平顺性脉冲输入行驶试验方法》进行。评价指标用坐垫上和座椅底部地板加速度的最大值或加权加速度最大值。

10.5.2　汽车的平顺性试验数据的采集和处理

汽车的平顺性试验要采集大量随机振动信号，然后以微机为主体配以采样、模数转换以及各种软、硬件的数据处理系统，进行平顺性评价指标、频谱及频率响应函数的处理。

（1）测试仪器系统

测试仪器系统包括加速度传感器、前置放大器和磁带记录仪或数据采集器。图 10 – 10 所示为测试仪器系统的框图。测量仪器的频率范围应不小于 0. 1 ~ 300 Hz，动态范围不小于 60 dB。传感器一般采用压电式加速度计，测量坐垫上的加速度时，要把传感器安装在一个半刚性的垫盘内，盘的最大厚度为 12 mm，盘的直径为（$\phi 200 \pm 0.5$）mm，如图 10 –11 所示。

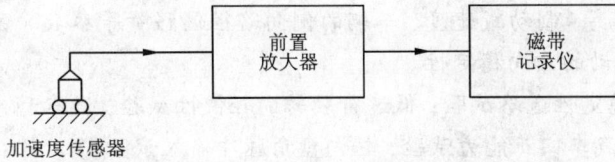

图 10 – 10　测试仪器系统框图

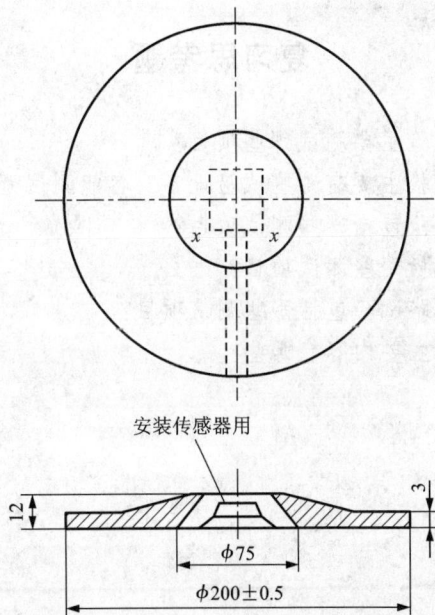

图 10 –11　安装传感器的半刚性垫盘

（2）数据处理系统

数据处理系统引进快速傅里叶变换（FFT），采用相应的软件快速、精确地进行自谱、互谱、传递函数、相干函数和概率统计等各种数据处理。

本章小结

1. 汽车的动力性试验：道路试验(主要测定最高车速、加速时间、最大爬坡度、汽车的滚动阻力与空气阻力等)、室内试验(测量汽车的驱动力和相关结构特性参数(传动系的机械效率、滚动阻力系数和空气阻力系数等))

2. 汽车的燃油经济性试验包括等速行驶百公里燃油消耗量试验和多工况燃油消耗量试验。等速行驶百公里燃油消耗量试验可在道路上进行，多工况燃油消耗量试验通常在实验室内进行。

3. 汽车的制动性试验：汽车的制动性主要通过道路试验来评定。一般要测定冷制动及高温下汽车的制动距离、制动减速度、车辆的侧向路径偏移量等参数。另外还要测定在转弯与变更车道时汽车制动的方向稳定性。

4. 汽车的操纵稳定性道路试验：低速行驶转向轻便性试验，汽车稳态回转试验，转向盘转角阶跃输入试验，汽车回正能力试验，转向盘角脉冲输入试验。

5. 汽车的平顺性试验的主要内容：汽车悬挂系统的刚度、阻尼和惯性参数的测定，悬挂系统部分固有频率(偏频)和阻尼比的测定，汽车振动系统的频率响应函数的测定，实际路面随机输入行驶平顺性试验，脉冲输入试验。

复习思考题

1. 汽车的动力性道路试验主要测试哪些项目？
2. 汽车的动力性室内试验主要有哪些试验设备？各能测试哪些项目？
3. 汽车的燃油经济性试验包括哪些测试项目？
4. 汽车的制动性试验包括哪些测试项目？
5. 汽车的操纵稳定性道路试验包括哪些测试项目？
6. 汽车的平顺性试验的主要内容有哪些？

参考文献

[1] 余志生. 汽车理论[M]. 北京：机械工业出版社，1980.

[2] 余志生. 汽车理论[M]. 第5版. 北京：机械工业出版社，2009.

[3] 张文春. 汽车理论[M]. 北京：机械工业出版社，2014.

[4] 吴光强. 汽车理论[M]. 北京：人民交通出版社，2007.

[5] 杨万福. 汽车理论[M]. 广州：华南理工大学出版社，2010.

[6] 张代胜. 汽车理论[M]. 合肥：合肥工业大学出版社，2011.

[7] 许洪国. 汽车理论[M]. 北京：人民交通出版社，2009.

[8] Thomas D. Gillespie. 车辆动力学基础[M]. 北京：清华大学出版社，2006.

[9] 郭彬. 发动机原理与汽车理论[M]. 北京：北京大学出版社，2009.

[10] 杨万福. 发动机原理与汽车性能[M]. 北京：高等教育出版社，2004.

[11] 陈家瑞. 汽车构造[M]. 第5版. 北京：人民交通出版社，2006

[12] 中国标准出版社. 汽车国家标准汇编[M]. 北京：中国标准出版社，1999

[13] 孙凤英. 汽车性能与使用技术[M]. 北京：机械工业出版社. 2002

[14]《汽车工程手册》编辑委员会. 汽车工程手册(基础篇)[M]. 北京：人民交通出版社，2001

图书在版编目(CIP)数据

汽车理论/余晨光,邓宝清主编.—长沙:中南大学出版社,2016.8
ISBN 978-7-5487-2336-3

Ⅰ.汽… Ⅱ.①邓…②余… Ⅲ.汽车工程
Ⅳ.U461

中国版本图书馆 CIP 数据核字(2016)第 187241 号

汽车理论

主编　余晨光　邓宝清

□责任编辑	刘颖维	
□责任印制	易红卫	
□出版发行	中南大学出版社	
	社址:长沙市麓山南路	邮编:410083
	发行科电话:0731-88876770	传真:0731-88710482
□印　　装	长沙市宏发印刷有限公司	

□开　　本	787×1092　1/16	□印张 15	□字数 376 千字		
□版　　次	2016 年 8 月第 1 版	□印次	2016 年 8 月第 1 次印刷		
□书　　号	ISBN 978-7-5487-2336-3				
□定　　价	35.00 元				